河北政法职业学院资助出版
河北政法职业学院学术文丛

教学改革背景下高职英语教学模式研究

张凤君　王蜜蜜　著

北京工业大学出版社

图书在版编目（CIP）数据

教学改革背景下高职英语教学模式研究 / 张凤君，王蜜蜜著 . — 北京：北京工业大学出版社，2022.3
ISBN 978-7-5639-8287-5

Ⅰ．①教… Ⅱ．①张… ②王… Ⅲ．①英语－教学模式－教学研究－高等职业教育 Ⅳ．① H319.3

中国版本图书馆 CIP 数据核字（2022）第 048516 号

教学改革背景下高职英语教学模式研究
JIAOXUE GAIGE BEIJING XIA GAOZHI YINGYU JIAOXUE MOSHI YANJIU

著　　者：	张凤君　王蜜蜜
责任编辑：	李倩倩
封面设计：	知更壹点
出版发行：	北京工业大学出版社
	（北京市朝阳区平乐园 100 号　邮编：100124）
	010-67391722（传真）　bgdcbs@sina.com
经销单位：	全国各地新华书店
承印单位：	北京银宝丰印刷设计有限公司
开　　本：	710 毫米 ×1000 毫米　1/16
印　　张：	15.5
字　　数：	310 千字
版　　次：	2022 年 3 月第 1 版
印　　次：	2022 年 3 月第 1 次印刷
标准书号：	ISBN 978-7-5639-8287-5
定　　价：	84.00 元

版权所有　翻印必究

（如发现印装质量问题，请寄本社发行部调换 010-67391106）

作者简介

张凤君，女，生于1971年10月，汉族，籍贯河北石家庄，任职于河北政法职业学院，副教授，硕士研究生，研究方向为英语语言文学。自从事高职英语教学以来，潜心研究高职英语教法，多次获得"全国英语大赛优秀指导教师"荣誉；发表多篇学术论文，主持和参加数项省级或厅级课题研究，于2017年获河北省教学成果三等奖。

王蜜蜜，女，生于1982年1月，汉族，籍贯河北邯郸，任职于河北政法职业学院，副教授，硕士研究生，研究方向为英语语言文学。多次参加省级各类外语教学能力大赛，获一、二、三等奖；发表多篇学术论文，主持和参加数项省级或厅级课题研究，于2017年获河北省教学成果三等奖。

前　言

课程思政、课程建设数字化等教育新理念的提出，督促高职院校顺应时代要求，不断进行教学改革和创新。《中华人民共和国职业教育法》的出台，《国家职业教育改革实施方案》的颁布，体现了国家对职业教育的重视和培养高质量的技术技能人才的决心。在这样的时代背景下，积极推进高职英语教学模式改革，培养学生的个人素养和专业技术能力，成为高职英语教学改革的当务之急。

全书共七章。第一章为绪论，主要阐述了教学改革的相关概念、教学改革的发展流变、高职英语教学改革的目的、高职英语教学改革的背景、高职英语教学改革的可行性和必要性等内容；第二章为高职英语教学模式的基本理论，主要阐述了教学模式及其演变、高职英语教学模式的内涵、高职英语教学模式改革的理论基础等内容；第三章为高职英语教学模式的改革趋势，主要阐述了传统高职英语教学模式的不足、高职英语教学模式改革新趋势等内容；第四章为教学改革背景下高职英语教学的基本模式，主要阐述了高职英语微课教学模式、高职英语慕课教学模式、高职英语翻转课堂教学模式等内容；第五章为高职英语的多元互动教学模式，主要阐述了多元互动教学模式的内涵、多元互动教学模式的理论依据、多元互动教学模式的初步探索、高职英语多元互动教学模式实施等内容；第六章为高职英语的模块化教学模式，主要阐述了模块化教学模式的内涵、高职英语模块化教学模式的手段、高职英语模块化教学模式的实践等内容；第七章为高职英语课程建设模式，主要阐述了"公共英语""商务英语""民航服务英语"课程的建设模式。其中，张凤君撰写第一章的第一、二、三节，第三章，第五章，第六章和第七章，共164千字；王蜜蜜撰写第一章的第四、五节，第二章和第四章，共161千字。

为了确保研究内容的丰富性和多样性，笔者在写作过程中参考了大量理论与研究文献，在此向涉及的专家学者们表示衷心的感谢。

最后，限于笔者水平，本书难免存在一些不足，在此，恳请同行专家和读者朋友批评指正。

目　录

第一章　绪论 1
 第一节　教学改革的相关概念 1
 第二节　教学改革的发展流变 5
 第三节　高职英语教学改革的目的 11
 第四节　高职英语教学改革的背景 14
 第五节　高职英语教学改革的可行性与必要性 25

第二章　高职英语教学模式的基本理论 27
 第一节　教学模式及其演变 27
 第二节　高职英语教学模式的内涵 42
 第三节　高职英语教学模式改革的理论基础 48

第三章　高职英语教学模式的改革趋势 67
 第一节　传统高职英语教学模式的不足 67
 第二节　高职英语教学模式改革新趋势 70

第四章　教学改革背景下高职英语教学的基本模式 80
 第一节　高职英语微课教学模式 80
 第二节　高职英语慕课教学模式 96
 第三节　高职英语翻转课堂教学模式 112

第五章　高职英语的多元互动教学模式 138
 第一节　多元互动教学模式的内涵 138
 第二节　多元互动教学模式的理论依据 146
 第三节　多元互动教学模式的初步探索 149
 第四节　高职英语多元互动教学模式实施 152

第六章 高职英语的模块化教学模式 ················ 161
第一节 模块化教学模式的内涵 ················ 161
第二节 高职英语模块化教学模式的手段 ·········· 169
第三节 高职英语模块化教学模式的实践 ·········· 198

第七章 高职英语课程建设模式 ···················· 209
第一节 "公共英语"课程建设模式 ·············· 209
第二节 "商务英语"课程建设模式 ·············· 220
第三节 "民航服务英语"课程建设模式 ·········· 227

参考文献 ·· 238

第一章 绪论

本章分为教学改革的相关概念、教学改革的发展流变、高职英语教学改革的目的、高职英语教学改革的背景、高职英语教学改革的可行性与必要性五部分，主要包括与"教学改革"相关的概念、对教学改革的理解、教学改革的发展历程等内容。

第一节 教学改革的相关概念

一、与"教学改革"相关的概念

"教学改革"是教育工作者耳熟能详的教育词汇之一，在教育领域的各类话语中，"教学改革"出现的频次甚高。

（一）教学改革与教育改革

"教育改革"由"教育"和"改革"两个词组成。"改革"意味着变革和革新，现常指旧制度、旧事物的变化，而"教育"是人类在日常生活中的一种实践活动。目前关于"教育改革"的定义，国内外学术界还未形成一致的表述。国际著名教育改革理论家哈维洛克（Havelock）认为，"教育改革"是教育现状所发生的任何有意义的转变。

1977年，查尔斯·赫梅尔（Charles Hummel）在第三十五届国际教育会议上做了总报告，在报告的开头便提到"在世界各地，改革和革新都是教育界最迫切关心的问题"。

袁振国认为，教育改革可以理解为根据预期的教育目标改进教学方法的自觉行为。这包括基于教育方法、社会和人类的发展愿望，在不该改变教育制度的前提下，制定出新的教育目标和政策措施，这是对过去教育的继承和发扬，使教育更加适应社会和人的发展需求。

吴忠魁、张俊洪认为"教育改革"只是相对短暂的人为变化,并在此人为变化前后,教育经历了一个比较稳定的渐变过程,这个渐变过程即"教育变革"。

王宗敏等人认为"教育改革"是对落后的教育状况、教育思想、教育理论进行有计划、有目的的变革,使教育获得预期的进步与发展的过程。

顾明远先生认为"教育改革"指"当局使整个教育系统,或者教育系统的重要组成部分发生大规模的变迁。"

根据前人对教育改革的界定,可以将"教育改革"定义为根据时代发展、社会变化和人的发展需求,在不改变现有教育制度的前提下,对教育活动的某些方面做出调整,使之更加适应社会和人的发展需求。

通常而言,教学改革一般是指旨在促进教育进步,提高教学质量而进行的教学内容、方法、制度等方面的改革。教学是学校进行教育的一个基本途径,教学属于教育的一个部分,教学改革亦隶属于教育改革,是教育改革的一部分。解读教育改革和教学改革时既不能用部分代替整体,也不能用整体掩盖部分。

(二) 教学改革与教学改革实验

"教学改革"与"教学改革实验"是两个紧密关联的概念,实际上常常可以互换使用。教学改革主要是指有目的、有计划地对落后的教学思想和教学实践施加影响,使其获得预期的进步和发展。教学改革实验是指为了进行科学研究而进行的有所监控的教学实践活动,教学改革实验既是一种教学改革的研究方法,也是一种特殊的教学实践活动。

教学改革本身就具有实验的因素,只是在大规模地进行教学改革之前,常常要进行教学改革实验。之所以要开展教学改革实验,是因为教学改革的对象、方法、条件具有复杂性,在实施教学改革过程中不可能丝毫不差地按预定方案进行;同时也是为了总结典型经验,规避大规模教学改革中可能会出现的不利因素、不良局面。教学改革的尝试性、不确定性、复杂性导致教学改革和教学改革实验成为紧密相连,甚至可以互换的两个概念。

二、对教学改革的理解

(一) 教学改革的基本含义

教学是指教师按照教学大纲和教材的要求,有目的、有计划、有组织地引导学生学习掌握科学文化知识和技能，完成既定的学习任务的活动，是学校教师工作的基本形式。改革一般包括对政治、社会、文化、经济做出的改良革新，是指在现有的政治体制之内实行变革。改革通常指改变旧制度、旧事物，即改变之前陈旧的、不适应新形势的部分，保留能适应客观情况的部分。

教学改革（reformation of teaching）是系统性概念。如果把教学改革作为复杂的系统工程，那么教学理念、教学内容和教学方法等就构成该系统不同的子系统。因此，有学者把教学改革定义为"为促进教育教学进步、提高教育教学质量而进行的教学内容、方法、制度等层面的改革"。教学改革的形式有在新理论、政策指导下的改革，也有实验性改革和推广性改革等方式。在新理论、新政策指导下的教学改革即为由理念创新（innovation of idea）所引导的教学模式的建构过程。

综上所述，这里将教学改革定义为"在一定理念引导下，将教学中旧的、落后的、不合理的内容、方法、制度等，改换成新的、先进的、能适应客观情况的部分"。作为一种教育思想的嬗变，理念创新既是教学改革的内容，又内含、浓缩于教学模式之中。作为一种教育成果模式，教学模式是体现理念创新的教学改革的必然产物。

（二）教学改革的主要特征

教学是学校的中心工作，教学改革自然是重中之重。学校为了提高教学质量经常鼓励教师大胆改革，敢于尝试，从改变原有的教学模式到现在对教学的方方面面进行改革，呈现出教学改革的整体性、复杂性、过程性、创新性、动态性、多样性、不确定性。

1. 整体性

教学改革是一个由多种因素构成的、具有复杂结构和功能的活动有机体。从教学改革对象看，一个具体的教学改革活动可以在不同层次、不同方面进行，如国家、学校、个人，如教学目标、教学内容、教学方法等；从教学改革过程看，从提出改革问题，到明确任务、搜集资料、制订改革方案、贯彻实施，直至达到预期效果，构成了一个完整的过程；从教学改革结果看，最终呈现的不是纯粹理论认识性质的，也不是纯粹实践操作型的，而是二者的结合。只有对教学改革予以整体分析、论证和研究，才能使教学改革的历史、现状和未来走势的总体图景以一种相对完整的形式立体地表现出来。

2. 复杂性

复杂性强调教学改革不是一蹴而就的事情，更不是一朝一夕就能完成。首先，教学改革需要校长的支持、专家指导和教师实践等各方面的努力与配合，单凭一方面的力量不可能完成。其次，就教学改革过程来说，改革会受到各种因素的影响，甚至出现与改革目标相偏离的情况，所以需要改革主体即教师不断地对教学改革过程进行调整，直至达到最优效果。

3. 过程性

一般意义上，所有事物和生命体都有其发生、发展和终结的过程，过程是特定对象连续不断地发展。当过程与教学改革相结合成为教学改革过程的概念时，这个概念对过程施加了一个限定，即它是与人的教学改革意志活动有关的过程，改革过程就成为不同个体意志之间以及个体意志与集体意志之间的博弈与较量，因而使得改革过程既可控又不可控。

4. 创新性

创新性是教学改革的突出特征。无论教学改革规模的大小，它们最终都会产生新理论或是新方法，以此来丰富教育理论与实践。教学改革不同于常规教学工作，它是一个探索的过程，没有固定的模式可循，需要教师打破传统教学模式，大胆进行创新，所以教学改革的成果是独一无二的，极具创新性。

5. 动态性

运动是一切物体的存在形式，换句话说，一切物体都是以动态的形式存在的。教学改革是教学改革主体积极主动地梳理、选择、加工教学改革客体信息，认识教学活动及其变化规律的过程，这个过程是动态的，是教学改革主体通过改革途径、方法等与教学改革客体发生作用的过程。动态性是教学改革的一大特征。

6. 多样性

教学改革的多样性一是指改革过程所携带的广泛而多元的改革信息的多样性，二是指改革自身内容、形式等的多样性。教学改革的主体、客体、目的、方法、途径以及教学改革的时代背景是丰富而纷繁的，从任何角度都很难总揽教学改革的整体状况。

7. 不确定性

首先，教学改革自身的整体性、复杂性必然会导致其不确定性。其次，教学改革虽然是在学校环境中进行的，但是仍然会受到国家政策、社会舆论等大环境的影响。最后，教学改革没有固定的模式或者方法，所有教师都是摸着石头过河，在探索的过程中谁都无法预料会出现什么情况。因此，在内外两种因素的影响下，教学改革的不确定性更加突出。

不难发现，教学改革符合项目的定义与特征，即教学改革也可以被当作一个项目。如表1-1所示。教学改革持续的时间虽然或长或短，但是都存在一个明确的结束时间，符合项目周期性特点。教学改革的目的性也很明确，都是为提高教育教学质量做出改变。除此之外，教学改革的整体性、复杂性和创新性也都符合项目的特征，故教学改革作为一个项目，可以使用项目管理的方式进行，以新的方式开展教学改革并赋予参与成员新的使命，使成员不仅在教学上有所突破，更促进了他们的成长与改变。

表1-1 项目特征与教学改革的对比

项目特征	教学改革
周期性	有明确的起始日期
目的性	提高教学质量
复杂性	需要多方面配合
创新性	产生新的教学方法等成果
相互性	每一个环节并不是孤立存在的，彼此之间存在联系
规范性	教学改革的开展遵循一定的教育规律

第二节 教学改革的发展流变

一、教学改革孕育期（1904—1949年）

"孕育"比喻在既存事物中酝酿出新生事物，一般指我们看不见的非成型的过程。

教学改革孕育期以1904年1月《奏定学堂章程》颁布之时为发端，1949年现代教育开端为节点。此阶段历时长，社会变革多，社会情况复杂。于时局动荡、救亡图存之际，当局迫切需要学校教育发展，却无法为学校发展提供稳定的保障。清末学堂新兴,旧学与新学并举,关于学校和教学的认识与管理仍在摸索之中,不确定因素颇多。在课程设置上,清末课程仿照西方近代部分课程设置,至民国时期则向现代课程转变,抗日战争时期则实行战时教育政策。值得注意的是,民国时期有一段学校教育的繁荣期,我国近代教学体系在此时开始转变、现代教学体系逐步形成和完善。由于受西方教育思想,特别是杜威(Dewey)思想的影响,在教学中对知识与个体都有所关注。相应的,对教学指导工作的需求开始出现。

教育管理政策一开始就涉及教学管理方面的规定。1904年颁布的《奏定学堂章程·学务纲要》提出了教育行政机构的建制,各省学务大臣应设属官,属官的主要任务是考察学堂,将学科和教法的不妥之处报告该省督抚,督抚转告命令学务处迅速改进。1906年4月,清政府颁布教育法令《学部奏陈各省学务官制折》,提出每省设置提学使司,设提学使一员。

1912年,新学校渐成规模,课程改革在极其复杂的环境下进行。主管部门对教学的视察与指导与日俱增。1913年,教育部公布的《视学规程》,并没有明确教学观察任务,但当时存在观察和指导教学的人员。共产党领导下的苏区、老解放区设有"教师联席会"或"教员研究所"之类的组织,如1932年闽西地区的教职员联席会议、晋冀鲁豫边区的小学教研小组等。这些组织的主要功能在于促进教师之间的教学合作研究、经验分享,并且这些组织受到教育行政部门的监督与管理。

1914年共刊出了七册《教育公报》,公布了多个视学总报告。其中,涉及教学视察部分的内容,体现在各类《视察学校的通告书》中。

随着学制从无到有与现代教学体系的形成和完善,正规的教学管理与督导体系逐渐产生,督导的主要任务是负责学堂建设等事务。虽然此时教研制度尚未确立,亦没有正式的教研活动,但对教学质量的监督与管理工作已有零星组织开展。这一时期教学指导制度不够完善,没有正式制度安排人员专门从事教学研究与指导工作。

二、教学法改革经验积累期(1949—1977)

(一)初步改革阶段(1949—1957)

1949年我国通过了《中国人民政治协商会议共同纲领》,依据此纲领,我国在进行教育教学改革时,确立了新的指导思想,即教育教学改革要朝着社会主义的办学方向，要贯彻新民主主义的教育方针，树立为人民服务的意识，遵循教育发展的规律并且还要注意将理论与实践、教育与劳动相联系。在新的指导思想的引领下，我国从以下两个方面出发对教育课程进行了改革。

在课程设置方面，1950年我国通过了《小学各科课程暂行标准（草案）》和《中学暂行教学计划（草案）》，两项草案废除了部分在旧中国开设的科目，并且规定课程设置要以分科课程为主。1953—1957年，针对当时教育教学实际工作中存在的问题，我国作出了要对教育课程进行整顿和改进的决定。我国遵循自上而下的原则，对教育课程实行集中管理，各地学校都得严格执行国家的行政命令，这种管理模式适应全国课程发展的需求。

在教育教学改革方面，该阶段的教育教学改革呈现出两种特点。其一，改革带有鲜明的政治色彩。新中国成立之初，我国在教育领域制定了统一的教育政策，设置了新的课程，加强对学生的思想政治教育，这些措施加快了对教育课程的改造，使其更加符合新民主主义社会的发展要求。其二，改革在一定程度上受到"苏联模式"的影响。新中国成立后，我国在进行教育教学改革时，借鉴了一些苏联的经验。

（二）独立探索阶段（1958—1977）

如果对这个阶段的教学改革做大致的梳理可以发现，官方和民间在一些领域和主题上对教学改革付出很大努力，如以综合技术教育和劳动教育为主要教学内容、重视思想政治教育、关注学生身体健康、减轻学生的学业负担和配合不同学制的地方教材编写等。

新中国成立初期，语文课堂民主讨论法的主旨在于学习继承解放区教学经验，1953年的"红领巾"谈话教学法在全国范围内推广苏联专家普希金的教学改革思想，1959年江西宜春首倡口算、笔算和珠算三算结合的实验。1958年至1960年初，辽宁黑山北关小学首创并推广小学语文识字教学法（集中、分散和集中分散结合）和精讲多练算术教学法实验，虽在60年代中断了一段时间，但1978年后再次兴起。

1963年至1964年，中国科学院心理所开始翻译推介程序教学，并在代数、算术、语文和英语等四科中开展实验。1965年、1973年、1978年三次启动的由中国科学院心理学研究所卢仲衡主持的初中数学自学辅导教学法实验曾推广到全国约5000个教学班。上海育才中学和北京景山学校的改革实验模式，以及启发式教学法、串讲法等都是在当时产生了一定影响的教学改革主题，其在20世纪

60年代以后有所深化和拓展。当然，1958年曾风行一时的现场教学法，也可视为一种不成功的教学组织形式实验。

这期间的民间教学改革，主要体现在单学科的教学法改革经验总结上。高天明在其教学方法变革研究中，曾就李吉林的情境教学法和邱学华的尝试教学法做过专门的个案研究，他发现20世纪后期有成效的教学方法改革实验多半是在50年代起步、六七十年代中止、70年代后延续的。李吉林早在1956年就是教学改革先锋，70年代之后再从一年级开始跟踪情境教学研究与探索，80、90年代扩展到语文以外的学科教学中，直至后来形成教学模式和教学思想流派。邱学华从50年代便开始致力于数学教学改革，80年代提出尝试教学法，90年代形成尝试教学理论，尝试教学法现已走出国门。

三、教育教学模式改革探索期（1978—1996）

十一届三中全会前后，摆在中国教育面前的是两大问题：第一，教育系统需要重建，教育教学秩序需要恢复和规范；第二，人才的匮乏成为制约社会主义建设事业的主要瓶颈，"如何多出人才、出好人才"是教育的主要任务。在这样的背景下，我国教学改革主要集中在两个方面：第一，重建教学系统和教学秩序；第二，实施以提升教学效能为主要取向的教学法改革。

20世纪80年代，邓小平"三个面向"题词的发表和《中共中央关于教育体制改革的决定》的颁布，为这一时期教育教学改革提供了强大的精神动力和思想指导。在重建教学系统和教学秩序方面，除了在宏观上出台了一系列的方针政策之外，最为重要的是在全国教师中出现了一次教学改革的热潮，其中一部分教学改革就是对教学秩序和教学系统的探索，如教育部有关部门推出的北京景山学校的知识结构单元教学法、上海育才中学的"读读、议议、讲讲、练练"八字教学法、中国科学院心理研究所卢仲衡研究员创建的初中数学自学辅导教学实验和湖北大学黎世法教授通过调查研究而创立的六课型单元教学法。这四个典型体现了当时人们对于高效的课堂教学程序和系统的探索，也体现出苏联教育学者巴班斯基（Babanski）提出的教学过程最优化理论在其中所发挥的指导作用。

在提升教学效能方面，这个阶段共出现两个教学改革的重点：强调发展智力和全面提高教学质量。对于教学效能的关注，从高考恢复之后就得到了比较广泛的关注，但是当时人们的注意力主要集中在如何提高考试成绩上，苏联赞可夫（Zankov）的"高难度、高速度"的教学实验成果得到热捧。之后，一些有识之士注意到仅仅死学书本知识，并不能真正培养社会主义建设所需要的人才，于是智力作为能力的核心因素得到了比较广泛的关注。

到了20世纪90年代中后期，由中央教科所（现为中国教育科学研究院）、国家教委（现为教育部）基教司、华中师大、北京师大、东北师大、西北师大、上海师大、杭州大学（现已并入浙江大学）、哈尔滨师大、天津市教科院、四川省教科所和江苏省海安县教研室等教育科研机构的专家学者组成的课题组发起，聚集了国内众多省市的专家学者和教育实验主持人，通过承担全国哲学社会科学"八五"规划重点课题"1979—1993年我国普通学校教育改革与实验发展状况的调查与评价"的研究工作（实则延伸至1996年），深入调研了20世纪80、90年代我国教育教学改革实验的发展状况。这些教育教学改革实验比20世纪30年代我国教育改革实验第一个高潮期的改革实验范围更广、规模更大、类型更多、成果更丰富。

随着认识的深化，许多新的教学改革实验主题涌现出来，并且渐渐转入从综合整体视角出发的学校层面的教育改革实验。据上述课题组的抽样调查，1991—1995年间立项的教育实验占其总数的55.9%，仅1996年一年就占25.4%，是1979—1990年间的立项总数的4.8倍。这个时期的实验类型更趋多样化，从微观的学科教学改革到宏观的地区性的课程与教材的改革蓬勃发展。在80年代，分学科教学改革实验占主导地位，进入90年代，教育专题实验和综合实验则占比40%和42.9%，教育实验不仅有了量的增长，更有了质的飞跃。90年代后期，汨罗和烟台等地的区域性素质教育实验热火朝天，他们面向全体学生促进其全面发展，全面推进应试教育向素质教育转轨。

以上梳理出的20世纪80、90年代的教学改革主题，集中体现了针对现实教学问题提高教学质量的价值追求，也反映了从早期的快出人才、早出人才和出好人才的忧患，到世纪末期主动面向新世纪的机遇和挑战，面向全体学生，促进其个性和素质全面发展价值取向的深刻转变。

四、教学思想流派孕育期（1997年至今）

1997年，《国家教委关于当前积极推进中小学实施素质教育的若干意见》指出："在中小学全面贯彻国家的教育方针，积极推进素质教育，已经是摆在我们面前的刻不容缓的重大任务。"

1998年，《国家教委关于推进素质教育调整中小学教育教学内容、加强教学过程管理的意见》提出了"适当删减教学内容；适当降低教学要求；将部分教学内容改为选学内容；适当缩小考试内容范围"，并在教师教育观念、学生发展评价等方面给出了建议。

1999年，《中共中央国务院关于深化教育改革全面推进素质教育的决定》指出："要让学生感受、理解知识产生和发展的过程，培养学生的科学精神和创新思维习惯，重视培养学生收集处理信息的能力、获取新知识的能力、分析和解决问题的能力、语言文字表达能力以及团队协作和社会活动的能力。"可见，"获得知识"已不能满足国家对人的要求，国家对学生发展提出了更高的要求。

2001年，教育部印发了《基础教育课程改革纲要（试行）》。2001年《基础教育课程改革纲要（试行）》指出："改变课程过于注重知识传授的倾向，强调形成积极主动的学习态度，使获得基础知识与基本技能的过程同时成为学会学习和形成正确价值观的过程。"2001年《基础教育课程改革纲要（试行）》对课程结构、内容、实施、评价、管理等提出了改革的具体目标，明确了要实现从"基础知识与基本技能"到"学会学习，形成正确价值观"的转变。由此，教学正式进入"三维目标"阶段，即课堂教学要兼顾"知识与技能""过程与方法""情感、态度与价值观"三维目标。

在国家引领教学改革的同时，教育学术领域也从未停止对教学改革的积极探索。一些教育学者深入学校，通过与学校教师建立合作关系，扎根学校课堂开展课堂研究，为中国教育改革贡献着智慧。如叶澜先生及其领导的"生命·实践"教育学派深入学校开展的"新基础教育"改革。自20世纪90年代末，叶澜指出，课堂教学"必须突破（但不是完全否定）'特殊认识活动论'的传统框架，从更高的层次——生命的层次，用动态生成的观念，重新全面地认识课堂教学，构建新的课堂教学观，它所期望的实践效应就是让课堂焕发出生命的活力"。

21世纪初，改革的呼声愈来愈强，亟须课堂教学价值观、课堂教学过程观以及课堂教学评价的重建与改变。"死记硬背""机械练习"的教学模式已不能培养在社会中主动、健康发展的人。正是在这样一种亟须改革，改革先行者积极探索的背景下，"三维目标"的教学改革逐渐走向了课堂。"三维目标"教学改革虽然在实践中遭遇各种挫折，但对教学过程中学生不但要"学会"，而且要"会学""乐学"的理念产生了深远影响。

2014年，《教育部关于全面深化课程改革落实立德树人根本任务的意见》指出，"教育部将组织研究提出各学段学生发展核心素养体系，明确学生应具备的适应终身发展和社会发展需要的必备品格和关键能力，突出强调个人修养、社会关爱、家国情怀，更加注重自主发展、合作参与、创新实践"。

2016年，中国学生发展核心素养研究成果发布，以"全面发展的人"为核心，分为文化基础、自主发展、社会参与三个方面，综合表现为人文底蕴、科学精神、学会学习、健康生活、责任担当、实践创新六大素养，涵盖"国家认同"等十八项具体内容。自此，"全面发展教育"上升到了新高度。从课堂教学目标指向来看，核心素养教学指向人的全面发展，教学任务是帮助引导学生形成正确价值观念，获得适应终身发展和社会发展需要的必备品格和关键能力。发展学生核心素养需各学科教学形成合力，从学科间的联系来看，在核心素养框架下，各学科应根据本学科特点挖掘学科育人价值，研究制定本学科核心素养培养方案。

2017年中共中央办公厅和国务院办公厅印发《关于深化教育体制机制改革的意见》，要求建立以学生发展为本的新型教学关系，改进教学方式和学习方式，创新教学手段，变革教学组织形式，改革对学生的评价方式，重点培养学生的认知能力、合作能力、创新能力和职业能力这四种关键能力。

到了2019年，《中共中央国务院关于深化教育教学改革全面提高义务教育质量的意见》则把教学改革推向了一个新的高度，又一次提出了比较全面的教学改革指导意见。

这个时期的教学改革主题更有新世纪的时代特征，追求教学有效性和教学的生命价值成为新世纪、新千年的教学新气象，也正是在这个时期，教学改革实践的中国特色、中国方案、中国案例和中国气派等初见雏形。所以，有的学者认为，21世纪以来的这二十多年是以教育家出现及其教学思想形成为特征的教学流派生成阶段。

第三节　高职英语教学改革的目的

一、提升英语学科素养

21世纪是提倡素质教育的新时代，新时代教学改革不再仅仅局限于传授知识，更要进行素养的培育。目前，英语是高职教育阶段中一门主要的、专门的学科，对于学生英语能力的培养也要不断进行深入研究。学科教学以目标为导向进行设计与构思，时下对英语教学三维目标的研究也如火如荼，蕴含知识、技能与情感态度价值观的目标关注学生多方面能力的发展，与教学改革要求的素养培育目标相一致，体现了整体性的教育教学理念。

要想使学生获得更好的英语学科素养，教师起着尤为重要的作用，需要在教育活动过程中掌握学习内容和方法，优化教学设计，对整体性的教学设计有着更加深刻的认知和理解，注重大概念和大单元的设计理念，通过提炼单元内的教学目标以及重难点并进行有效整合，以单元为备课单位来进行教学内容的设计，甚至可以以单元内容为单位来检验教学成果，这是一种可以有效提升专业知识水平，有效实现英语课程目标的教学手段。教师需形成由大到小的备课链：确定课程的整体目标；每个具体课时的教学目标；借助三维目标框架设计出针对学生学习素养提升的教学内容。同时，积极推进高职英语教学改革也有利于提升教学效率，对学生自我搭建语言体系也有着一定的推动作用，可以帮助学生更加有效地提升综合运用的能力。

二、树立多元文化意识

在经济文化交流日益频繁的当今社会，如何培养适应政治、经济、科技发展的人才，已成为各国面临的重要问题之一。英语作为世界通用性的语言，英语教育成为热点。在我国，英语教育要想满足时代的需要，就需要提高英语交际能力。

学习语言最重要的是交流，对于语言学习者来说，了解并理解他们的文化背景是很有必要的。在英语学习中，英语学习与文化意识的培养密切相关。英语学习离不开对不同文化的理解，学习过程也是一个理解的过程。英语作为一门语言，从小学就需开始普及。

然而，受中外文化差异的影响，大部分学生只能在英语考试中取得优异的成绩，却不能与说英语的人进行实质性的交流。造成这种问题的原因之一是学生缺乏对跨文化知识和文化差异的理解。由于母语习得的影响，学生在与以英语为母语的人交流时，往往会陷入尴尬的境地，无法成功地进行交流。

语言学家拜勒姆（Byram）提出了一个精辟的观点，认为语言教学的目标最终应该与公民教育的目标相一致。然而在教育实践当中，英语教学在一定程度上缺乏和公民教育的联系。英语作为三大学科之一，与其他学科一同发挥着学科课程的育人功效。但是，在实际的教育教学实践当中，英语课程理论体系的中心主要是其工具性，英语的学习与教学主要是以词汇、语法、语篇等语言技能为主。然而，语言的教学是培养人文情怀和人文修养的过程，它不应该是单一的，而应是多样的。由此可见，培养学生文化意识的责任也应该落实到英语学科教学中。

英语学习不仅仅是让学生取得高分，升入理想的学校，而是应该培养学生的家国情怀并使其具有更加开阔的视野，促进学生将来与国内外各界人士进行交流与合作。课程的设计和实施如果能够能站在学科教育价值的角度来思考，那将会大大提升英语的学科价值，切实使学生学好英语、用好英语，用得好。

对世界文化多样性的了解，有助于人们建立多元文化的意识与观念。不同文化产生的背景不同，是不能相互替代的。基于全球化的视角，各个文化群体之间的交流也日益频繁，因此需要对异质文化予以理解与尊重，努力避免在交际过程中出现冲突。在新时代背景下的高职英语教学中，教师应该努力让学生积极理解不同文化，让他们对自身文化有清晰的了解，同时以正确的心态对待他国文化，应对世界的多元化。

三、满足社会对英语人才的需求

时代不同，社会对英语人才的需求必然也存在差异性，因此英语教学的模式也必然存在差异。新的时代背景下高职英语教学体系改革是新的尝试与探索，高职教师可利用辅导学生参加竞赛扩展教学视野，在辅导学生参赛过程中以英语教学为突破口，将相关英语语言知识重新优化；重视英语写作能力、英语口语会话能力，同时将英语电影、英语歌曲以及英语书籍等相关内容贯穿于教育体系中；教学过程中通过加强社会热点、新闻等内容提升学习趣味性，培养高职学生英语思维，利用英语实现日常交际；改善以往工具性英语学习方式，培养高职学生的英语综合素质；提升高职学生语言技能，令竞赛与英语教育体系协调发展；培养心智全面发展且具有丰富内涵的、视野开阔的优质人才；通过新的教学模式提升高职人才日后从业竞争力。

在当代，以就业为导向、以工学结合为手段是推动高职学校英语学科教学改革的重要方式，同时也是高职学校提高英语教学专业契合度的必然选择，有助于学生更好地理解和掌握英语知识。通常情况下，为增强学生社会适应能力、提高就业率，高职学校会选择与一些企业合作，通过工学结合，让学生更好地了解和适应今后的工作环境与岗位。通过实训，学生可以了解自己所学专业的就业环境，并在与客户交际的过程中提高自己的英语运用能力，有助于学生更好地思考自己今后的发展方向，为学生英语能力的培养以及更好地就业与发展打好基础，这也正是高职英语教学改革的最终目的。

作为现代交流的通用语言之一，英语对于高职学生而言是必须掌握的一门语言。学好英语不仅能够促进学生的综合素质全面发展，同时也有助于提高学生的就业竞争力。所以，必须加快高职英语教学改革，以就业为导向，加强实训操作与工学结合，优化教学内容，创新教学方法，改变传统讲授式的教学模式，打造基于信息化的英语高效课堂,从而在保证教学有效性的同时不断提高高职英语教学质量,助力高职教育高质量发展。

第四节 高职英语教学改革的背景

一、高职英语教学改革的时代背景

现今信息技术迅猛发展,网络已经深深地影响了人们的生活,信息技术不仅为人们交流沟通提供了更好的媒介,更为学习提供了新的途径。同时,随着经济全球化的到来,国与国之间联系日益紧密,因此文化之间的交流与传播越来越频繁。由此可见,信息化与经济全球化成为影响高职英语教学改革的两大重要因素。

(一)信息化时代

信息化的重点在于"化"字,一是将信息技术融入事物发展之中,形成一种稳定的状态,二是信息化处于一种动态的变化之中,受信息化影响的领域不断扩大。有学者认为,信息化的概念在这两方面兼而有之。因研究对象为教育领域中的优质教学资源供给现状,因此可以将信息化影响的领域限定为教育领域,指教育信息化。目前对教育信息化的概念以及发展状况仍在不断研究讨论中。

欧美国家用"IT/ICT in Education""e-Education"等表示教育信息化概念,旨在强调通过借助信息、信息技术及信息网络帮助教师与学生进行教学活动,丰富教育领域中教育管理、教育教学、学习活动等方面的行为方式。

我国学者对教育信息化的概念也做了诸多探索,综合来看,大多从教育信息化的过程和教育信息化的结果这两方面来进行论述。如南国农认为教育信息化是指"在教育中普遍运用现代信息技术,开发教育资源,优化教育过程,以培养和提高学生的信息素养,促进教育现代化的过程"。祝智庭认为教育信息化是指"在教育领域全面深入地运用现代化信息技术来促进教育改革和教育发展,其结果必然是形成一种全新的教育形态——信息化教育"。总之,教育信息化过程论与结果论之间并不矛盾,其目的是促进教育的发展。

随着信息化逐渐在教育领域向着深度融合方向发展,信息技术不能仅仅停留在辅助教学的浅层方面,而是要融入教育教学,成为塑造教育生态的重要因素。

针对教育信息化发展过程中存在的重硬轻软、重技轻人的现实问题以及出现的信息孤岛、体制孤岛和应用孤岛等教育信息化内部的结构性问题，有学者将研究视角转向生态学，认为理解教育信息化的概念应从教育生态学系统平衡的核心价值出发。如余胜泉提出教育信息生态可突破教育信息化发展孤岛的困境，在信息人、教育活动、信息技术的和谐发展中，以信息技术为手段促进资源的传输、交流、反馈以及循环，可形成实现教育信息系统平衡且最优化的运行。

信息技术与高职英语教学的整合可以打破空间与时间的限制，具有开放、灵活的鲜明特征，任何人都可以在任何地点、任何时间利用网络来学习。信息化时代背景为高职英语教学改革提供了诸多便利。

现代信息技术能够以多种形式和全新载体弥补学校英语教育中的现有缺陷，创新出新模式。

当代互联网的出现和蓬勃发展，对整个社会都产生了巨大影响，许多业态模式被改变、颠覆，新生业态从无到有，当然也有业态因互联网的出现日渐式微直至消亡。

值得庆幸的是，英语教育是能从互联网的发展中借力的，从粉笔和黑板的"黑白配"到网上教学，时代的进步也带给英语教学更多便利，创造了更多条件，传统英语教学中的难题有望在互联网浪潮中得到解决。

第一，互联网可创设更多元生动的英语学习情境。信息技术的应用，能为英语教学开创出更多生动情境，解决传统英语学习没画面、没声音、没场景的问题，教师可以利用信息技术在课堂上进行英语情境演示，带给学生积极、丰富、有效、活泼的英语学习内容。学生也能更直观地接触英语的实际应用场景，调动学习英语的积极性。

第二，信息技术的介入能极大提高教师备课效率。互联网的共享性大大丰富了英语教师的教学内容，教师可以通过互联网准备、搜集教学内容及相关的视频、音频，并可通过信息技术与学生实现共享，同时可以有更多时间收集和筛选教材以外的英语学习内容。

第三，信息技术的引入，打破了课堂界限，学生能有更多时间跟教师沟通，学习英语。信息技术使得学生随时随地接触和学习英语成为可能，教师也能实时了解学生线上英语打卡的情况，并且随时沟通英语学习的相关问题，使学生遇到的英语问题可以及时解决。此外，因为移动互联设备的标签化，教师能对每个学生在英语学习中遇到的不同问题，进行有针对性的辅导。

（二）经济全球化时代

经济全球化已经成为一个不可逆转的趋势。具体来讲，经济全球化指的是在社会大生产发展的基础上，个人、民族与国家冲破时空界限走向一体化的过程。在这一过程中，表现为经济、政治、文化、科技等不同层面突破区域性限制相互交融，这就是所谓的经济全球化。

"全球主义"在马克思（Marx）看来指的是自由世界市场意识形态，即资产阶级开创并主导的霸权主义，是资产阶级按照自己的面貌为自己创造出一个世界，旨在强调一种同一性。全球性与马克思所提出的世界历史性是一个意思，强调的是历史向世界历史转向，以差异性与多样性为前提，指的是人类社会的整体性。在马克思看来，经济全球化作为修饰定语，其主语不是一成不变的，是随着社会历史不断变化的，不同的时代存在不同的主语，经济全球化的实质是由其主语的性质决定的。

第一，当代经济全球化是人类共同利益与民族特殊利益相互作用的过程。一方面，在历史转向世界历史的过程中，在个人、民族与国家冲破时空界限走向融合的过程中必然会形成一种人类共同利益的意识。另一方面，各个民族与国家又有自己的特殊利益，但是在世界性交往的过程中，某些大国只关心自己的特殊利益，想营造符合自己特殊利益的经济全球化，简言之，眼下的经济全球化呈现出一种特殊利益与共同利益相互摩擦、冲突的状态。

第二，当代经济全球化是人的发展与异化程度不断提升的过程。总的来讲，主要包括以下两方面。

一方面，从人与自然关系上看，当代经济全球化体现了人对自然力不断征服的过程，人的本质力量在对自然力进行征服的过程中得到不断的确证；从人与社会的关系上看，人身的依附关系被打破，人获得比以往更大程度的自由；从人与自身的关系上看，由于人的需求不断多样化，人们朝着独立自由的方向发展。

另一方面，当代经济全球化引发了人的异化问题，从人与自然的关系上看，引发了一系列全球性的生态问题，这些生态问题反过来迫使人进一步发展与解放；从人与社会的关系上看，由于经济全球化的进程导致全球贫富差距分化进一步明显，个人依旧没有从物质关系中彻底解放出来，仍然处在各种异化状态中；从人与自身的关系上看，经济全球化促使人的需要普遍物化，人在无形之中受到异己力量的影响，还未实现真正的解放与自由全面发展。

在经济全球化时代下，高职英语教学如何提高学生的跨文化交际能力成为人们日益关注的问题。为此，很多专家学者进行了大量研究，认为学生跨文化交际能力的提高依赖于多掌握具体、形象的目的语文化背景知识，了解中西方文化的各自差异，多参与一些与英语运用相关的活动。这种看法不能说是错误的，但这些形式从本质上而言并未涉及西方文化的核心内容。换言之，高职英语教学中的文化教学之所以效果不甚明显的原因是其所遇到的深层障碍并未消除。

（三）课程思政融合大背景

2012 年，中国共产党十八大把"立德树人"确定为教育的根本任务，对高校育人模式提出了更高要求；2016 年召开的全国高校思想政治工作会议指出，"要用好课堂教学这个主渠道，思想政治理论课要坚持在改进中加强，提升思想政治教育亲和力和针对性，满足学生成长发展需求和期待，其他各门课都要守好一段渠、种好责任田，使各类课程与思想政治理论课同向同行，形成协同效应。"

2020 年，教育部印发《高等学校课程思政建设指导纲要》，强调全面推进课程思政建设，为国家培养高素质人才，解决专业知识教育和思想政治教育两张皮的问题。课程思政建设内容要紧紧围绕坚定学生理想信念，以爱党、爱国、爱社会主义、爱人民、爱集体为主线，围绕政治认同、家国情怀、文化素养、宪法法治意识、道德修养等重点优化课程思政内容供给，系统进行中国特色社会主义和中国梦教育、社会主义核心价值观教育、法治教育、劳动教育、心理健康教育、中华优秀传统文化教育。

课程思政建设如何把专业知识和思政教育有机结合在一起，是一项需要深入思考的课题，根据专业课程特点，设置思政教育的内容和方法，并且形成一个有机的整体，而不是随便加入一些思政的元素，流于表面。通过挖掘专业课程的思想政治的内容和教育方法，让学生提高道德修养和专业技术能力，成为德智体美劳全面发展的高素质人才。

二、高职英语教学改革的紧迫性

（一）高职英语教学的现状

1. 教学形式

部分高职英语教师仍在采用"填鸭式"教学形式。从 20 世纪 70 年代中国大学设立英语课程开始，英语教师基本以课程为基础准备教案，依据教案进行课堂讲授，无论是词汇、语法还是句子的学习讲解，基本上从教师的教案中来。

2. 教学关系

在以教师为主体的传统英语教学模式下，教师需要花费大量精力进行备课和作业检查，较难有精力进行英语教学内容和形式的创新及拓展。此外，学生的学习活动和计划基本由教师安排，学生的自主学习能力的培养在一定程度上受到影响，也在一定程度上影响英语学习的自主性。

3. 课程结构

目前，高职英语这门课程基本上都是两学期授课，总课时差不多都是120学时，也有个别学院设置三学期授课。应把公共英语和专业英语两者有机地衔接起来，使得公共英语的学习为专业英语的学习做好准备。同时，应针对单招生英语学习的具体情况进行分层教学，因人施教。应不断优化英语课程设置结构，使得公共英语和专业英语实现有效衔接，为学生未来的就业打下良好的基础。

4. 教学管理

新课标传递的核心理念是教育面向全体学生，注重素质教育，强调以学生为中心，注重人的发展。教师在设计教学活动时应充分考虑学生身心发展的特点，遵循学生的学习规律，尊重学生的个体差异，努力满足不同类型、不同层次学生的需求，使每个学生都能参与到课堂教学过程中；教师要做到有效地引导、激励和传授知识，促进学生的发展，必须有良好的课堂管理手段和方法来控制课堂，指导孩子们有效学习。

此外，新课程教育理念要求教师对学生的评价需要关注学生的过程性学习与学习的结果，不能进行单一评价。

（1）高职英语课堂教学管理认知需进一步提升

成功的课堂教学取决于有效的课堂教学管理。一项基于增值模型的高职教师教学有效性研究显示，课堂教学管理是评判高质量和低质量教学的显著影响因素。

有效的课堂教学管理是能否实现有效教学的关键性指标。教师作为课堂的主导者，教师的教学理念、知识、责任感，教学能力、教学智慧及教学技能是影响课堂教学管理的重要因素。

但是部分高职英语教师却没有投入过多的时间和关注度在课堂教学管理上，而是把焦点局限在提高学生成绩上且应试教育理念根深蒂固；在教学活动设计上也未注重以学生为中心提升学生参与度，忽略了以教学活动来进行课堂管理来实现课堂教学管理有效性的重要意义。

第一章　绪论

（2）高职英语课堂教学管理办法有待更新

部分高职英语教师过度依赖教师权威，把惩罚和批评作为最直接和快速的纪律管理办法，使课堂教学气氛过于紧张，使学生感到压抑。

只有学生感受到轻松愉快的课堂管理氛围，投入教学活动中，参与到学习任务中去，才能形成良性的互动。

课堂纪律管理的动机应建立在提升学生的综合素质、促进学生全面发展的基础上，而不是仅局限于提高学生学习成绩。教育的最终目的是实现人的发展，它不仅是知识的传播，更是德、智、体、美、劳的全面发展，是情感、态度、价值观的统一。

戴维（David）在关于课堂教学管理技巧中表示，教师的管理和教学离不开教师对自身的正确认识。教师只有掌控好自身的行为才能管控好课堂行为。这在一定程度上表明，自我管理能力强的教师也比较容易调动课堂教学管理中的相关要素，实现有效的课堂教学管理。但是，有部分教师利用直接批评的方式，没有把握好情绪的管理方式。作为具备专业知识与技能的一名合格教师，在遇到问题行为时，要客观诊断、矫正、控制课堂才能实现高效的课堂教学管理。

课堂教学管理是教师和学生的双边互动，是教师引导学生们培养自律行为的过程。因此，应以学生为中心，以人本主义理念贯穿始终，给予学生爱、尊重与归属感。

（3）教学管理机制需进一步严格

高职英语教师应增强自我约束力，加大课堂教学管理监督力度。同时，加强对学生的管理，避免学生出现迟到、无故旷课等现象。进一步严格教学管理机制刻不容缓，这对提高教学质量和加强教风建设有着积极的推动作用。

（4）高职英语课堂生态需进一步平衡

调查结果显示，教师对于课堂问题行为评价方式严格，会使课堂气氛压抑。有时一套管理方法并不适合每个人。教师的惩罚式的、直接批评式的问题行为控制方法虽然有一定的效果，但不一定适用于所有情况及所有学生。

生态教学观认为，教师的评价会引起学生生态位的变化。因此需要教师从学生实际需求出发进行课堂教学管理，创建和谐的课堂氛围，实现高效的课堂教学。夸美纽斯（Amos Comenius）指出，"纪律的最终目的是规范道德行为，而不是惩罚"。

教师与学生之间需要保持平等的关系，教师要以比较民主的方式让学生参与进来。新课标强调的是学生的想法和反映，在教学环节加入任务性的学生活动，激发学生的兴趣,活跃学生的思维。但是,当有一部分学生并未真正融入这些活动中去的时候,部分教师并没有以合适的方式方法加以引导,而是片面地以冷漠的态度或停止上课来进行课堂纪律管理。这样的课堂管理方式打断了学生活动,影响了学生思考,降低了课堂教学效率,影响了生态课堂的平衡。

高职英语教师应根据高学生的身心发展规律,根据生态课堂关注生命力的教育原则,从生命教育出发,关注学生个性发展,从课堂内涵出发,通过课堂评价贯穿教学活动始终来实现课堂教学改革。高职英语教师应认识到简单粗暴、与教学活动分离的课堂管理方式会给学生压抑的感觉,会使课堂气氛紧张,导致学生积极主动性减弱。

(5)高职英语课堂师生互动效果有待提升

英语口语教学活动需要在和谐的氛围中进行,使学生敢于用英语大声表达自己的想法,并与教师进行互动。教师是课堂的引导者和学生学习的促进者。英语作为一门二外,如果想让学生们打破心理的界限,敢想、敢说,就要处理好课堂上教师与学生之间的关系。

在高职英语大班课堂教学过程中,教师的教育应该面向全体学生,充分考虑学生的差异性,在课堂秩序良好的基础上,有效地进行教学活动。但是,在课堂中,会出现学生干扰课堂进程的情况。这给教师管理课堂带来了挑战,一般情况下,教师会进行强制性的管控。教师如果处理不得当,一部分学生就会对教师产生畏惧心理,这样既不利于学生发挥主观能动性,也不利于师生课堂互动。

5. 教材建设

教材是教学活动的重要载体。学校应该大力支持编写校本教材,鼓励教师积极参与和编写校本教材,加快教材建设,努力为学生提供合适的好教材,也为顺利开展教学改革创造有利条件。

具体来讲,高职英语教材建设要解决好以下两方面的问题。

(1)满足数字化教学变革需求

在"互联网+"、信息化、数字化蓬勃发展的时代,数字化教学已经成为教育的必然趋势,高职院校运用数字化教学的手段也在不断发展变革中。高职院校的教材资源建设也应跟上教学需求变革的步伐,满足数字化教学变革的需求,教材的配套资源建设不能仅仅停留在录制教学视频,刻录光盘阶段。学校教师也要提升数字化教学能力、提升对教学信息平台运用操作的熟练度,这些问题的存在,促进教材数字化发展的进程。

（2）坚持"以学生为中心"的观念

在教材开发过程中应坚持以"学生为中心"的观念，切实满足学生的学习需求，提升学生与教材的适配度。同时，应根据高职阶段学生的具体学情和需求进行针对性的分析。

6.师资队伍综合素质

（1）更新知识结构

加强对高职英语教师职业教育理论和专业英语知识的培训，不断更新高职院校英语教师知识结构老化，使其教学理念、教学方法符合现代职业教育发展的新需求，促进英语教学改革的实施。

在教学和育人过程中，高职英语教师要有效地把职业教育理论与教育实践相结合，紧跟高职教育新时代发展的步伐，有效适应职业教育发展的新要求。

（2）稳定师资队伍

当前职业教育师资队伍在一定程度上存在着高素质、优质师资流失的现象。以新疆地区为例，从地域看，南疆地区教师流失较严重，特别是边远农牧区、贫困地区汉族教师；从专业看，一些热门专业（如数控、会计、经济学等）教师流失较严重。

（3）师资队伍结构合理化

高职院校师资结构建设关系到英语人才实施效果和人才培养质量。一般来说，师资队伍主要是专职教师和兼职教师组成的。目前，高职院校师资队伍大部分是专职教师，兼职教师较少。

从职称结构来看，初级职称的老师最多，大部分是刚进校不久、没有多少教学经验的毕业生；高级职称的教师最少，他们具备丰富的教学经验或者一定的企业实践经验，但是由于个人学历和年龄的限制，科研能力普遍不强，职业发展的空间受限。从学历来看，博士学历和硕士研究生学历的教师人数也较少，大部分的学历偏低；大部分研究生是通过人才引进或是毕业招聘直接进入学校任教，由于他们没有教育教学经验和企业的工作经历，入职初期在教学工作上显得有些吃力。

此外，由于高职院校的职业特殊性，需要大量的"双师型"教师来培养学生，但目前高职院校的"双师型"教师虽然比例不低，但教师仍需将实践教学和理论教学相结合。

（4）教师培训机制需进一步完善

随着现代高新技术变革的不断推进和经济的飞速发展，教师的自身革新和技术能力的提高也十分重要，因此教师培训也是高职院校师资队伍建设不可忽视的重要部分。

当前高职院校虽然重视双师型或技能型教师的引进，但一些学校却忽视了对教师的后续培训，只是单纯地将教师招进学校，之后对教师的上岗培训、定期进修没有进行特定的规划，也没有设置全面系统的教师培训制度和培训计划。通过与专任教师进行访谈得知，一些学校的上岗培训并不是固定开展的，很多时候都没有，大部分的上岗培训都由经验丰富的老教师代劳。

究其原因，主要在于两方面。一是招聘的教师不是大规模进入学校，针对三两个的单招教师并不好进行培训。二是由于资金和条件的限制，加之教学任务安排紧密、教师本身工作压力大和工作任务重，开展大规模的在岗培训并不实际。

（5）加强"双师型"教师综合能力

"双师型"教师队伍的建设是每个高职院校都需要重视的问题，为高职院校在"双师型"教师建设方面做了不少努力，通过吸收企业兼职教师来稳定固定的兼职教师队伍，同时定期安排在校教师到生产车间进行实践锻炼，这些举措都取得了不错的成效，一定程度上缓解了当前师资与教学的矛盾，但随着招生规模的不断扩大，还是不能完全满足实际办学的需求，在实际的教学过程中也出现了一些问题。

首先，一些高职院校聘请的兼职教师因为本身工作的关系，不能在固定时间内来给学生上课，很多时候会以讲座形式给学生普及一些实训操作基础知识，无法长期融入整个英语人才培养过程，致使学生的学习零散化。

其次，在教学质量上，由于一些高职院校聘请的人员不是专业的教师，没有进行过系统的教学训练，因此很多时候课程实施效果不尽人意。

最后，部分教师的产教融合意识不强。部分一线教师对于学校安排到企业的实践活动不够重视和珍惜，有的甚至有抵触情绪，认为给学生上好课就行了，没有"磨刀不误砍柴工"的意识，只将实践活动当作是学校下达的工作任务，并没有用心去提升自己的能力。

7. 学生英语学习的态度

（1）部分高职学生英语学习态度不端正

从公布的高职学生英语期中考试成绩来看，学生个人英语能力受先天因素和

第一章　绪论

后天培养训练的影响。高职英语教师在课堂上通过开展有效的培养学生英语能力的活动是可以提高学生的英语能力的，但部分学生在认知上是欠缺提升英语学习态度的。

（2）部分高职学生课堂学习不积极

由于英语比较抽象，因此部分学生在英语课堂上不敢与教师进行交流互动，导致部分学生的思维能力难以得到提高，难以建立英语学习的信心。

部分高职学生在课堂上过分依赖于教师讲解知识要点，根据教师的教案设计学习内容，这种被动式的学习方式，难以培养英语探究精神。尤其是在对英语抽象概念的理解上，逻辑性较强的分析往往需要学生主动探索、掌握知识规律。

（3）部分高职生英语发展学习意识薄弱

部分高职学生英语学习意识薄弱，需要教师辅助提升英语能力。高职英语教师对英语能力的培养具有一定的认识，高职学生在有效的英语培养策略训练后，其自身的英语能力可以得到提高，但是单一化依靠学生自主发展英语能力的难度较大。部分学生对英语能力的认识不清晰、不明确。

高职英语教学现状存在的主要问题是态度问题，部分学生的内动力不足，欠缺主动学习的意识，部分教师单一的教学模式造成学生难以参与课堂教学，主要表现在以下四个方面。一是教师本身就是传统教学的受益者，知识多是通过教师的教授获得，教师已经熟悉传统的教育模式，通过课前备课，课堂讲解将知识传授给学生。二是教师个体之间是有差异性的，教师的个人魅力也会影响学生学习知识的积极性。三是由于教材的制约性，学生需要掌握的知识要点和知识难点基本统一，教师的教学能力要求以学生的成绩来衡量，因此教师必须完成规定的教学任务。四是传统教学模式的教学过程借助黑板、粉笔、教案来完成整个教学活动，但在互联网信息时代已经落后，多种新型教学模式逐渐呈现。

在推行素质教育的今天，部分高职院校学生英语学习的检验标准仍是考试成绩。在有限的课堂学习时间段内，英语教师需要将全部精力投入学生成绩提高的培养过程中，然而英语的考查较为烦琐，需要英语教师逐个去检验学生。另外，对于高职英语课堂学生英语学习态度的转变，需要教师一个一个采集学生的数据信息，这种复杂的教学评价和检验过程，成为制约教师有效开展培养学生英语学习态度的因素。教师通过笔试检验学生是否能够准确应用英语专业名词和术语，造成一大批高职生重理论、轻思维。单一注重英语知识理论，忽视英语学习现状的教学方式不符合教学要求，也难以培养出具有核心素养的英语一代。高职生的学习很大程度上受就业影响，注重技能学习，针对这一特点，在英语学习态度的培养中，英语学科在探索提高高职学生迁移能力的方式中，要避免素质教育理念流于形式，要高度重视英语学习态度的培养等问题。

（二）高职英语教学的最新要求

20世纪80年代以来，一些新的外语教学观、教师观、学生观、人才观等相继出现，不仅对高职英语教学提出了新的要求，同时也为高职英语教学改革指明了方向。

1. 进行思政课程建设

课程思政建设内容要紧紧围绕坚定学生理想信念，以爱党、爱国、爱社会主义、爱人民、爱集体为主线，围绕政治认同、家国情怀、文化素养、宪法法治意识、道德修养等为重点优化课程思政内容供给，系统进行中国特色社会主义和中国梦教育、社会主义核心价值观教育、法治教育、劳动教育、心理健康教育、中华优秀传统文化教育。

课程思政建设如何把专业知识和思政教育有机结合在一起，是一项需要深入思考的课题，根据专业课程特点，应合理设置思政教育的内容，并且形成一个有机的整体，而不是随便加入一些思政的元素，流于表面。通过挖掘专业课程的思想政治的内容和教育方法，以润物细无声的方式让学生提高道德修养和专业技术能力，成为德智体美劳全面发展的高素质人才。

2. 充分利用信息技术

信息技术现已影响着人们生活的方方面面，在教育领域也引起了极大的变革。在高职英语教学中充分利用信息技术，可以将英语课堂变为充满活力与创意的学习场所。在设计英语教学的情境时充分利用多媒体技术、网络技术，使图文并茂、教学形式多样，既可以提高学生的学习积极性，发挥他们的主体作用，又能够使学生在相对真实的学习情境中，通过多种模拟手段，提高英语的实践能力。

信息技术的运用也使英语课堂的教学空间形式发生了变化。在专门的计算机室进行英语授课时，学生的座位呈环形排列或呈若干个小圆形排列，缩短了师生间的距离，在这种宽松的教学环境中，学生的学习主动性和个性也能够得到最大限度的发挥。

第一章 绪论

第五节 高职英语教学改革的可行性与必要性

一、高职英语教学改革的可行性

随着国际之间的交流沟通不断加强，招生录取制度的改革，社会对高职毕业生提出了更高的要求。

近几年来，国家对高职院校的政策扶持力度也正在加大，同时也颁布了新的政策，这对高职院校来说是一个好消息。要发展就必须改革。各级领导也清醒地认识到了改革的重要性和必要性，积极拥护并支持深化教学改革。比如，鼓励师生为学院的发展建言献策，实施信息化教学和花巨资购买平台进行混合式教学课程建设，在财力政策方面给予教学改革大力支持；让各个分院进行教学诊断工作部署并提出整改措施。此外，教师和学生也十分希望通过进一步深化改革来提高教学质量，为社会不断输送高质量的复合型人才。

二、高职英语教学改革的必要性

（一）传统英语教学模式需转变

英语教育向来是我国教育体系的重要组成部分，随着中国国际化程度的不断提高，英语在教学层面和实际应用层面的重要性都日益提升。

传统的英语教学模式长期在高职英语教学中占主导地位，在进行高职英语课堂教学改革之前，首先要对传统英语教学模式有一个清醒的认识。

在传统的英语教学模式中，学生们端坐于教室，教师站在讲台上将课本上的知识一点点地灌输给学生，然后进行大量的练习来巩固课堂知识，未能完全从根本上调动所有学生的积极性，简单的图片、音频、影像资料等信息已经不能完全满足教学的需要，无论是教师还是学生都渴望多元化的教学方式。为此，高职英语教学改革势在必行。

（二）社会环境和发展的迫切需求

高等职业教育是我国教育体系中重要的一环，随着国家经济的快速发展，社会对高职教育培养的技能型人才需求逐年增加，国家建立了以免学费、国家助学金为主的高职学生资助制度，教育部高度关注高职教育，不断出台针对高职教育发展的政策，大力发展高职教育。

在实际工作中，英语成为高职院校学生求职的重要加分项，不管是制造业、学前教育行业，还是计算机维修、编程、数控等行业，英语已经成为必备技能。

高职学生数量巨大，高职学生的英语学习当然需要重视，基于高职院校学生的专业和年龄特点分析，积极推进英语教学改革势在必行。

虽然学习英语可以开阔学生眼界，并且为学生就业提供更好机会，但高职英语教学及学习现状也出现了一些问题。部分学生对课本知识不感兴趣，他们的兴趣点更多停留在与工作相关的动手的、实践性的知识学习上。学生普遍英语水平较低，大多数学生对英语学习存在偏见甚至排斥心理，当然，也不排除部分高职学校教学模式落后导致学生对英语课堂感觉枯燥乏味，导致部分学生从最开始的听不懂变成了不愿听，进而反感学习英语，学习动力严重不足。

教育行业作为各行业智慧的源头供给，要紧跟时代步伐，探索互联网环境下的教学模式创新，确保知识获取途径和方式的不断创新，更从根本上赋予知识获得者创新、求新的思维模式，这样的思维模式将成为社会创新的"永动机"。因此，将创新元素引入英语教学，积极推进高职英语教学改革是改善高职英语教学现状，提高高职英语教学质量和效率的必要手段。由于高职学生人数众多、英语水平普遍较低但又有学习英语的要求，以及求职的客观影响等诸多因素叠加，因此进行高职英语教学改革是十分必要的。

第二章　高职英语教学模式的基本理论

随着社会的不断发展，社会对各种人才的要求也越来越高。在高职英语教育中，应对当前教学模式的基本理论进行研究、创新，加强对学生职业素质的培养，将英语教学与专业教学有效结合，提高学生的职业竞争力，满足社会对人才的高标准要求。本章分为教学模式及其演变、高职英语教学模式的内涵、高职英语教学模式改革的理论基础三部分，主要包括教学模式概述、教学模式的演变、信息化背景下的新型教学模式、高职英语教学模式内涵涉及的层面、高职英语教学模式的分类、建构主义理论、任务型语言教学理论、教学系统设计理论等内容。

第一节　教学模式及其演变

一、教学模式概述

（一）教学模式的定义

教学模式（Teaching Model）一词最初由美国学者布鲁斯·乔伊斯（Bruce Joyce）和玛莎·韦尔（Marsha Weil）在1972年出版的《教学模式》一书中提出。该书总结了当时流行的各种教学模式，共有25种，并对这些模式进行了分类，归纳为信息加工型教学模式、社会型教学模式、个人型教学模式和行为系统型教学模式四个范畴。一般认为，这是最早对教学模式进行的系统研究。该书作者以结构序列（课堂活动实施的顺序）、社会系统（包括教师角色和师生关系及各种规范）、反应原则（教师应该怎样对待学习者）和辅助系统（模式需要的其他必备条件）四个方面为框架，构建教学模式。乔伊斯和韦尔指出，他们的目的在于"试图系统地探讨教育目的、教学策略、课程设计和教材,以及社会和心理之间的相互影响。以设法考查一系列可以使教师行为模式化的各种可供选择的类型"。受乔伊斯和韦尔的影响,许多教学研究人员开始了教学模式的研究。其中,美国北佛罗里达大学的埃金等人在20世纪70年代末合著出版的《课堂教学策略——课堂信息处理模式》一书,就是受乔伊斯和韦尔研究的启迪,经过教育科学实验和教学实践后撰写而成的。美国的许多大学还开设了有关教学模式的课程,一些教育学和心理学书中安排了专门讨论教学模式的章节。

在我国,1984年之后,关于教育模式的研究被提上日程。在教育学界,有的把教学模式视为与教学方法相关的战略系统;有的则把教学模式视为特定教学环境下的特定教学方法;李定仁先生则把教学模式界定为依据教学思想和教学规律而形成的、在教学过程中必须遵循的、比较稳固的教学程序及方法的策略体系,包括教学过程中诸要素的组合方式、教学程序及其相应的策略。

在中国的外语教育界,关于教育的概念也是众说纷纭。例如,著名的外语教学家张正东将其界定为:"教学模式是有理论支持的教学活动的操作框架,它可能根据一定的教学理论而建成,也可由概括实践经验来形成。"东北师大英语系主任隋铭才对英语教学模式做了如下的阐释:"对语言教学理论和英语教学过程各主要因素本质及其相互关系等的形象性表述。"相比之下,李定仁的这一定义显得更加贴切。第一,一方面教育模式要体现特定的教育理念和教育理念,另一方面又要适应教育的客观规律。即便是由先进的教育理念和理论所建构的教育模式,如果不能与客观的教学现实相适应,也会失去其实用价值。第二,教学模式是一种教学方法和教学方法的战略系统,要将教学过程中各因素结合,将教师、学生、教材、教学方法、教学手段、组织形式等有机地结合在一起,使得教学模式更加直观、可操作性更强。

因此,英语教学模式可以被界定为在一定的教育教学理论指导下,或以英语教学实践为基础,为实现某一英语教学目标而形成的比较稳固的教学程序及其方法的策略体系,包括教学过程中诸要素的组合方式、教学程序及其相应的策略。通过对英语教学模式的界定,我们可以从两种不同的角度理解:一是依据教育理论推导出一种新的理论模型,经过实际的检验和改进,从而形成较为稳固的结构;教学实习既是教学模式理论产生的逻辑起点,又是对教学模式的正确选择与运用。教学模式是较为稳定的教学流程,而非僵化、一成不变的。它是一个不断发展、变化的子系统,它的产生与运用是教育理论与实践发展的结果。

第二章 高职英语教学模式的基本理论

应该注意,"教"这个字可以指老师"教",也可以指"学"。因此,教学方式可以是"教",也可以是"学"。很明显,以上的定义集中在"教"的形式上。

(二)教学模式的结构

不同的学者对教育模式的定义不尽相同,但对于目前的教育模式,其结构认识大体是相同的,只不过表达方式不尽相同。从李定仁的教学模式结构来看,可以从教学思想或教学理论、教学目标、操作程序、教学条件、师生结合、教学评价六个方面进行论述。六大环节相互包含,相互联系,构成了一套完整的教学模式。

1.教学思想或教学理论

任何一种教育方式,都必须以某种教育理念、教育理论为依据。有些教学模式是经过长期的实践而形成的,尽管一开始可能没有一个清晰的理论基础,但在研究、分析和总结教学经验时,总会需要一些指导思想。

2.教学目标

课程目标对于课程教学具有非常重要的意义。在课程教学的实施过程中,教师对课程目标的理解和解构是第一步,学生对课程目标的理解和内化是第二步,只有完成这两步,课程教学才算有了成功的开始。

教学模式往往都会指向一定的教学目标,是为达到或者实现某些特定教学目标而制定和设计的。例如,自主学习模式的目标在于以学生作为学习的主体,通过学生独立地分析、探索、实践、质疑、创造等方法来实现学习目标,逐步培养学习者的自主学习能力。

3.操作程序

操作程序是根据教学活动开展的逻辑步骤、实践序列。不同的教学模式,其操作程序也不同。因此,操作程序是教学模式得以存在的重要条件。

4.教学条件

教学条件是指根据一定的教学目标,使教学模式产生效果的各种条件。不管是何种教学模式,都有一定的限制条件。只有在这些限制条件下,教学模式才能发挥效用。教学条件涉及多个层面的内容,如教师、学习者、教学材料、教学时空、教学媒介等。例如,网络自主学习模式需要有网络课程、网络教室等教学条件的支持。

5. 师生组合

教师的教学与学生的学习是一体的。在这一过程中，教师与学生所处的位置、角色相互影响。教师和学生的搭配方式因教学方式的不同而有所差异。比如，在自主学习模式中，教师作为教学的指导者、协作者，起到了辅助和引导作用，而学习者则是在老师的引导下完成自我学习，是自我学习的监控者、探索者和知识的建构者。

6. 教学评价

教学评价也是教学模式的一项重要内容，包含教学评价的标准和方法。教学模式的程序、目标、条件不同，其评价标准和方法也不一样。一个教学模式，一般都会对评价标准和方法产生影响。例如，罗杰斯（Rogers）的非指导性教学模式是帮助学生进行自我鉴定，教学评价主要是学生的自我评价，这种自我评价使学生更能为自己的学习负起责任，从而更加主动、有效、持久地学习。

（三）教学模式的特征

教学模式在一定程度上解决了许多问题和矛盾，体现了教学规律，实现了教学目的，优化了教学程序，使教学理论和实践相结合，体现了教学活动中各个环节的动态、整体和综合性质。

1. 多样性

受不同的教育思想、认知理论、学习理论流派的影响以及对理论的不同的理解与运用，相应地形成了众多不同的教学模式，形成了教学模式的多样性，而不同教学模式的静态结构中的不同要素同样具备多样性。

2. 可操作性

从操作的角度来看，教学模式是将教学过程和方法结合起来的一个整体，既可以动态地反应教学活动的秩序，又可以根据教学要求对各个环节进行合理的调整和控制。所以，按照不同的时间顺序，教学过程就会产生不同的过程。可操作性包含了操作技能和技术，它是教育理论的具体化，是教学理论和教学实践的纽带。

3. 开放性

教学模式是一个不断完善的动态开放体系，它的开放性使得它不断地完善和创新。教学理念的更新，教学理论的发展，教学实践的不断深入，都将促使教学模式不断地发展。

4. 稳定性

从结构的角度来看，教学模式是一个完整的体系和机制，它反映了整个教学体系的性能；从空间上看，它是受许多因素影响的，在教学过程中，各个教学元素都是以一定的教育理念和理论为基础的，因此教学模式具有相对的稳定性。

5. 针对性

教学模式都有其适用的领域和运行状况。如果超出教学模式的适用范围，或者缺少条件，就很难达到预期的效果，这表明任何一种教学模式都是有其局限性的。

6. 策略性

与教学实践相比较，教学模式既是理论性的，也是抽象的，只有把它转换成教学的策略和方式，才能应用到实际的教学中去。

7. 个性化

教学模式应充分反映出教育的个性和创意，这是教育方式向更高水平发展的一种表现。没有了个性和创意，模式就会僵硬，成为一种形式，但是个性却不能脱离模式而独立。只有模式和个性结合，才能将模式的功能最大化，创造出新的形态。

（四）教学模式的类型

教学理念、理论或流派的不同，都会导致教学模式的不同；构成模型的各个因素的位置和功能的不同也会导致教学模式的不同；教育目的、科学技术、生产力、社会需求、研究视角等因素的不同，都会导致教学模式不同。因此，教学模式既复杂，又多种多样。

1. 基于学习理论的教学模式

在基于学习理论的教学模式中，美国学者乔伊斯提出的教学模式是最典型的。他将教学模式划分为以获得知识和发展为目的的信息加工教学模式，以社会品质为导向的社会交往教学模式，以情感、意志、心理健康为导向的个性发展教学模式，以行为训练为目标的行为修正教学模式。

2. 基于教学理论的教学模式

教学主体和教学对象是教学理论研究的基本问题。师生是一个相互作用的整体，基于师生关系、师生地位、作用等方面产生了问答、授课、自学、合作、科研等五大类型教学模式。以上几种教学模式都有各自的发展历程和特征。

3. 基于教育哲学的教学模式

不同的教学模式实质上体现的是不同的文化。基于文化差异，从认识论角度看，可将教学模式分为客观主义与建构主义两种教学模式；从价值观角度看，呈现个体主义与集体主义两种教学模式。以上的模式可以分为四种：个体主义—客观主义、个体主义—建构主义、集体主义—客观主义、集体主义—建构主义四种模式。总体上讲，个体化的教学模式更有利于提高学生的自主性和创造性；以集体主义为导向的教学模式，有利于培养学生的团队意识和协作精神；主观化的教学模式有利于学生掌握基本知识，提高教学效果，有利于知识的传承和整合；具有建构主义倾向的教学模式多采取发现式和讨论式的教学方式，有利于学生对复杂、未知的问题进行探究，有利于促进培养学生的发散性思维和创造力。

4. 基于教学活动性质与组织形式的教学模式

基于教学活动性质与组织形式，可将教学模式分为个体—接受、个体—探究、群体—接收、群体—探究四种。这种分类基于客观主义的认识观，其理论基础是建构主义学习理论。现代教学的价值取向已从传统的客观主义转向建构主义学习理论。

5. 基于教学角色和地位的教学模式

根据师生角色的不同，可以划分为"以教师为中心"和"以学生为中心"的教学模式。"以教师为中心"的教学模式的优势在于它可以使教师的主体性得到最大程度的发挥，有利于组织、管理和控制课堂教学。在多媒体、网络技术的不断普及下，逐步形成了一种新的"以学生为中心"的教学模式。这种教学模式可以激发学生的学习兴趣，促进学生认知结构的形成和发展。

二、教学模式的演变

每一种教育方式都是不断发展、创新的，而教学模式也是在不断地推陈出新、发展、演进，以反映时代特点和需要。它是科技发展的必然结果，是推动科技进步的重要力量。

教育模式与社会发展、科技水平和生产力水平相适应，是时代发展的必然要求。在信息社会和知识经济时代，在高科技的支撑下，教学模式以探究式为主。科技对教学模式的发展和迁移起着制约作用。

传统的教学模式主要是传授知识，教师对教学活动进行控制，而学生则是被动地接受知识。这种教学模式忽略了学生的主体性，不利于学生的创新思考。近半个多世纪来，随着新的教学理念的出现，中外教学模式不断发展形成了活动型、自学型、探究型、主体性型、反思型等多种教学模式。与传统的教学方式相比较，它们更有利于学生的创新，反映了教师主导、学生主体、注重创新能力培养的时代价值，同时也使教学理论和实践得到了进一步的发展。何克抗倡导"寻找一种既能发挥教师的主导作用又能充分体现学生主体地位的以自主、探究、合作为特征的教与学方式"，这是素质教育的发展趋势，而现代教育技术的运用，则为新的教育模式建设提供了有力的支持，是改革教学方式的突破口。

一种新的教学模式出现后，它的理论体系和内涵还很难看得清楚，只能是一个大致的概念，但随着它的运用，它会不断地吸取已有的知识和智慧，逐渐地变得更加完善，最后总结、综合、升华形成一种新的教学模式。人们在研究、借鉴和运用新的教学模式时，通常要经历"广泛学习—个别模仿—灵活运用—创造性发展"过程。因此，对教学模式的推广和运用也是教学模式的发展和演化。

三、信息化背景下的新型教学模式

（一）网络直播教学模式

1. 网络直播教学模式的概念

网络直播教学模式是将教学内容通过网络直播平台，以实时视频方式进行网上现场视频传播的教学模式，其具有不受时空约束、方便快捷、直观生动、实时互动、信息丰富等优势。以往的线上教学视频多数是以录播视频为主，存在内容枯燥、互动性弱、自说自话等缺陷，学生很难产生兴趣，录播视频难以具有较强的吸引力，而网络直播却能够有效弥补这一短板。网络直播课程同时具有声音、文字与图像等多种符号组合，立体而直观、生动而形象、简便且丰富。直播课程与录播课程相比，其以实时视频直播为主，实现了师生之间的双向互动，并且具有良好的沟通和交流功能。网络直播教学模式使学习者拥有更好的学习体验，因此在特殊时期无法开展线下课程时，各大高校教师通常会依托钉钉、QQ、腾讯课堂等软件开展直播教学。

学者们对于网络直播教学模式的定义并未形成一个统一的说法，但总体都反映网络直播教学模式具有实时性、直观性、交互性、可控性等特点。北京师范大学教育技术学院副教授李爽等指出"网络直播教学模式是以大数据、云计算等新兴技术为基础，借助互联网进行的单点对多点的实时交互式的教学方式，通过智能客户端实现异地课堂直播"。浙江树人学院讲师李正昕在《基于SMART原则的网络直播教学模式应用研究——以"钉钉直播+雨课堂"为例》中对网络直播教学模式的广义概念和狭义概念进行了总结,他将网络直播教学模式定义为"以共享参与、高效为原则,依托网络直播平台及相关直播辅助程序开展教学活动,从而实现知识共享与创新的新型教学模式"。

从学者们对网络直播教学模式的定义不难看出,网络直播教学模式要求体现交互性和实时性,打破传统线下教育的壁垒,突破录播课程的局限,将"互联网+"教学理念落实在具体形态的教育实践当中。

2. 网络直播教学模式的特点

(1) 即时性

远程网络直播教学都是前端课堂的实时教学,学生们在课堂上通过多媒体所看到的都是前端教学课堂中实时发生的。

(2) 统一性

指远端直播班的教学课程表、教学作息时间、教学内容以及教辅资料都与网络直播班基本相一致。

(3) 同时性

指参与远程直播教学的所有班级都是同时备课、同时授课、同时考试以及同时作业。

(4) 公平性

远程网络直播教学可以克服时间与空间上的隔阂,可以有效促进边远地区实现教育教学公平性。

3. 网络直播教学模式的发展前瞻

教育现代化包括教育的普及化、公平化、优质化、国际化、信息化和保障制度化,而教育信息化发展是教育现代化的技术保障。从前瞻发展来看,以教育工作者为核心的群体尤其应充分把握线上教学实践契机,充分挖掘并利用网络教学模式优势,积极推动新时代信息技术与课堂教学的再融合,以技术赋能提升新时代的教育现代化水平。

(1) 充分把握线上教学实验契机

线下课堂教学向线上教学的扩展,客观上创造了一个全新的教学实验契机。"教什么""怎么教"是教学实践层面的问题,而"为什么教"则是教学价值取向层面的问题,是更深层、更核心的问题,形式与方法应服务于目标。当我们关注网络直播教学形式时，尤其不应忘记教学的核心目标。线下的教学情境和线上教学实践不仅提供了实验情境，客观上也要求我们重新思考教学的"为什么"，进而明确在教什么和怎么教的环节中，如何更有针对性地进行教学设计和技术应用，从而使教学技术更好地服务于教育教学的最终目标。

（2）利用好网络直播教学模式优势

在日常教学实践中，课堂教学模式是学校教学模式活动的主导形式，慕课及其他信息技术一般作为辅助手段被选择性地加以应用。近两年的网络直播教学模式展开得范围之广、程度之深令人惊叹，这也必将对未来的教育教学实践产生重要影响。确实，网络直播教学这一形式更具开放性、灵活性、选择性和交互性，能够做到教育者与学习者时时互动、沟通，降低了学习交流的成本。

以多数平台都能实现的词云这一功能为例，一方面，词云能够实现学生个体观点数据化和数据即时呈现；另一方面，系统保存的数据记录能够进一步支撑教学内容或形式的调整，形成技术应用的正反馈循环。从这个角度来看，如果能够将技术优势充分融合到课堂教学中，本着服务教学的目的来使用技术平台，适时地结合适用的信息技术来增加课堂的丰富性和趣味性，那么对教学目标的实现无疑是大有裨益的。

（3）推动信息技术与课堂教学模式再融合

课堂教学模式与网络直播教学模式并非是绝对分离或相割裂的。传统课堂中师生共同在场进行教学活动，这不仅是教师授课与学生听讲的自然过程，还同时实现了知识的逆向传递，即教师向学生学习，以及学生之间相互学习，相互影响和促进。课堂教学模式的真切感和自然感使学生能够在接收信息和领会知识之外，更直观地感受温情与关怀。信息技术的应用和基于互联网技术的线上互动则能够为传统课堂增添新鲜感，调动课堂的活跃度，提升学生的参与度，同时还能够留存相关教学数据以供分析和进一步提升教学质量。由此可见，课堂教学模式与网络直播教学模式各有所长，在追求教学实效的过程中不妨组合使用，促进信息技术与教育教学深度融合，实现优势互补。

（二）虚拟技术教学模式

1. 虚拟技术教学模式的概念

虚拟仿真是通过虚拟系统来模仿真实系统的一项技术，也称为"模拟技术"。换言之，虚拟仿真技术使人们可以通过计算机等媒介感受虚拟世界。运用虚拟仿真软件来模拟实际操作，可以使教师的教研工作效率有效提高，也能够让学生通过虚拟仿真软件体验真实场景，改善课堂的教学效果。基于虚拟仿真技术的教学模式创设的实际工作场景，具有实战性强、生动形象等特点，能够吸引学生的注意力，加强学生的动手能力，有助于学生短时间内融入场景。依据实际教学需求，高校可着手建立虚拟仿真训练室，让学生在课堂上真正实现虚拟体验，通过人机互动、情景教学、模拟操作等方式，增强学生的学习自主性与模拟策划能力，提高学生实操能力，进而真正使高校英语教学质量提升。

2.关于虚拟现实技术的研究

虚拟现实技术是教育再次革新的催化剂，它比以往的技术手段更强大，更具潜力。学习者将会在虚拟现实中学习，通过可视化的方式呈现学习内容，比传统的平面呈现方式更直观生动。学习者可以在接近现实的学习环境中观察体验，主动学习。这将会改变人们未来的学习模式和学习效果。

虚拟现实技术在实验教学方面。VR是新兴技术，具有为学生提供更好学习体验的潜力。基于VR的学习环境（VLE）的开发，旨在为工程专业学生提供有关电子实验室硬件的事先培训。通过实验性研究来衡量VR在学生知识获取、学习动机强化和认知提升中的有效性与实用性。实验结果表明VR对学生的学习动机和认知有显著的积极影响。

虚拟现实技术对学习者的学习效果与方式影响研究方面。虚拟现实技术对许多行业的模拟训练有明显的改进。虚拟现实技术已显示出与其应用相关的积极教育成果，并在教育和培训环境中获得牵引力。预计在未来几年内，VR将广泛采用于课堂。学习者在虚拟环境中的学习效果较好，学习者在虚拟环境中学习后会产生较浓的学习兴趣，研究还表明虚拟现实技术是一种能够吸引和激励用户的技术。

虚拟现实技术应用于语言教学方面。从2007年开始，林登实验室开发了"第二人生"，使得虚拟技术参与教学的活动快速发展。"第二人生"通过构建身体、空间、身份、文物等普遍存在的环境要素，为各种商业应用提供了资源和空间，具有高度的沉浸性、仿真性。学习者在屏幕之外，通过鼠标和键盘就可以体验该环境，因此被广大教育者和学习者所喜爱。随后，国外关于此方面的研究逐渐偏重于运用虚拟现实技术开发面向语言教学的虚拟环境。虚拟现实为学习者提供了一个环境，通过在"现实世界"中应用他们的理论来积极追求他们的知识需求，并且生成交互式虚拟环境可以减轻了理解困难者的认知负荷，特别是在语言阅读方面。

学习者在虚拟 3D 环境中可以自主学习。在虚拟现实中，学习者根据具体的物体内容与学习环境互动。这种互动是即时性的，虚拟环境可以实时根据学习者的行为做出反应。例如，有针对性地向学习者提供语言输入。虚拟技术与教育的结合也可以提高学生的成绩。

3. 虚拟现实技术教学的特点

（1）构想性

构想性是虚拟现实的一个关键特征。虚拟现实技术为人类提供了一种将幻想具象化的造物主能力，类似于文字创造世界、画笔创造世界、动漫创造世界等，但相较于文字、画笔、动漫等工具而言，虚拟现实技术所创造的世界更能被造物主以外的体验者感知，也更容易使体验者相信这种"伪造的"真实。

（2）交互性

交互性是指体验者通过模拟感官与虚拟现实场景的内容进行互动，真实感强，这也是虚拟现实的吸引力之一。虚拟现实是一个可以完全身临其境的用户环境，影响或改变感官输入（如视觉、声音、触摸和嗅觉），体验者与虚拟环境互动时，可以获得跟现实生活一样的感受。

（3）沉浸性

这个术语涉及创建一个虚拟环境，使人类与周围的虚拟现实环境充分接触。著名的计算机科学家乔纳森·斯泰尔（Jonathan Steyer）设计出沉浸式体验环境，让用户沉浸其中并与环境模拟交互。用户探索虚拟现实环境将会简单地沉浸在虚拟现实所创设的三维环境中。为确保用户相信他们在虚拟的现实世界中实际存在，需要虚拟现实的沉浸性技术特征去为用户提供"身临其境"的感觉，用户角色由被动的观察者转换为体验者。为用户创造沉浸式的感知系统，使用户的体验更加现实，形成心理沉浸，引发用户的思维共鸣，是虚拟现实的目标。

（三）混合式教学模式

1. 混合式教学模式的概念

混合式教学模式是在信息化背景下，"线上＋线下"相结合的教学模式，融合线上学习与传统面授教学，有效解决了纯线上教学需要借助信息化设备才能完成教学以及师生无法面对面交流等问题；改善了以教师为主、学生为辅，学生参与度低，课堂积极性差等传统课堂授课的局面。混合式教学模式的本质特征是把比较基础、理论性比较强的知识和技能制作成线上资源，教师引导学生在课前进行学习，课堂授课时教师通过分析线上的教学数据，发现学生课前学习的问题，在课堂上深入探讨与解答学生的疑惑，让学生真正内化所学习的知识和技能。目前在不同的在线平台上已积累了大量优质教学资料，如爱慕课、MOOC中国、清华大学的学堂在线等，上述在线平台提供丰富的教学资源，使得高校采用混合式教学模式成为现实。

2. 混合式教学模式应用环境的建设

（1）完善混合式教学模式实施管理细则

混合式教学模式是一场反映时代精神的教育革命，只有构建适应时代要求的管理制度体系，才能保障混合式教学模式改革不流于形式，持续深入推进。必须将混合式教学模式改革上升到学校意志，混合式教学模式在其他专业教学的应用成果表明，想要进行教学改革，必须使制度先行，研究过程中发现虽然有些高校强调教师进行混合式教学改革，但是对于如何改革，有何标准却没有规划，导致教师盲目自学探索，致使混合式教学开展效果欠佳。

首先要从学校层面制定相关政策规定，落实混合式教学模式，成立教学管理改革小组，结合本校实际情况以及体育专业教学特点，制定教学改革制度，以制度推进课改，相关政策制定包含学期课程建设要求、课程建设细则、课程实施细则以及教师激励机制制度等。其次是成立混合式教学模式落实监察小组。规章制度的落实全靠自觉自然不可取，对于混合式教学模式实施状况进行监测，有利于混合式教学模式改革落实，防止过程中出现跑偏和落实不到位的情况。最后还要建立考核制度，合理的考核制度有利于为混合式教学模式落实指明方向，使教师在实施混合式教学模式过程中明确目标、过程和思路，起到激励和导向作用。建立教师考核评价机制，将混合式教学工作绩效和工作能力纳入考核范围。

（2）优化混合式教学模式应用环境

混合式教学模式的条件建设是混合式教学开展的先决条件，混合式教学领域专家何克抗将混合式教学的条件建设形象地比喻为"路""车""货""驾驶员"。"路"指的是硬件建设，混合式教学模式硬件建设是基础的建设，从以前的多媒体教室建设，到今天的移动端设备普及，如今5G建设更是为混合式教学模式提供了良好的硬件设施条件。5G环境下的硬件设施将会发生巨大的变革，得益于5G强大的网络承载能力、超高带宽以及超快速率与超低时延，学校将不需要再建设多余的网络，课堂内的硬件设施将会实行5G化处理。5G交互智能平板、记忆黑板、一体化黑板、5G常态化录播、5G学生终端等将会成为混合式教学模式的基础设施。同时，还要加强教师课程录制硬件设施创建，以满足教师课程创建的硬件条件。"车"指是软件建设，软件建设最重要的是混合式教学平台建设，深度混合离不开平台支持，一个好的教学平台必须由教师端、学生端和后台管理端构成。随着网络教学的普及，各类平台也如雨后春笋般出现，对于平台的选用一定要选择适合课程实施的，功能必须完善，例如，UMU平台的模块编组功能，教师可自由组合需要的模块，教学、测试随用随取。"货"指的是课程资源开发与建设，这部分是教师的课程开发工作，对于教师自身能力要求较高，不但要有课程建设能力，还要求能熟练使用计算机设备等，MOOC等大型网络课程建设需要教师以及制作团队支持，但教师个体可以开发SPOC（小规模限制性在线课程）。教师课前也能创设自己需要的资源，例如，PPT制作、教学短视频片段剪辑等。"驾驶员"是指教师，混合式教学模式要求教师教学行为从课前延伸到课后，转变教学观念，改革教学方法，这也是新时代对教师的新要求，教师应率先接受混合式教学模式相关培训，主动学习提升各方面能力。学习环境是影响学习者学习的外部条件，是促进学习者主动建构知识和促进能力发展的外部条件。混合式教学模式环境的优化是基础，良好的环境能使学生更好地开展自主学习，并且充分发挥混合式教学模式的先天优势。

（3）落实混合式教学模式运行机制

混合式教学模式要想在高职英语教学中成为一种真正的教学模式，高校必须落实混合式教学模式的各项相关机制。第一，应该建立混合式教学模式的教师培训机制，寻求专家定期授课，通过定期培训、定期考察来提升教师混合式教学水平；第二，应该建立混合混合式教学监督机制，成立混合式教学督察小组，定期收集教学出现的问题，及时整改，还要建立师生意见反馈机制，教学反馈是教学整改的风向标，设置意见箱、邮箱等实时收集师生意见，及时调整，为混合式教学开展提供更好的服务；第三，应该建立教师授课交流机制，通过互相听课，互相评课以及将混合式教学竞赛加入教学模拟比赛中等一系列的教学交流活动整体提升混合式教学模式水准；最后还要建立混合式教学模式后勤保障机制，为混合式教学模式提供良好的后勤保障服务。

（4）构建个性化激励制度

建立和健全应用混合式教学模式的教师考核评价机制，将混合式教学模式工作绩效和工作能力纳入考核范围，对达到相应标准的教师要给予相应奖励，对有优秀教学案例和教学成果的教师要充分肯定，对于未能达标的教师要及时给出整改意见。由于混合式教学教师工作量更大，因此应提升开展混合式教学教师薪酬标准，线上课程和线下面授课课时计算分开，合理计算工作量，切实保障教师权益。对于线上课程创建也要给予充分的资金技术支持，线上课程创建人力、物力耗费巨大，如果没有相应资金技术支持将很难实现课程创立与课程共享。

3. 混合式教学教师应用能力的提升

教育是国之大计、党之大计。师资的数量和质量，是直接关系高职教育发展的规模、速度和培养人才质量的根本问题；加强师资队伍建设，是办好高职教育的一项战略性措施。提升教师能力，是混合式教学模式发展的重要途径。

（1）转变教师观念，理解混合式教学模式理念

党的十九大报告把继续解放思想作为大会重要内容，作为教育工作者要深入学习，切实解放思想，跟上教育改革的步伐。如果说制度的建立是外力作用推进的结果，那么转变观念就是从内在转化，教育教学要适应发展，教师层面必须率先更新教育观念，然后带动学生更新学习思想转变。思路决定出路，没有教学观念的更新，就不会有发展的突破；没有观念的超越，就不会有发展的跨越；没有观念的领先，就不会有发展的率先。

改变观念必须落实到具体行动上。第一，在本校学校报刊、专栏以及网站等地刊登刊物，介绍混合式教学的必要性，介绍未来信息化教学发展方向，让师生了解信息化教学是未来高职英语教学改革的大势所趋；第二，经常性开设专题讲座，邀请混合式教学领域内的专家学者介绍混合式教学改革方向、教学方法手段，推进混合式教学模式实施；第三，组织混合式教学研讨会，组织教师参与研讨混合式教学模式实施的方法策略，集思广益，引发教师思考；第四，举办混合式教学相关活动，例如，征文大赛、教学比赛等，吸引更多师生主动参与到这项教学改革中来。

（2）重视教学设计、加强线上线下融合

混合式教学模式的线上与线下教学内容安排上既要有区分，又要有所联系，防止出现线上线下教学"两张皮"。混合式教学模式是线上教学与面授课堂的融合，而不是简单的叠加，所以在教学开展进程中，无论课前、课中和课后，教师的教学都应该同时考虑两种手段相结合，而不是以某一种为主，另外一种为辅。在课前阶段，教师应该做两手教学准备，线上教学和线下教学的教学内容、组织形式、教学手段穿插准备，教学设计坚持各取所长，充分发挥两种形式的特长优势。在教学过程中，要充分发挥线下教学的优势，课堂教学不能再是线上教学内容的再次讲解，而是应通过创新课堂教学形式，多样化组织面授课堂，采取小组合作答疑、学生学习成果展示和师生互动等方式使学生线上学习内容内化。课后

第二章　高职英语教学模式的基本理论

阶段同样也要发挥线上教学优势，课后阶段是学生加强练习和进行课后学习的重要时机，课堂时间宝贵，利用线上做好课后工作，为下节课课堂效率的提升赢取宝贵时间，提升线下教学效率，真正做到线上线下相融合。

（3）提升教学内容有效性

研究发现，线上教学资源建设质量的优劣会直接影响，甚至决定混合式教学的教学效率、效果和质量。教师在混合式教学模式实施中首先要做好教学内容准备，才能更好地将教学内容呈现在课堂。第一，坚持自主创新和资源整合相结合，教师需要在整合使用线上精品课程的同时，提升建课能力和资源整合能力，只有这样才能使混合式教学课程推陈出新、继往开来；第二，将提升内容质量和丰富教学形式相结合，教学内容必须选取贴合本节课教学重点的内容，防止繁杂教学视频进入课堂、无故浪费教学时间增加学生负担，教学呈现宜采取多种形式，穿插思维导图和音视频，以引发学生思考为目的；第三，多渠道、多形式准备教学内容，线上教学资源是混合式教学模式的最大优势，教师必须充分发挥互联网优势，首先要善于发现教学资源，其次要有针对性地设计、剪辑教学材料。

（4）重视课后教学与反思

在教学设计中应注重课后辅助教学环节，混合式教学模式的课后辅助教学环节是混合式教学模式线上教学的重要阵地，教师在课后辅助教学环节的主要任务有两个，第一是通过课后任务的安排内化学生课上学习的知识，第二是通过教学反馈形成教学反思。教师首先要充分认识到课后反思对混合式教学模式的重要意义，课后反思要紧扣本节课教学实际和教学案例，还要结合学生真实反馈，通过课后线上搜集学生本节课反馈意见，发现教学中存在的问题和学生知识学习的漏洞，及时对教学进程做出调整。在课后的学习任务布置中可以对本节课的重难点进行考察，通过学生作业完成情况及时对学生学习情况进行监督。只有重视课后辅助教学环节才能使混合式教学模式应用更加完整，在不断的反思中调整教学，使混合式教学模式的课后环节发挥应有的作用。

（5）创建并落实混合式教学模式评价体系

教学评价具有诊断、调控和导向功能，是课程实施的风向标。混合式教学模式是一种革命的教学方式，教学评价体系也必须重新建立。首先，必须坚持诊断性评价、行程性评价和终结性评价相结合的原则，诊断性评价是课程建立初期对学生整体水平做出的诊断，以建立合适的三维教学目标；形成性评价是对学生学习过程的评价，对教学进程调控具有重要意义，混合式教学模式尤其应该注重形成性评价，在教学进程中可以通过设置线上小测试等手段了解学生学习掌握进程；终结性评价是对学生期末学习成果的鉴定，对学生自信心建立具有重要意义。其次，坚持线上评价和线下评价相结合。学生线上学习时间，学习成果都要作为评价指标加入评价体系，引领学生重视线上学习，再结合面授课堂学生表现，综合评价学习进程。最后，坚持评价主体和评价形式的多元化。评价主体由学生和教师共同构成，评价形式可以采取学生自评、小组互评、师生互评等形式，目的是尽可能展示评价体系公平性、准确性，以便发挥评价体系的真正作用。

第二节　高职英语教学模式的内涵

首先，教学模式既要体现一定的教学理论和教学思想，又要符合教学的客观规律。这是因为，即便是以现代教学思想和教学理论为指导而建立的教学模式，若不符合客观的现实，也就失去了实用的意义。只有将教师、学习者、教材、手段、组织形式有机地结合在一起，才能更好地实现教学的实践性和直观性。

教学模式是在一定的教学思想、教学理论的指导下，或者以教学实践作为基础，为实现某些特定教学目标而形成的稳固的教学程序及方法的策略体系，包含教学过程中各个要素的组合方式、教学程序及其与之对应的教学策略。

一、高职英语教学模式内涵涉及的层面

高职英语教学模式的内涵主要涉及高职英语教学思想和教学理论、高职英语的特点、高职英语教学目标、高职英语教学资源、教学活动结构框架和教学方式这五大层面。

（一）高职英语教学思想和教学理论

任何教学模式都是建立在一定教学思想和教学理论基础上的。同样，教学思想和教学理论也是高职教学模式的灵魂和基石。也就是说，基于高职院校的英语教学模式需要依据一定的教学思想和教学理论，这些思想和理论可以从两个层次来分析，一是宏观层次，二是中观层次。宏观层次主要是建立在哲学思想的教育学理论上，其主要内涵覆盖教育心理学、教育学、教育技术学、学科教学论等；中观层次是基于外语教学的各种教学法，如语法翻译法、听说法、任务法、交际法等，而各种教学法也离不开理论的指导。

（二）高职英语教学的特点

1. 专业化

高职英语教学最主要的教学目标是提升学生的专业能力，这也体现了高职英语教学模式专业化的特点。由于每个专业对英语的需求是有所差异的，为了能够通过英语教学对学生产生实质帮助，发挥英语教学的价值，高职英语专业化的趋势也越来越明显。只有实现英语教学专业化，才能够使学生步入社会时更具有专业竞争优势，进而获得更好的就业机会。

2. 实用化

社会要求高职英语学生具备基础性的交流能力及语言运用能力。因此，在高职英语教学中，教师更加倾向于给学生传授实用性的英语知识，实用化也成为高职英语教学模式的主要特点之一。

3. 特长化

高职英语教师在教学中会有选择性地分层对学生进行教学。在学习英语中，听、说、读、写能力都是极为重要的，但不同专业学生的要求也有所不同，因而高职英语教学也会变得更加注重特长化。

（三）高职英语教学目标

任何一门课程的教学都与教学目标息息相关。教学目标的差异决定了教学任务和教学内容的不同，选择的教学方式也是有区别的。在英语听力教学中，以加强学生的理解、记忆为主要目的的英语教学应采取人机交互的方式。如果教学目标在于使学生获得知识，则可以采取"传统型"的教学方式；当然，采用何种教学模式，除了与教学目标有关，还与教学任务、教学内容、教学环境、教学对象有关。

（四）高职英语教学资源

除了课本，高职英语教学资源是以文字、音频、图片、视频和动画为支撑的教学资源。它们是英语课堂教学的重要组成部分，也是学生获得信息的最直接方式。不管采用何种形式，教材的难度、教材的选择等都要从学生的实际出发。相对于传统的纸质教材，基于网络的英语教学资源具有可供共享、更新、可大量储存的特点。

（五）高职英语教学活动结构框架和教学方式

在宏观与中观教学思想、理论的指导下，需要将教师、学生、网络多媒体技术、教学资源等融合起来，形成具体的教与学的干预措施，包含教学内容的顺序、学习内容的组织、媒体呈现的设计、教与学的安排与设计等，这些都属于教学活动结构框架和教学方式的内容。

二、高职英语教学模式的分类

（一）以教师为中心的教学模式

以教师为中心的教学模式具有一些显著的特点。在这一教学模式中，教师是知识的传授者，是主动的施教者，并且监控整个教学活动的进程；学生是知识传授的对象，是外部刺激的接受者；教学媒体是辅助教师"教"的演示工具；教材是学生的学习内容，是学生知识的主要来源。这种模式的优点是有利于教师主导作用的发挥，便于教师组织、监控整个教学活动进程，便于师生之间的情感交流，因而有利于系统地传授科学知识，并能充分考虑情感因素在学习过程中的重要作用。这种模式的弊端则是主要由教师主宰课堂，较为忽视学生的学习主体作用，不利于培养具有创新思维和创新能力的人才。可以说，这种模式培养出的绝大部分是知识应用型人才，而非创造型人才。

至今我国仍有一些学校强调学生的任务就是要消化、理解教师讲授的内容，把学生当作知识灌输的对象、前人知识与经验的存储器，忽视了学生是有主观能动性的、有创造性思维的活生生的人。正是因为受这种以教师为中心教学模式长期潜移默化的影响，我国绝大多数学生逐渐形成了一种盲目崇拜书本和教师权威的习惯性思维，养成了一种不爱想、也不想问为什么的麻木习惯。这种思想和习惯代代相传，不断强化，就会导致学生的发散性思维、逆向思维被束缚、被禁锢，新思想、新观念被扼杀，想象力被封藏，作为学习主体的学生，其主动性无从发挥。

（二）以学生为中心的教学模式

以学生为中心的教学模式是以建构主义理论为基础发展起来的。进入20世纪90年代以后，随着计算机、多媒体和网络技术的日益普及，这一模式得到迅速的推广。以学生为中心的教学模式具有以下特点：学生是信息加工的主体，是知识意义的主动建构者；教师是课堂教学的组织者、指导者，是学生建构知识意义的帮助者、促进者；教学媒体是促进学生自主学习的认知工具；教材不是学生的主要学习内容，学生还可以通过自主学习从其他途径（如图书馆、资料室及网络）获取大量知识。

在建构主义理论下，学习是以学生为中心的学习，学习的主要目的是满足自身求知的需要，学生用发现法、探索法等方法进行学习。学生在整个学习过程中扮演重要的角色，处于主体地位，而教师在整个学习活动中处于从属地位，起辅导、引导、支撑、激励的作用。同时，建构主义的学习观把学习看作社会性、真实性的学习，学生如遇到疑难问题或有感到迷惑不解的地方，可与其他学生讨论、解决，也可以通过请教教师的方式解决，在整个学习过程中学生都处于与他人的密切联系之中。建构主义理论下的学习重视学习目标的指引和建构，提倡累积性的学习。学生自己设定学习目标，在既定的学习目标的指引下，将当前的学习内容与先前的学习内容相联系进行学习，并在对新信息加工的同时，将其与其他信息相联系，在保持简单信息的同时理解更复杂的信息。只有当既定的学习目标得到实现或形成时，学生的学习行为才被认为是成功的。

（三）"教师主导—学生主体"的教学模式

以教师为中心的教学模式在以学生为中心的教学模式的冲击下，依然维持着相当稳固的地位，主要原因在于奥苏贝尔（Ausubel）教学理论的支撑，其中"有意义接受学习"理论、"动机"理论和"先行组织者"教学策略发挥了巨大的作用。但是，奥苏贝尔对"发现式"教学所持的否定的观点，成为其教育理论最致命的不足。

奥苏贝尔所处的时代是20世纪70年代前后，当时微型计算机刚问世不久，多媒体技术也没有普及，计算机网络的应用还只限于军事和研究部门。由于时代的局限，以计算机和网络为基础的信息技术对于开发人类智力的重大作用，以及在教育和教学领域应用的巨大潜能尚未被人们所认识。课堂上除了粉笔、黑板以外，只有幻灯片、投影仪、录音机、录像机这类视听媒体。这类媒体尽管也能做到图文声并茂，但缺乏交互性，不能让学生主动参与，只能作为教师的演示工具，难以作为学生自主学习、进行探索与发现的认知工具。同时，由于缺乏超文本、超链接方式的支持，在教学中很难组织学生浏览和查询丰富的信息资源。在当时的教学条件下，发现式教学确实难以实施。

20世纪90年代以来，由于多媒体和互联网技术的迅猛发展，现代信息技术应用在教育和教学领域的重要性日益为人们所认识，建构主义的学习理论与教学理论的影响力在西方也越来越大。建构主义学习理论主张以学生为中心，强调学生是信息加工的主体，是知识意义的主动建构者，认为知识不是由教师灌输的，而是由学生在一定的情境下通过协作、讨论、交流、互相帮助（包括教师提供的指导与帮助）等学习方式，并借助必要的信息资源主动建构的。

"情境创设""协商会话"和"信息提供"是建构主义学习环境的基本要素。在建构主义学习环境下，"发现式教学"是学生掌握学科内容的基本方法，也是以学生为中心教学模式中的基本教学形式。可以说，建构主义之所以能在20世纪90年代风行，主要是因为计算机、多媒体和网络技术等现代信息技术为建构主义学习环境的实现提供了最理想的条件。同时建构主义学习理论与教学理论则为多媒体和互联网在教学中的广泛应用，以及以学生为中心的教学模式的推广，提供了坚实的理论基础。但是，在建构主义学习理论与教学理论所提倡的以学生为中心的教学模式下，由于过分强调学生的"学"，往往忽视教师主导作用的发挥，忽视师生之间的情感交流和情感因素在学习过程中的重要作用。此外，忽视教师的主导作用，会造成学生自主学习的自由度过大，并随之偏离教学目标的要求。以学生为中心的教学结构的优缺点正是建构主义理论本身优缺点的具体体现，在应用与推广建构主义理论的过程中，必须清醒地认识到这一点。

由以上分析可见，"以教师为中心"和"以学生为中心"的两种教学模式各有其优势与不足，不能简单地用后者去取代或否定前者，也不能用前者去否定或取代后者。奥苏贝尔的"有意义接受学习"理论、"动机"理论和"先行组织者"教学策略是以教师为中心教学模式的主要理论基础，建构主义的学习理论与教学理论则是以学生为中心教学模式的主要理论基础。如能将二者结合起来，互相取长补短、优势互补，则可相得益彰，形成比较理想的、新型的教学模式。在教学中要努力做到既发挥教师的指导作用，更要充分体现学生的学习主体作用。在教学中既要注重教师的"教"，也要关注学生的"学"，把教师和学生两方面的主动性、积极性都调动起来，其最终目标是要通过这种新的教学思想来优化学习过程和学习效果，以便培养出具有创新能力的新型人才。

为了与前面的以"教"为中心的教学模式和以"学"为中心的教学模式相区别，故把按照上述思想和目标实现的教学模式称为"学教并重"教学模式，这种教学模式强调既要充分体现学生的学习主体作用，又不忽视教师的指导作用。与此同时，这种教学模式实现了现代信息技术与课程的有机整合，是一种全新的教学模式。这种基于现代信息技术（特别是互联网）的"教师主导—学生主体"的

第二章 高职英语教学模式的基本理论

新型教学模式具有以下特点。教师是教学过程的组织者，是学生意义建构的促进者，是学生良好情操的培育者；学生是信息加工与情感体验的主体，是知识意义的主动建构者；教学媒体既是辅助教师教的演示工具，又是促进学生自主学习的认知工具与情感激励工具；教材不是唯一的学习内容，通过教师指导、自主学习与协作交流，学生可以通过多种学习对象（包括教师、同学以及有关专家）和多种教学资源（如图书资料及网上资源）获取多方面的知识。

之所以要强调这种基于现代信息技术（尤其是互联网）的教学模式，主要是因为互联网技术在教学中的应用对于创新精神与实践能力培养来说具有以下四个不可替代的作用和优势。第一，可作为获取、分析、加工、利用和评价信息的丰富资源，从而对培养学生的信息素养十分有利；第二，可提供便于观察、设计和参与实际操作的仿真实验条件，从而对学生主动建构知识意义十分有利；第三，可充当会话、讨论、协作交流和思想沟通的理想媒体，从而对培育学生的合作精神、高尚情操与健全人格十分有利；第四，可创设与客观世界类似的便于感知、体验和问题求解的真实情景，从而对培养学生的探索精神与创新能力十分有利。"教师主导—学生主体"教学模式，尤其是基于网络的"主导—主体"教学模式是上述奥苏贝尔的教学理论和建构主义理论（包括建构主义学习理论与教学理论）二者的结合。

建构主义理论的突出优点是有利于培养具有创新思维和创新能力的创新型人才，其缺点则是忽视教师主导作用的发挥，因而不利于系统知识的传授，甚至可能偏离教学目标。同时，它也忽视了情感因素在学习过程中的作用。奥苏贝尔教学理论刚好对建构主义教学理念起到补充的作用，其优点是有利于教师主导作用的发挥，它所主张的"有意义接受学习"理论和"先行组织者"教学策略，都是建立在充分发挥教师主导作用的基础上的。同时，它也重视情感因素在学习过程中的作用。奥苏贝尔的"动机"理论能用来较好地控制与引导情感因素，使之在学习过程中发挥积极的促进作用。奥苏贝尔教学理论突出的缺点是片面地强调"传递—接受"教学模式，否定"发现式"教学模式的重要作用，在教学过程中把学生置于被动接受地位，使学生的主动性、创造性难以发挥，因而不利于创新型人才的成长。可见奥苏贝尔教学理论和建构主义教学理念正好能够实现优势互补，使"主导—主体"教学模式具有了比较科学而全面的理论基础。因此，这一全新的教学模式不仅适用于指导课堂教学，而且也适用于指导多媒体辅助教学课程和网上课程的设计与开发。

第三节 高职英语教学模式改革的理论基础

一、建构主义理论

（一）建构主义理论概述

关于知识的获得，建构主义学习观认为，学习是由学习者在现有或者过去经验知识的基础上构建出新的想法或概念的积极过程。所以，学习的过程是主动建构知识和意义的过程。学习者选择和转换信息、构建假设并做出决定，依靠认知结构来获得知识。

维果斯基（Vygotsky）的"文化历史发展理论"启发了建构主义学习理论。因此建构主义学习理论强调学习过程中学习的情境性和社会性，该理论还吸收了皮亚杰（Piaget）的理论，强调学习的主动性。概括来说，建构主义理论提出的教育理念主要体现在以下几方面。

以学生为中心，教师为主导。教师的作用在建构主义学习理论中具有十分重要的意义。在这个理论中，教师作为促进者，重点关注学生和学生的学习，帮助学生理解知识。此外，要求教师不断与学生交流，创造学习体验，根据学生需要，随着学习的进展，不断更新学习方向。

强调情境构建，主张情境教学。维果茨基认为，文化是认知进步的主要决定因素，知识引导认知的进一步发展，知识是社会活动经验的内化。学习环境会影响学习活动的开展以及学习者的学习效果。因此建构主义理论主张学生完成意义的构建是需要通过创设情境的。

鼓励自主学习、协作学习和合作学习。如果学生在课堂活动中没有真正参与课堂活动，那么他很难从中构建意义。也就是说，意义的建构需要学习者自主发现问题，深入地参与学习活动，研究这些知识的创造和应用。正如伍德沃克（Woolfolk）所说，"学习是主动的脑力劳动，而不是被动地接受教学。"语言学习需要在语境中进行，这意味着我们不能孤立地从这些事实中构建意义，因此在意义构建过程中鼓励学习者自主、协作和合作显得尤为重要。

建构主义理论在教学原则方面，主张教育者为学习者创造轻松的环境，促进

第二章 高职英语教学模式的基本理论

学习者积极参与学习。为学习者提供多样化的学习情境，学习者以先前的知识为基础，在所学内容基础上建立新的理解，以此来完成知识外化和自我反馈。虚拟现实环境可以为学习者提供较为理想的学习环境，简化和改进学习过程，帮助学习者集中注意力，主动发现解决问题，促进学习者进行意义的主动建构。虚拟现实技术为建构主义理论与教学实践的深入结合提供了必要的技术辅助，将学习嵌入现实语境中，鼓励学习者自主学习，建立新的认知体验。

（二）建构主义理论研究综述

1. 国外建构主义理论的研究

建构主义理论也就是结构主义，属于认知心理学派的内容，最初是由瑞士著名学者、心理学家皮亚杰提出的。在西方国家中，建构主义理论与英语语法教学的研究也日趋火热。建构主义是"一种学习方法，它使人们积极地构建或创造自己的知识，而现实则取决于学习者的经验"。建构主义研究在阐述建构主义者的思想时指出，建构主义相信学习者通过经验来进行个人的意义建构，而意义则受先验知识和新事件的相互作用的影响。建构主义最关键意义在于构建人类学习，人类在学习的过程中必须构建属于自己的知识构架。这些先验知识会影响一个人从新的英语学习经历中构造出哪些新知识或经修改的知识。

建构主义研究的灵感源自多种思想与方法，所以其发展并不是朝着单一方向进行的，而是多向的。对构建主义研究的发展来说，其能够在一定程度上代表后现代主义社会理论以及知识社会学和哲学思潮汇流的成果。随着时间的推移，各种思想也得到充分演变和发展，使人们意识到科学知识的必要性，许多观点都是十分新颖的。知识社会学强调的科学客观性和传统理念形成了碰撞，通过建构主义的形式来分析科学也逐渐获得大众的认可。

儿童的认知结构需要经过同化以及适应才能够构建起来，并在平衡与不平衡的循环中不断完善和发展，这是皮亚杰的基本建构主义观点。在皮亚杰理论的基础上，柯尔伯格（kohlberg）、维劳学派、维果茨基等学者进行了深入的分析与研究。建构主义的灵感最初起源于有关儿童认知发展相关理论，个体的认识过程和学习具有很多相似的地方，所以通过这一理论能够更好地体现学习的认知过程和与之相关的因素等。总而言之，国外每个时期的学者都一致认为，在建构主义思想指导下能够构成科学、完整地认知学习理论，并希望能够由此衍生出满足理想状态的学习氛围。

2. 国内建构主义理论的研究

建构主义学习理论指的是学习者以社会文化为背景，在其他人的协助下，通过一些学习资料或者是实践活动来实现具有一定意义的构建。构建主义教学指的是以学习为前提条件，学习者作为主人公的身份积极主动参与意义与知识构建，而非被动、机械性地接受知识。高职院校根据英语这一课程的特殊性，开设了语法教学这一专项课程，这项课程是全部从事教育工作的工作人员都应当了解和熟练运用的技能。在科学技术与信息技术快速发展的背景下，传统的高职英语教学模式远远不能满足学生的需求，因此高职英语教学模式的改革成为必然，在教学现状的基础上，结合建构主义教学理论的特点，根据建构主义学习环境的要素，提出建构主义教学模式在现实教学中的应用建议，为传统英语语法教学的改革给予更多可能性。

在"适当性逻辑"和"争论逻辑"影响下，建构主义学者为探索此种国际理论对国内英语教学的影响提出了具有不同因果机制的模型和猜测。得出的总体结论是在多元条件下，建构主义和理性主义可以共同解决教学中的一些问题。

传统的英语教学模式也需要借鉴思想基础雄厚的建构主义理论，其中可取之处甚多，如在指导性方面，建构主义理论适用建构生成模式、支架式教学方法等；在促进学生意义构建的时候，必须始终坚定不移地坚持以学生为中心。建构主义理论核心思想和语法教学内容以及学习形式等具有高度的一致，所以能够有效地指导英语教学，使英语教学变得更加形象生动。

（三）建构主义理论的基本观点

1. 建构主义认识论

建构主义认识论是建构主义教育理论的基础组成部分。建构主义认识论不同于其他流派的认识论，建构主义者认为认识是主体对客观世界持续不断地建构过程，是个体基于原有的经验知识主动地、积极地认识世界的过程。皮亚杰在《发生认识论》中写道："认识的产生是主客体之间的相互作用的过程，而不是主体对客体模仿的过程，在这个过程中主体是主动作用于客体的。"因此，在建构主义者看来，认识对世界的作用不是简单的、机械的反映，而是以客观事实为对象主体对客体的主观能动的建构。认识不具有绝对性，会随着个体经验的丰富而变。

在认识的方式上，个人建构主义认为认识是个体不断地建构内部心理结构的过程，其强调认识的个体性、内部的建构性。社会建构主义强调认识的社会建构性，认为认识的方式是由外向内的建构过程，即个体将社会历史文化结构内化为个体的心理认知结构的过程。

在认识的影响因素上，个体的主体性将影响认识的建构过程；个体的原有认知将影响认识建构的发生；个体的社会文化活动将影响认识建构的丰富性和全面性，个体通过社会活动与其他成员进行协商、对话、合作，不断地补充或纠正个人的认识，从而形成关于某一事物较为全面的认知。总之，建构主义认识论是学习其他理论的基础。

2. 建构主义知识观

在建构主义教育理论形成过程中，建构主义者在建构主义认识论的基础上提出建构主义知识观，为指导教育教学奠定基础。

建构主义知识观认为，知识具有客观性，它能精确地反映世界的本质，知识是主体在其固有的经验基础上对客观世界进行解释或理解。因为每个人的认知体验都不一样，所以他们对同一事物的认识也就不一样了，而当社会发展、科技进步、社会环境发生变化时，"新知识观"必然会取代"原来的知识观"。

此外，建构主义知识观认为知识具有情境性和具体性，认为没有一种无所不能的知识可以适用于一切情况，也没有一种抽象的知识可以脱离具体情况，知识必须在特定的情境中具有意义，而在具体情境中，个人对知识的不断构建、对某一问题的认识不断加深和完善。于兰表示，知识是过去的经验、认知结构和现实的学习环境是交互作用的结果。陈琦和张建伟认为，知识是动态和主观的。

综上所述，建构主义知识观注重知识的主体性建构，认为知识因人而异，不具备普遍性，无法直接引导问题的解决，只能在特定的环境下，灵活地构建与问题相关的指导图式，从而有助于知识的构建。同时，知识的含义并非现成的，而是学习者根据自己的体验来进行理解的。

3. 建构主义学习观

建构主义学习观作为建构主义教育理论基本观点之一，它是该理论体系的重要关键部分，因为教育的根本目标在于最大程度地影响学习活动。教育者对建构主义学习理论的探索也较为深刻与系统。如维克特罗（Victero）所言，"建构性学习过程是学生建构知识的主体理解过程，即学习是一个'生成性过程'，而不是被动地输入信息的过程"。这强调了学习过程的主体性。于兰认为，"学生的大脑中存在很多因人而异的'前概念'，学生学习新知识的过程是以'前概念'为基础而进行的主体意义建构的过程"。该表述充分强调了社会经验的重要作用。托夫勒（Toffler）曾指出：“未来不会学习的人才是真正的文盲。”他的观点中隐含了对学习建构过程的强调。刘儒德认为：“建构主义学习过程是主动地建构自己经验、观点、猜想的过程。”作者非常强调学生学习的主观能动性。张建伟、陈琦认为：“学习是个体主动完善内部心理结构的过程。”这强调了学习过程的内在建构性与主体性，揭露了学习过程的本质。

综合以上观点，建构主义学习过程应具有主动性、经验性与建构性，应强调学生"我要学"的主人翁意识。建构主义学习观指个体基于原有的经验知识背景，通过对外部信息的感知、选择、作用、反思，从而使内部的认知结构不断调整、重组，在学习过程中，主体不断建构有关客观对象的丰富认识，从而指导实践活动的过程。建构主义学习过程主要涉及以下几个方面。

（1）建构主义学生观

建构主义教育理论主张，学生获得知识的途径是多样的，其在日常生活中已形成了丰富的知识经验，课堂学习就是基于此进行的主体建构过程。建构主义者认为学生在学习过程担任着建构者、学习者、合作者等角色，这与传统的学习观有着本质的区别，建构主义学生观更强调学生的独立自主性，认为学生在学习过程中是本着自主、自愿的原则完成主体的意义建构的。这样的角色定位将易于培养学生的创造性思维与学习兴趣、提升学生的学习能力，从而实现学习者的可持续发展。

（2）建构主义学习特征

要创设理想的、建构性的学习活动，学习过程应满足以下特征。

①重视个体的原有经验。建构主义学习理论认为学生基于原有知识经验的学习才会发生真正的意义建构。学生以前的知识经验是意义建构发生的基础与前提。

②重视学生的自我建构性。"建构性"是建构主义学习过程的本质特征，学生接受知识的过程并不仅仅是将知识进行简单的识记，也不是生搬硬套地对知识进行"搬运"，而是以原有知识经验为基础进行主体意义建构的过程。在这个过程中，新旧知识产生本质性联系，为学生的主体建构提供条件。

③重视学习共同体的作用。学习者通过与学习共同体成员的协商、对话，在不断反思与证实自我观点的过程中，实现对知识的丰富和理解。

④重视学习的情境性。建构主义学习理论重视学习情境的创设，在建构主义者看来，知识具有相对性与情境性，学生只有在近似真实的情境中才能真正地理解知识的内涵。因此，情境性是建构主义学习活动的基本特征之一。

⑤重视学习的自我监控性。根据建构主义理论观点，学生在学习过程中应进行自我检查与反思，从而促进学习者对知识的深刻理解，提高学习者的元认知能力与自我分析能力。要实现上述学习过程，这就要求学习者在学习过程中应具有自我监控性。

（3）建构主义学习环境

良好的环境对学习有利，然而构成一个理想的学习环境的因素却很难定义。此外，在不同的学习环境下，怎样的学习环境能使每个人都满意，这是一个非常复杂的问题。

建构主义学习观重视学习环境的作用，认为它是学生有效建构知识的保障。主体与学习环境的相互作用，是个体建构的重要基础。何克抗认为，"建构主义学习环境的创设应该有利于学生主体性的发挥、学生知识意义的建构、学习共同体作用的发挥。"因此，学习环境的创设问题，关系到学习者意义建构的效果，关系到学习者主体性的发挥。要创设这样的学习环境，应做到如下几步。

第一，教师应该以建构主义学习观为指导，对机械的、枯燥的、乏味的学习环境进行改造，创设问题启发式的、利于探究式的学习环境。例如，对历史教学内容的调整；对多媒体教学工具的充分使用；对教室桌椅的重新布置，使其更有利于学生的交流与建构。

第二，注重学习环境中社会因素的创设。学习共同体及活动的创建，将促进个体对知识进行较为全面的建构。

第三，注重学习气氛的创设。在学习过程中，建构主义者也注重隐形学习因素的构建，认为平等、和谐、友好的学习气氛，将促进学生意义建构的发生。另外，学习者在建构主义学习过程中，其主要学习活动是高水平的思维活动，而不是简单的记忆过程，学习气氛的创建，将有利于学生思维保持活跃，最终实现对知识的深度理解。

4.建构主义教学观

教学观与学生观是密切联系的，它们属于建构主义教育理论的两个重要方面，共同服务于教育教学过程，旨在促进个体发展。以下将对教学观的基本组成部分进行概括。

（1）建构主义教学目标

学生在建构知识的过程中不是盲目的、随意的，而是在具体目标的指引下，学生积极主动地完成主体建构。因此，建构主义教学过程是有确定的目标的。其目标为促进学习者对新信息的理解，使其实现社会性与个性发展。为了理解而学习，为了理解而教学，是建构主义教学的依据与目的，理解力的培养与学习者的未来发展有着密切的联系。

（2）建构主义教学方法

建构主义教学理论内涵丰富，它对教学方法、教学模式、教学目标、教学原则等都有系统的阐述，尤其对教学方法的探索，响应了新课改的育人理念，也符合个体的发展规律，其类型主要包括支架式教学法、抛锚式教学法、随机通达式教学法。

支架式教学法指教师帮助学生制定出符合学生认知水平的、符合教学内容特点的学习图式，学生在该图式的指引下，不断地深入学习，直到问题全部解决，获得对该知识较为深刻的理解。

抛锚式教学又称情境式教学，指教师通过创设真实而复杂的教学情境，并提出与该情境相关，与学习者原有知识经验相关的探究问题，使学习者通过感受、体验、探究、合作等方式，建构关于该知识规律性的、深刻的理解。

随机通达式教学指教师通过创建多变的、复杂的教学情境，针对同一教学内容，从不同的侧面、不同的角度、不同的时间进行提问，学习者积极地自主探索，进行小组合作讨论，在教师的引导与帮助下对问题提出自己的见解，从而获得有关该问题全面的、多层次的理解。

（3）建构主义师生关系

在建构主义教学过程中，教师与学生的角色也发生了本质的改变，教师不仅仅是"知识传播者"，更是促进学生探究的"引导者""帮助者""合作者""组织者"，就如建构主义代表人物冯·格拉瑟斯费尔德（Von Glasersfeld）所说，"既然意义建构的过程是个体建构自身原有经验的过程，那么在形成知识与能力的过程中教师的作用也将发生巨大改变，他不再是仅仅讲述客观知识，而是引导学生个性地建构自己的经验"。这表明建构主义师生观的本质变化——师生的角色定位发生改变。

促进学生的主体建构、自主探索，促进形成民主、和谐、平等、友好、合作的师生关系是十分必要的。这将促进师生之间的有效沟通，实现彼此发展，即教师在平等的对话中对自身的专业知识有了更深的认识并在此基础上不断地深化建构，实现自身的专业发展，学生在教师的引导下获得对知识较全面的、深层次的理解。

第二章 高职英语教学模式的基本理论

（四）建构主义教育理论在实践中应注意的问题

目前，我国教育制度改革已进入新阶段，提出了以"素质教育"为中心的教育方针，注重培养学生自主学习、创新的意识，并在教学理念、教学理念等方面进行有益的探索。应当看到，在这一进程中，建构主义教育思想起着举足轻重的作用。当前，许多大学在建构主义思想的指引下，积极地进行着教育、教学、科研等方面的改革。然而，在这一进程中，也存在着值得注意的问题。比如，在教学中，过于注重教学过程，忽略了对教学目标的分析，过分重视学生的主体性，忽略了老师的引导，过度重视学习环境的营造，忽略了自主学习的内容设计。在建构主义的指导下，教育活动仍然存在着困境和挑战。

在实施建构主义教学实践的过程中，应该特别注意以下几个方面的问题。

1. 传统教学观念的不利影响

当前，绝大多数教师在学生时代都处于以教师为中心的教学模式，难以在短期内实现教学理念的转变。许多老师都会自然而然地把自己心中的一种教育理念应用到课堂教学中。因此，应积极引进和推广建构主义的教学思想，推动教师改变传统的教育观念。

2. 教师教学技巧和管理能力面临的挑战

建构主义的教育思想要求教师在教学中要引导学生积极地进行知识的建构，而非单纯地从教师讲授和课本中汲取知识。为了适应学生的知识结构，教师必须掌握相应的教学技术与策略。无论老师采用什么样的教学方法，都是要与学生的思考相结合。由于建构主义教学注重学生的主体性，倡导合作学习，注重使学生的活动更具自由性，这就需要教师对分散式的学习环境进行有效的监督与管理。以上种种要求，使教师在教育技能、管理水平等方面都面临着新的挑战。

3. 对传统教学管理的挑战

在建构主义的指导下，教师应从课程管理、时间安排、评估等方面进行相应的改革。在教学过程中，许多教师都会发现，与传统的教学方式相比，建构主义的教学方式所耗费的时间要长得多。有时，老师会根据教学需求，将多个不同的科目合并起来，并组织若干老师进行协作。这给学校的日常教学和管理工作带来了很大的困难。同时，建构主义的教学模式与要求也发生了较大的改变，因此在教学评估方法上必须做出相应的调整。这一切都给传统的教学管理带来了严峻的考验。

4. "教师主导—学生主体"的新要求

传统的教学方式强调了教师的主体性，而忽略了学生的主体性，其本质是"以教师为中心"的教育理念。建构主义思想则恰恰相反，建构主义注重以学生为本，却常常忽略了老师的引导地位，从而走向了另外一种极端。正确的教育理念应该是将两者有机地结合，使教师的主导性和学生主体性得到充分体现，从而实现"教师主导—学生主体"体系。

建构主义的教学设计分为两个方面，一是设计学生的学习情境，二是设计学生的自主学习策略。建构主义的教学设计要把握好内外两个重要的因素，而这两个方面的实施都有赖于教师的引导。在学习环境设计中，"情境创设""信息资源提供""合作学习"等方面的内容，这些都是由教师来完成的。在实施自主学习策略时，则需要根据学生的认知特征和原来的认知水平来进行，从而达到因材施教的目的。

虽然建构主义理论强调"以学生为中心"，但要使每个环节都能得到切实的实施，就必须充分发挥教师的主导作用。在建构主义的学习语境中，教师的领导和学生的主体性是必不可少的。在这一新的教育理念指导下，教师的引导作用主要表现在学生的主体性上。教师的领导力不仅体现在对学习内容的解释、对学生的启发与引导上，而且还体现在创设情境、提供信息资源、组织合作学习、指导研究性学习、自主学习策略等方面。只有在教师的领导下，学生的主体性才能真正地体现出来，这就是"教师主导—学生主体"的教育理念所要达到的教育目的。

二、任务型语言教学理论

（一）任务型语言教学概述

1. 任务型语言教学定义

任务型语言教学兴起于 20 世纪 80 年代，强调"以学生为中心"。"做中学、用中学"是该教学法的最大特色。从产生之初，该教学法就受到了世界汉语教育学界的广泛关注。任务型语言教学以"任务"为中心，教师通过制定与课程学习相关并具有实用性的任务，使学习者在完成任务的各个阶段，充分发挥主动性和积极性，综合运用已经学过的语言知识，从口语、听力等多方面提高英语的实际运用能力。

第二章 高职英语教学模式的基本理论

任务自身的重要性使得不同学者从不同角度,依据不同方法,对其定义进行了界定。例如,埃利斯(Ellis)认为任务是一种以表达意义为目的的活动。之后,埃利斯在任务的定义中规定了四条标准:第一,关注意义;第二,有信息差;第三,学生自主完成;第四,有明确的交际结果。

因此,结合相关学者表述,我们可以对任务的定义进行界定,即任务作为任务型语言教学的中心,关注的是语言的内容和意义,而非语言的外在形式;任务要反映学习者在完成任务过程中的认知特性,检验学习者的学习效果;任务的设计要以学习者为中心,任务内容要与课程学习紧密相关并且贴近学习者的实际生活;任务要服务于真实的生活情景。

此外,教学生态环境的改变,线上、线下教学所呈现出的不同的教学模式,使得教师在进行任务设计时,需要对任务的类型多加重视。

2. 任务的分类

关于任务的类型,不同学者从不同的研究角度出发,分出了不同的任务类型。线上教学相较常规的线下教学,在互动方式和教学操作方式上有所差异,因此从这两个角度出发介绍任务的分类。

从互动的角度,皮卡(Pica)等将任务分成五种类型,包括拼图式任务(每个学习者是持有故事的团体的一部分,通过合作将故事补充完整)、信息差任务(教师将学习者进行分组,每组学习者之间的信息不同,通过交流获得所需信息)、解决问题任务(教师告知学习者需要解决的问题,学习者通过讨论找出解决问题的方法)、选择决定任务(提供学习者可供选择的一系列决定,学习者根据选择做出决定)、交换观点任务(学习者就同一内容进行交流,互相阐释各自的想法和意见)。

从教学操作的角度,威利斯(Willis)将任务分为六种类型,即编目任务,也称为列举任务(要求学生列举自己所去过的地方)、比较任务(要求学生对不同国家的生活习惯进行比较)、排序与分类任务(要求学生对不同物品进行分类、排序)、交流个人经历任务(要求学生介绍个人的旅游经历)、解决问题任务(要求学生问路、买东西)和创造性任务(要求学生寄、取快递)。

以上两种任务分类,虽然划分的侧重点不同,但在实际教学中都具备可操作性,能够服务于任务型语言课堂,有助于第二语言教学效果的提升。同时,在线上初级汉语听说课教学中,任务类型的选取不是单一的、一成不变的,教师可以将以上两种任务分类进行交叉设计,灵活运用于汉语教学课堂。

3.任务型语言教学的教学过程

威利斯将任务型汉语课堂的教学过程分为三个阶段,即"前任务"阶段、"任务环"阶段和"语言焦点"阶段。

在"前任务"阶段,教师是主导者,由教师在课堂教学中引入任务,并向学习者解释任务。学习者在掌握与任务有关的词汇和语言点之后,能够为更好地完成任务做准备。

在"任务环"阶段,学习者要运用之前所学的词汇和语言点来完成任务。"任务环"阶段由任务、构思和汇报三个环节组成。在任务环节,学习者是执行者,教师是辅助者,在执行过程中,学生要注意语言含义的交换,从专注形式转移到专注意义。在构思环节,学生需要为报告做准备。在汇报环节,由学习者汇报任务的实施情况。

在"语言焦点"阶段,老师会根据学生的学习成绩来评定学生的学习成绩。通过对学生在汉语教学中的工作表现进行分析,一方面能够使教师发现学生所掌握的语言知识的薄弱环节,从而使学生掌握所学的语言知识;另一方面能够使教师对任务的设计和执行进行反思。

(二)任务型语言教学相关研究

1.国外任务型语言教学相关研究

20世纪70年代末,英国教育家普拉布(Prabhu)在印度南部的班加罗尔进行了以"任务"为基础的语言实验,该实验的中心是"用中学、做中学"。1982年,普拉布发布了班加罗尔实验报告并于1983年正式提出了任务型教学法。1989年,努南(Nunan)在《交际课堂的任务设计》中梳理了任务型语言教学的基本概念和相关理论,并且提出了部分国家和地区的任务大纲,这标志任务型语言教学正式形成。威利斯在《学习的框架》中对在课堂教学中如何实施任务型语言教学提出了可操作的意见,推动任务型语言教学从理论走向实践,从幼稚走向成熟。同时,他提出任务型语言教学的教学过程可分为三个不同的阶段,即"前任务"、"任务环"和"语言焦点"阶段。艾斯(Eis)从二语习得角度出发,阐释了任务型语言教学在其中的应用。

从上述国外研究理论来看,自20世纪90年代以来,无论是在理论上还是在实践上,基于任务型语言教学的相关研究都呈现出了多层次、多元化的发展趋势。

第二章 高职英语教学模式的基本理论

2. 国内任务型语言教学相关研究

国内对任务型语言教学的研究率先在香港的英语教学领域展开。1996年，香港教育署根据任务型语言教学，为香港中小学编写了一份英语教学大纲。1999年，我国教育部主持制定了国家《英语课程标准》，该标准于2001年正式颁布实施，其主张在英语教学中，教师应避免单一的讲授式教学，避免单向地传授知识，而应该采用任务型语言教学。之后，随着任务型语言教学研究的不断深入，在高职英语教学的理论和研究领域，出现了许多与任务型语言教学相关的专著和论文。

廖晓青阐明了任务型语言教学的理论基础，并详细介绍了其教学过程。岳守国探讨了任务型教学法的概述、理论基础和具体应用。方文礼阐述了三种任务型教学方法，并且从心理学的角度探讨了在课堂教学中运用任务型语言教学的可操作性。丰玉芳、唐晓岩以英语专业阅读课堂的教学实践为例，从任务类型、教学模型设计等方面探讨了在英语阅读课中如何开展任务型语言教学。胡一宁结合《综合英语课程教师用书》的经验，探讨了如何开展任务型语言教学的教学设计活动。郑红苹探讨了任务型语言教学的特点以及任务型语言教学在英语教学中的实施过程。罗少茜认为应当从教学目标、教学策略、学习者需求等方面综合评估任务设计。吴文、潘康明系统梳理了任务型语言教学的兴起与发展以及在亚洲语境下面临的挑战和存在的问题，并展望了任务型语言教学的未来发展趋势，巩湘红、莫玉梅对小组讨论模式在英语技能课程中的特点、原则、实施过程等进行了系统探究，认为在课堂教学中运用小组讨论模式有助于提升英语教学效果。

由此可见，任务型语言教学在国内英语教学中的研究越来越细化，大致可以分为以下几类：从任务型语言教学的基本理论和教学特点出发，探究任务型语言教学在我国英语教育教学方面的可行性及其对教学产生的影响；研究角度从理论转移到应用，探究任务型语言教学的具体操作模式；细化任务型语言教学研究，从任务设计、任务类型、任务难度、教学过程、教材编写等方面分析影响任务型语言教学的重要因素。

（三）任务型语言教学的基本要素

1. 目标

与日常工作、工作中的任务一样，教学任务首先要有目的性，即要有更清晰的目标。正如前面提到的，其目标具有双重性质，即它自身要实现的非教育目的，以及通过它实现的期望教学目标。教师要把注意力集中在教学目标上，以促进学生的学习。在任务型教学中，一般都有一系列子任务，这些子任务相互联系，有机地衔接，紧密地围绕一个统一的目标。

2. 内容

这个任务的这个元素可以用"做什么"来表述。每项工作都要有实际的内容，而在教室里，工作的内容就是要完成特定的行动和活动。在设计工作的特定内容时，要特别注意工作的难易程度，如果太简单或者太复杂，不仅会对任务的执行造成不利的影响，而且会影响学生的学习兴趣和参与度。

3. 程序

这里的程序是指学生在完成一项工作时所使用的各种操作方式和程序，从某种意义上讲就是"怎样做"。它包含了任务在一系列工作中的位置、顺序、时间分配等。在设计与执行任务时，应确保相同任务的不同阶段、不同的任务形式，以便让学生能自由选择自己的活动，以免让他们觉得无聊；特别是在实际教学中，要注意避免在时间安排上的前后紧张。

4. 输入材料

"输入材料"是指在完成某项工作时所使用或作为依据的辅助信息。输入资料可以是文字资料，例如，新闻报道、旅游指南、产品使用说明、天气预报等；也可以是图片资料，如一叠照片、图表、漫画、交通地图、列车时刻表等。虽然某些课堂任务并不需要以此为基础，但是在任务设计上，一般会鼓励学生以这种真实、自然的方式来完成任务，以增加任务的实践性和可操作性，激发学生的学习积极性，让他们主动投入工作，达到预定的教学目的，从而达到教学效果。

5. 教师和学习者的角色

任务型语言教学与传统语言教学相比有很大的不同，因此，任务型语言教学对教师和学生都有很大的影响。在任务型学习中，学生从被动地接受、机械地模仿和重复转变为参与、协商、讨论、有意义地输入和输出，从而实现强化原有的知识、建构新的知识、培养和应用语言的能力的目的；在任务的形式和内容上，学生有更多的自由发挥空间，学生对自己的学习行为负责任，监督和调节学习活动，他们不仅是语言学习者，而且还是社会关系协调者、协商者、组织者和帮助者。

在任务型语言教学中，教师在设计任务、布置任务、提供学习资料、监控任务、提供帮助等过程中扮演着重要角色。任务的开放性，使教师不再是绝对权威的角色，而是成了语言的主要输入者，并且要教会学生如何找到和获取有用的语言知识；教师又是任务的参与者、监控者和指导者，在完成任务的过程中，对任务的内容、组织形式和时间进行适当的安排和调整，只有在老师的监督和引导下，任务才能得以顺利地进行。在教学任务设计中，要给师生清晰的角色定位，使教学工作更加顺畅、高效。

6. 情境

情境因素是指在任务发生和实施过程中学生所处的情境，其中既有语言交流的情境，又有课堂任务的组织方式。在教学过程中，为了增强学生对语言的理解，要尽可能地让情境贴近现实。情境逼真，有助于使任务更贴近或近似于实际生活中的各类活动。使学生在离开教室以后，在学习、生活、工作中，都有能力解决类似的问题，例如，写信、查航班、听天气预报等。情景真实性和相应的角色真实性，旨在帮助学生在实际生活中运用所学到的知识和技巧，从而达到学习的实际效果。

（四）任务型语言教学的原则

1. 形式与意义的结合原则

海外学者斯凯恩（Skehan）明确表示，不仅要注重语言形式，同时还要强调语言意义。任务设计需将语言功能与语言形式这两者有机联系起来。通过这种方式，不但可以让学习者快速理解、运用语言形式，同时还可以大幅度提高学习者语言的运用能力。

2. 真实性原则

从本质上而言，言语、情境真实性原则涵盖以下几点。首先，确保语言材料的真实性较高。其次，任务设计需展现出真实的语言情境，从而让学习者在自然情境下对语言充分理解，掌握语言的应用和表达。一言以蔽之，任务的设计需要和大众的现实生活紧密相连。

3. 适用性原则

在学习语言的过程中，学习者并不是简单地进行语言的输入和输出，而是一个不断地进行语言的理解和表达的过程。教师在设计任务时，要保证任务的难度匹配学习者的现有学习水平,保证学习者在理解的基础上进行有效的输入和输出。此外,教师要考虑任务与任务之间的衔接性,从而提高任务的可适用性,提升学习者对任务的理解程度和接受度,提升学习效率。

4. 阶梯性原则

学习者语言能力的培养是一个循序渐进的过程,需要分阶段、分层次进行。因此,教师要按照由易到难的顺序开展听说教学,确保学习者在理解的基础上掌握所学知识。此外,任务型语言教学的任务不是一个个单一的个体,而是紧密联系的。课与课之间、单元与单元之间的任务都应当按照由易到难、由简单到复杂的顺序进行设计,形成由低级任务到高级任务的过渡。学习者首先要完成初级阶段的任务,之后逐步过渡到高级阶段的任务,通过阶梯性地实现任务目标,达到预期的学习目的。

(五)任务型语言教学的操作过程

1. 任务前阶段(设计任务目标)

这一阶段为任务的顺利展开奠定良好的基础。这一阶段的目的可以分为几点:让所有学生弄清楚他们要做什么事;让学生了解任务的具体结果是什么;调动学生的积极性和动机。此阶段的重点是设计合理的任务目标,即设计任务。除此之外,任务目标应有一个可以借鉴的示范性任务,在应用文写作教学中可以理解为给学生提供可以借鉴的范文,准备相关的背景知识,规划如何实施任务,如班级同学如何分组、人员分配等问题。

2. 任务中阶段(实施任务)

具体而言,任务的实施步骤要以任务要求为先决性要素。任务的实施要以小组为单位。此阶段可以限定时间或者不限定时间,在任务的施行过程中,以参与、体验、互动、交流、合作的学习方式共同完成任务。这一阶段是任务教学法的关键,在任务实施过程中,围绕任务,通过合作交流的方式探索如何完成任务。可以是复杂的任务,也可以是简单的任务,任务往往由一连串相关的活动组成。威利斯把这些活动称之为任务链。

3. 任务后阶段(评价任务)

这一阶段让学生在全班学生面前展示任务结果。通过这种方式,不但能够对任务结果有一个充分了解,同时还能够让学生进行再一次的学习。这一阶段重在评价任务，展示任务的同时发现存在的问题和不足，哪些方面做得比较成功，哪些不太成功，重要学习有哪些或使用了哪些语言项目。

（六）任务型语言教学的注意事项

1. 目标的设计要贴近学生

任务型语言教学，是指在完成一项工作时，逐步进行一系列活动来解决问题。其教学任务的设计应该是切合实际的，也就是要把教学任务与现实生活的需求相结合，使学生在实践中真正地去解决问题，从而使学生的学习主体性得到充分发挥。课程内容应与专业相结合，尽量与生活和生产相结合，使学生真正体会到通过协商、讨论和合作交流来建立自己的知识系统和发展自己的能力。以课程标准所定的文种为依据，以有秩序的训练经验来使学生掌握相关的写作要求，能够更好地表达相关的需求，从而达到专业素养与专业能力的迁移与提升。在设计中，从简单的任务过渡到复杂的任务，在完成任务的过程中，要注重活动链条的连接，并要注意任务的完成时间。因此，在教学中，每个任务的目标都要符合学生的实际情况，以实际的交流为导向，以交际式、有针对性的互动方式来促使学生运用相关知识来解决问题。通过教学实践，使学生能够熟练运用所学的语言来完成教学任务，从而有效地提高他们的语言运用能力。

2. 任务的实施要有效果

与传统的实践活动相比，其任务的目的、内容、形式、效果各有差异。最根本的区别在于，学生在做一项特定的工作时，会有步骤地按照特定的目标去做，而在此期间，学生可以通过学习来加深对语言的了解和掌握。因此，任务的实施须以学生的需求为基础。这项任务可以被视为一项真正的工作，它与实际生活的需求相结合，使学生清楚地了解到在未来的生活中如何使用这些技巧。比如，制定一个阅读计划，是为了培养学生的日常阅读习惯，为自己的工作做好准备；写一封求职信，就是要找一份与自己的职业相关的工作。从学生的角度来说，这些是能够更好地适应社会的综合素质的体现。

3. 任务目标的评价要合理

任务目标的评价，不是本身结果的评价。这不同于传统教学中，只根据学生的学习情况作出最终的评分。它更多的是过程性的评价，如学生的参与程度、参与活动的积极性、任务完成的情况如何、资料收集的情况、在现场是不是能积极参与活动等，主要以积极鼓励为主，让学生通过沟通、合作、协商积极完成一项真实的任务，教师在适当的时机针对学生不能解决的问题，也需提供一些帮助，最终使学生在完成任务的过程中增长知识、提高技能。

三、教学系统设计理论

（一）教学系统设计的目的和作用

教学系统是将设计目标、内容、方法和策略、评价等方面进行具体规划，创设"教"和"学"的体系流程或程序，用以解决教学实践中的问题，从而形成"教"和"学"两个体系。教学系统可以直接应用于教学过程中，实现特定的教学目的，也可以是对课程的大纲、实施方案、单元课程的教学计划进行详尽的描述。

教学系统的设计是以"教"和"学"为研究对象的，它包含了学习内容、学习条件、学习资源、学习方法和活动等方面的内容，而"教"和"学"体系的建立，其基本目标就是使学习者实现学习的目的。教学系统设计的研究方法是运用系统论的方法，探讨了"教""学"体系中各因素的内在联系，以及各因素与整体的内在联系，从而实现教学系统的功能。教育与教学理论是一门具有较长发展历史的学科，其重点在于对教学和教学的客观规律的考察，包括教学任务、教学内容、教学原则、方法、组织形式和影响等一系列范畴，以"教"为切入点的基础理论体系，揭示教学机理，而非对学生的内在机制进行探讨。学习理论主要探讨了人的内在学习机制，强调了学习的内在要素。这两个基本原理为教育与教学问题的解决、教学计划的制定与选择提供了科学的基础，为实现最佳的教学效果，教学系统的设计既注重教，也注重学，在对教学问题进行系统的分析与求解时，注重将人对于"教""学"的研究成果与理论有机地结合起来。教学系统设计既是将教学理论和学习理论联系在一起，又是将"教"和"学"理论与教学实践紧密联系在一起。教学系统设计的本质在于决策、求解与创新，重点在于寻找解决问题的方法，它的本质并不在于探索客观存在的、尚未为人所熟知的教学法则，而在于利用已有的教学法则对教学问题进行创新。以实践为导向，是教学系统设计的一个显著特征。

（二）教学系统设计的基本层次

系统论把系统看作几个相互联系、相互依存的要素，构成一个有特殊功能的有机整体。经过多年的实践，教育技术工作者确立了以系统论思维和方法为指导的教学体系，以系统的方式进行教学设计。根据系统论的基本理念，我们将各种教育、教学组织形式视为教育系统或教学系统，以实现一定的教育教学目的。社会满足学校的需求（如教职员、教材、设备、设施等），为学校输送了更多的学生，同时学校也通过各种形式的教学活动，把他们培养成为满足社会需求的人才。学校制度是一种反馈信息，它可以根据个人是否实现了期望的目标，或者对社会的发展有没有新的需求，从而使整个社会体系保持一个动态的稳定性。

教学系统是一个系统的子系统，它可以是一所学校的整体教学，也可以是一门课程、一单元或一节课的教学，或者为了实现特定的教学目标而实施的有控制的信息传输流程。教学系统由五个构成要素构成，即教师、学生、教师、教材、教学媒介。它们相互影响、相互依赖、相互制约，又构成了一个复杂的系统输入与输出系统，即所谓的"教学"。教学系统的作用是由教学活动的结果反映出来的。

教学系统设计也相应地具有不同的层次，即教学系统设计的基本原理与方法可用于设计不同层次的教学系统。到目前为止，教学系统设计一般可归纳为三个层次：以"产品"为中心的层次、以"课堂"为中心的层次、以"系统"为中心的层次。上述三个层次是在教学系统设计发展过程中逐渐形成的，但是也可以把教学系统设计分为宏观和微观两个层次。规模大的项目如课程开发、培训方案的制订等都属于宏观层次的教学系统设计；而对一门具体课程、一个单元、一堂课、一份媒体材料的设计，都属于微观层次的教学系统设计。产品、课堂、系统三个层次都有相应的教学系统设计模式，在具体设计实践中，可以按照自己所面临教学问题的层次，选用相应的设计模式。

（三）教学系统设计的构成要素

教学系统包括教师、学生、系统管理人员、教材、设备、媒体、教学目标、教学内容、教学策略、评价等，从教学组织者的观点出发，依据组织教学过程中的各种要素能否被设计，将教学系统的构成要素划分为静态和动态两大类。

静态要素是指在组织教学的过程中，相对比较稳定，而教学组织者通常没有设计的要素，包括技术支持、物质环境、管理、信息资源、教学组织者和学生。技术支撑要素是指多媒体和网络教学系统的硬件和软件的配置；而物理、环境因素指的是教室的空间布局、桌椅的布置、灯光、温度、噪声、湿度、色彩等。管理要素是指管理人员素质、管理制度的合理性等一系列与管理和维护相关的要素；信息资源包括课件、题库、网络资源等；教学组织者要素是指教师的综合素质，其中包括教师运用计算机的能力等；学习者要素是指学生的综合素质，其中也包括学生运用计算机的能力等。

  动态要素是教学内容、目标、策略、媒体、实践、评估等多种要素，是教师在实施多媒体网络教学系统的功能时，能够灵活地把握的各种要素。教学内容要素是指在教学活动之后，学习者应当具备的知识、技能和行为体验；教学目标要素是指在教学活动之后，学习者应当具备的知识、技能、态度和情感，并用可观察和测量的行为词汇准确地表述学习结果；教学策略要素是指为实现某一教学目的而采取的教学模式、程序、方法、组织形式以及选用的教学媒介；教学活动要素是教学设计方案的具体体现，同时也为今后的教学设计提供了实践经验；教学评价要素是以教学目的为基础，利用各种有效的技术手段，对教学过程和结果进行测量和评估，并给予价值判断的过程。

第三章　高职英语教学模式的改革趋势

随着我国社会主义市场经济的发展，现有高职英语教学模式和市场需要之间的差距逐渐明显，分析高职英语教学模式的现状显得尤为重要。本章分为传统高职英语教学模式的不足、高职英语教学模式改革新趋势两部分。主要包括学生层面的不足、教师层面的不足、教学模式层面的不足等内容。

第一节　传统高职英语教学模式的不足

一、教学手段相对单一

随着现代技术的发展，在教学中出现了很多现代化的教学手段，使学生可以在更广泛的范围内接触和学习英语。但从实际情况来看，现代教育技术在传统高职英语教学模式中的应用不够。尽管一些学校使用了诸如多媒体、网络等教育手段，但实际效果并不理想。这一方面是由于学生数量多与现代化设备相对少两者之间产生矛盾，从而在整体上缺乏多媒体学习环境所导致的；另一方面也与一些学校乃至一些英语教师本身不重视现代教育技术的真正作用有关，致使很多现代化教育设备无法发挥功用。可见，要激发学生对英语学习的兴趣，提高他们综合运用英语的能力，必须改革英语教学手段，优化学生的学习环境。

二、教材选择存在弊端

教材在很大程度上决定着课程的教学目的和教学方法，因此，对于任何一门课程而言，教材的设计和选择都非常重要，甚至决定了这一门课程教学的成功与否。英语教学也不例外。受传统高职英语教学模式的影响，我国一些非英语专业大学英语教材在内容选择上重文学、重政论，忽视了现代的实用型内容。在我国引进合编的或原版的英语教材之后，我国本土教材在设计上有了较大改变，但其实用性仍需提高，要使学生从课本上学到的知识能够在社会交际中得到应用，从而提高学生对英语学习的兴趣。

三、受"应试教育"的制约

"应试教育"是传统高职英语教学模式的一个基本目标，它与素质教育的根本区别在于"考试观"的不同。考试主要具备两种功能，即评价功能和选拔功能。在"应试教育"思想的长期影响下，人们更加看重考试的选拔功能。比如，大学英语四、六级考试早已成为大学英语教学的指挥棒，通过率的高低是评价学校及教师的一个主要标准。这又强化了四、六级考试的应试性，使得考试在一定程度上失去了其应有的作用，不能完全落实提高学生英语应用能力的目标。事实上，语言学习应该做到多听、多说、多读、多写，特别是多背。语法知识固然很重要，但获得语感更加重要，这就需要背诵。没有背诵，也就失去了英语学习的"脊梁骨"。不仅是背单词，更重要的是背诵课文，而英语四、六级考试的题型主要是选择，这就使得学生将大量的时间花在了背语法、词汇，做大量模拟试题上。学生更加看重答案的标准性、唯一性，不愿意诵读课文，忽视了课堂上的讨论和交流，过分依赖教师的讲解，影响思考、质疑、创新的能力。虽然学生具备了较强的应试技巧，但交际能力相对较低。

此外，传统高职英语教学模式较单调乏味，在一定程度上制约了英语"教"与"学"两方面的积极性。教师在课堂上习惯采用以讲授为中心的、单向的、非交际的"满堂灌"教学方法，使得原本应当生动活泼的学习过程变得死气沉沉。在这种单一的教学模式中，教师机械地讲，学生被动地听，课堂教学无法活跃和互动起来，学生的语言交际能力得不到提高。这样的教学过程一味地重复，也就失去了新奇性。对学生来说，他们本来就处于被动地位，如果接受知识的过程始终单调乏味，课堂学习效率就很难提高。

四、教学目标定位缺乏精准度

高职院校英语教学目标往往引导高职英语教学模式的设定。传统高职英语教学模式将读写能力作为大学生英语教学的主要目标，在此基础上使学生具备一定的听说和写译能力。一直以来，阅读能力的提高被作为大学英语教学的重点目标，高校四六级考试中，阅读理解占总分值的接近50%，研究生英语考试中阅读理解占比在50%以上，这样的设定必然使高校过度重视学生阅读能力，在一定程度上忽视其听说能力，导致学生英语口语弱化。

在经济全球化时代，我国已逐步融入世界经济体系之中，与国外交流合作的深度与广度大大加深，这要求高职院校培养出具有听、说、读、写能力的专业英语人才，尤其要注重听说能力的培养。在此背景下，高职院校必然要重新设定英语教学目标，更新教学模式。

五、教学模式缺乏"以人为本"理念的体现

从传统高职英语教学模式的整体运行情况来看，尽管很多教师对"互联网+"教学有清醒的认识，而且在组织与实施高职英语教学的过程中也对教学手段进行了优化，信息技术、网络技术、多媒体技术的应用与过去相比有了进步，但高职英语教学模式缺乏以人为本的问题比较突出，最根本的就是还没有正确处理好"互联网+"教育与发挥教师主观能动性组织教学的关系，对"互联网+"教学的辅助功能缺乏深入的研究。

如在开展英语教学的过程中，多媒体PPT课件的内容基本上都是教材内容的重复，多媒体PPT课件内容的拓展性不强，而且在运用思维导图以及设计问题情境方面也缺乏针对性，直接导致"互联网+"的应用效果不佳。

六、教学模式缺乏融合创新

要想在高职英语教学中有效应用"互联网+"，一定要发挥"互联网+"开放性、融合性、互动性的作用，大力推动教学模式融合创新，但受传统高职英语教学模式的影响，个别教师在这方面还缺乏深入的研究，在推动"互联网+"高职英语教学融合创新方面不够到位。有的教师不注重将生活化教学方法与"互联网+"进行有效结合，如在课堂教学中不注重创设生活情境。有的教师则不注重将"教学做一体化"与"互联网+"进行有效结合，导致在培养学生主观能动性方面不够到位，导致在培养学生理论与实践相结合、"学"与"做"相结合方面仍然存在很多制约因素，学生的主观能动性没有得到充分调动。

七、教学模式缺乏有效载体

对于在高职英语教学中应用"互联网+"来说，需要打造更多的载体，否则"互联网+"也只是能是一种概念，但受传统高职英语教学模式的影响，一些教师还没有认识到这一点，在开展高职英语教学的过程中不注重打造多元化的"互联网+"教学载体。有的教师在应用多媒体PPT、微课进行教学的过程中，将其

作为课堂教学辅助工具，而没有将其作为学生解决重点和难点学习问题的工具。"互联网＋教学"模式缺乏有效载体，也表现为不注重运用互联网平台开展教学活动，如"英语创客空间"还没有成为"互联网＋"高职英语教学的重要模式，再如不注重改革和创新"远程教学"模式。

八、评价体系使用的途径单一

传统高职英语教学模式对高职院校的评价观念造成了一定的影响，也影响了高职英语教师选用的评价模式，大部分高职院校将考试成绩作为英语教学评价的重要手段。

这种单一的评价方法会引起三个方面的问题。其一，英语作为应用很强的学科，过分强调笔试成绩，会导致学生多将精力用于应试，缺乏时间和场合进行实践交流，致使当前大学生英语交流能力弱化。其二，笔试能够考察的知识点有限，不能全面准确地对学生的学习情况进行评价，这样的成绩有失公平。其三，笔试存在一定的作弊风险，在一定程度上影响考试成绩的真实性。

鉴于此，传统高职英语教学模式下的应试评价方法过于单一，高职院校应该完善评价体系，建立更加多元化的评价模式，特别是要注重对英语实践能力的考核评价。

第二节　高职英语教学模式改革新趋势

随着社会经济的发展和科学技术的进步，人类进入了信息社会的发展阶段。信息社会的来临，对教育教学提出了新的人才培养目标和挑战，同时也为教育的发展提供了新的机遇和有利条件。近年来随着计算机、多媒体和互联网等技术的飞速发展，高等教育的内容和形式发生了重大的变革，高职英语教学的内容和模式也随之发生了很大的改变。为了适应新形势下人才培养的需要，我国高职院校纷纷对大学英语教学进行了新一轮的改革，这一时期的改革呈现出新的趋势和走向。

一、高职英语教学模式改革要注意的关系

不同教学理念、课程设置的相互矛盾关系，人才培养、文化交流的相互统一关系共同作用于高职英语教学模式改革的整个过程中，影响改革的深度与广度。

因此，厘清高职英语教学模式改革的矛盾与统一关系，对于推动教学模式改革、实现高职英语课程的育人功能具有重要价值。

（一）矛盾关系

1. 知识传授与价值引领的矛盾

传统高职英语教学以学科知识传授为主，大部分授课教师认为高职英语课堂教学目标是培养大学生的英语听、说、读、写能力。现阶段，高职英语教学应强调培养学生完整的人格与品德。在课程思政背景下，知识传授与价值引领的矛盾是高职英语教学模式改革需要处理的第一对矛盾关系。

思政元素的价值引领功能以知识传授为媒介与基础。

首先，将思政育人价值观融入英语教学过程中，体现了高职英语教师对高职英语教学目标的丰富与发展，对教学方式的改革与完善，对教学内容的延伸，在提升高职英语课堂教学成效与教学质量的同时，实现教书育人的根本目标。

其次，高校在开展学科建设的同时建设"大思政"育人体系是高等教育内涵化发展的必经之路，也是高等教育高水平、高质量发展的重要方向。教育是以传授间接经验为主的社会活动，在教学过程中教师应进行思想引领或价值引导。

最后，课程思政是实现教育全员、全过程、全方位育人的必然选择。高职英语教学模式改革需要充分利用课堂教学这一主渠道，关注英语学科内容与思政教育之间的关联性与系统性，将思想政治工作的内容和方法融入高职英语课堂教学中，不断丰富高职英语教学内容，活跃课堂教学氛围，强化思政元素在高职英语课堂教学中的重要作用，平衡课程教学过程中知识传授与价值引领的关系。

2. 隐性课程与显性课程的矛盾

大学英语是一门被列入高校教学计划的课程，是大学生了解英美文化的主要渠道，是高校显性课程的一种。高职英语课程改革应该处理好显性课程与隐性课程的矛盾关系。

美国学者高尔顿（Galton）最早注意到影响教学内容的非正式系统，他在《中学社会系统》中提出隐性课程包括物质性隐性课程、观念性隐性课程以及制度性隐性课程。在高职英语课程教学中融入思政元素，应该挖掘观念性隐性课程中的思政元素，如教师教育理念、教师价值观、高校校园文化氛围等。

高职英语教学活动以物质性隐性课程为主要场域与载体，主要包括教室建筑、校园布置、学校建筑、校园环境等。高职英语教学活动的顺利进行需要制度性隐性课程作为保障。

目前,高职英语教学只注重显性课程,主要表现为高校教师只关注教学任务的完成以及大学生专业能力的提升,忽视隐性课程,导致教学目标无法全部实现。因此,高职英语教学模式改革需要处理好显性课程与隐性课程的矛盾。

(二) 统一关系

1. 智育与德育的统一

在新时代背景下,高校人才培养目标发生转变,从传统的过分重视智育转变为培养德才兼备的高水平人才。习近平总书记指出,教师承担着最庄严、最神圣的使命,既要做学问之师,又要做品行之师。高职英语教学的最终目的是智育与德育的统一。一方面,通过智育扩充大学生英语学科知识体系,培养其英语实践技能;另一方面,在高职英语教学模式改革过程中挖掘思政元素,融入思政教育,开展德育。智育与德育的统一主要表现:德育促进智育,德育是智育的动力源泉和精神支柱;智育承载德育,德育知识需要通过课堂教学呈现,在高职英语教学中融入思政元素,可以使大学生既提升道德素养,又学习学科专业知识。

2. 传承优秀文化与吸收外来文化的统一

经济全球化的进程势不可挡,外来文化的输入速度越来越快。复杂社会背景下,高职英语教师在向大学生讲授英美文化知识的同时,也要对其进行价值观引导,使学生有选择地吸收外来优秀文化,保证传承优秀文化与吸收外来文化的统一,是高职英语教学模式改革需要注意的一个重要问题。面对强势的外来文化的挑战,高职英语教师要妥善处理全球化与本土化的关系,挖掘大学英语课程思政元素,培养大学生甄别是非的能力。

二、高职英语教学模式改革的新趋势

(一) "互联网+" 在高职英语教学模式中的应用

1. 突出 "以人为本" 应用理念

理念是行动的先导。在开展高职英语教学的过程中,要想使 "互联网+" 的应用取得实实在在成效,一定要突出 "以人为本" 应用理念,即从落实 "核心素质观" 的战略高度入手,以有效发挥 "互联网+" 在推动高职英语教学过程中发挥的开放性、互动性、融合性的积极作用为根本出发点,深入研究 "互联网+"

高职英语教学模式，力求在培养学生学习兴趣、完善高职英语教学体系、提升高职英语教学质量方面实现突破。

在具体的实施过程中，应当更有效地发挥"互联网+"的辅助功能，不断强化高职英语教学的特色性，如在开展高职英语阅读教学的过程中，为了能够培养学生的文化意识和文化思维，教师应当根据阅读教学内容的实际情况，到网络上收集与之相关的"外国文化"，并融入课堂教学当中。

突出以人为本应用理念，也需要进一步强化"互联网+"高职英语教学的针对性，可以将"分类教学"与之进行有效结合，通过社交平台对学生进行针对性指导。

2. 促进教学模式融合创新

创新是进步的灵魂。将"互联网+"应用于高职英语教学当中，应当更加重视融合创新，就是要运用"互联网+"的功能和作用，大力推动各种教学方法实现有效融合，进而发挥叠加效应，有效提升高职英语教学质量。

要将生活化教育思想与"互联网+"教学进行有效结合，如在设计多媒体PPT的过程中，应当结合学生的实际情况，将生活化教学作为重要的内容，通过生活化设计，使学生能够更加深入地理解和认识教学内容。

促进教学模式融合创新，还要将"教学做一体化"与"互联网+"教学进行有效融合，改变传统的"教师讲、学生听"的模式，更加重视发挥学生的主观能动性。如在开展作文教学的过程中，教师应当引导学生到网络上收集与教学内容相关的资料，并结合自身的理解和认识融入作文当中；再比如，在开展会话教学的过程中，教师可以引导学生结交一些英语水平较高的专业人士，通过日常交流提升会话能力。

3. 大力加强教学载体建设

对于发挥"互联网+"在高职英语教学中的作用，一定要依托相应的载体，否则根本无法取得实实在在的成效。对此，教师应当倾力打造多元化、创新性的"互联网+"高职英语教学载体，努力使其能够实现更大突破。

在具体的实施过程中，教师首先需要将多媒体PPT教学、微课教学进行改革和创新，除了要将其作为课堂教学辅助工具之外，也要着眼于培养学生自主学习和互动探究意识，将多媒体PPT和微课课件交给学生，如对于高职英语阅读教学中的一些重点和难点问题，教师可以将其制作成为超过10分钟的微课，既可以交给学生进行自主学习，也可以通过"小组合作学习"或者"对分课堂"的方式引导学生交流、互动、探究，鼓励学生相互之间多学习、多研究、多借鉴。

要积极引导学生利用互联网平台组建英语兴趣小组或者"英语创客空间",使学生可以进行交流与互动,这样既有利于培养学生英语核心素养,同时也能够强化学生综合素质。

(二)应用语言学在高职英语教学模式中的应用

1. 对课堂教学模式加以应用化改良

高职英语课堂教学模式一般由导学、讲学、练习和考核四个模块组成,高校师生对这样惯用的教学模式已经得心应手,故而不宜大幅度调整,而要结合现有模式加以应用化改良。英语教师可以从导学、讲学、练习环节入手。在导学部分,教师应启发学生产生任务动机,设置合理有趣的课前任务或是让学生自己确定学习目标,调动学生参与课堂活动的积极性。

在课堂应用交流过程中,教师本身要扮演好引导性角色,将社会和教育提出的客观要求内化为学生自身学习和生活的需求,使英语课堂学习成为主动的过程,提高学生的参与度。例如,教师可以设置应用情境,分小组开展英语情境交流。学生以角色扮演的方式围绕主题模拟英语交流场景。此外,课堂讲学部分的教学案例也要具有实用性,尽量保证课堂所学即能为生活所用。

2. 教育活动中教师角色的"隐匿"

应用语言学教育理念的引入需要师生思维转变。一开始,学生也许会抱有陌生的参与态度,英语教师也常回到主导的位置上去,情境扮演往往流于形式,学生以完成任务的心态战战兢兢地发言,始终无法提高参与度。

因此,教师角色的"隐匿"是开展以学生为主的教育活动的关键。"隐匿"意味着教师不能重复以往的"带领举动",要尽量避免师生问答、举手发言的固有思路,创设有利于学生发挥的生动会话情景,坚决落实以学生为主体的新英语教学模式。此外,"隐匿"不是放任不管,对于语言范围偏离主题的现象,教师要以参与者的身份介入,及时纠偏纠错。

3. 辅助学生完成"适应"阶段的过渡

当刚开始接触新教学思路时,学生处在"适应"的阶段,教师需要考虑学生的感受,对学生的学习态度与方式进行引导,辅助学生进入到应用语言学的习得过程中。教师需选取合适的教学素材,将应用语言学的概念细致推送至教学活动中,帮助学生建立应用类思维。

选取基础英语的引申内容,设计标准化的练习作业,例如,从商业对谈、商务公函开始,再到难度较高的名著选读、影片欣赏,进行阶梯式教学,帮助学生完成从接触到适应的过渡,加大对英语的应用力度。当教学模式改革出现适应性的问题时,英语部教学人员应结合教学实际,针对学生的反应状态尽快开展专项研究,尽快解除学生在听、说、读、写层面上的学习障碍。

4.重视课堂内外应用教育的磨合

强化英语应用能力,光靠课堂上有限的时间是远远不够的。大学阶段,学生的课时安排较为自由,将近一半的学习内容可以布置到课后去完成,促进学生在课堂内外主动应用、练习,以稳定"应用"教学效果。

大部分的高校校园网等基础设施齐备,学生终端设备普及率非常高,具备课后进行线上自助式学习的基础,教师可以利用网络优质教育资源,鼓励学生利用实用性和趣味性较强的手机 APP 组队打卡,采用线上考核等新兴教育形式,促进课堂内外应用教育的磨合交流,补充课堂在利用现代化教育技术手段方面的缺憾。

(三)认知语言学在高职英语教学模式中的应用

认知语言学对高职英语教学模式进行构建,是在高职英语课程的课前预习、课中实践和课后复习三个环节当中,以认知语言学的构式习得为目标,在认知语言学的教学理念指导下,引导学生课前进行自主学习。要将教师为主导、学生为主体的理念贯穿整个过程,通过分组协作、显性教学等手段提升课堂效率。

1.教学前期

基于认知语言学,教师在英语课前首先需要对语言教学的含义具备深刻认识。英语学习的最终目的是进行沟通和实践,英语教学过程当中繁琐的语法知识只是为了英语沟通有标准的范式。语法教学并不是英语学习的目标,英语的真正学习重点在于信息的传递和意义的表达。

因此,教师在英语课前需要基于这一观点对学习需求和教学内容进行分析调整。学生完成教材内容的预习之后,应该结合教师提供的材料自主学习新知识,记录自己在预习过程当中存在的问题。总而言之,课前教师需要摆正自身的态度,在教学过程当中认清自身的主导地位,在教学过程当中充分发挥主导作用。与此同时,尊重学生的学习主体地位。

2.教学中期

基于认知语言学的特征,教师在语言教学的过程当中,应该最大程度尊重学生的主体地位，尊重学生在课前的自主预习成果，鼓励学生提出课前自主学习的问题。并且针对整个班级当中普遍存在的问题进行针对性的回答。在客观解答的基础之上，设计别开生面的学习任务，引导学生在练习过程当中体验英语沟通的意义，认识到英语的最终学习目标是意义的表达。

具体而言，体验式教学活动可以是真实体验，也可以虚拟体验。认知语言学认为语言的基本单位是构式，教师在教学过程当中应该帮助学生获得更多构式，基于这一理念，认知行为学基础上的高职英语教学模式构建是以构式习得为最终目标的。

可以让学生在课堂上分组协作完成任务，进而使得学生在自主学习过程当中创造性地培养构式的能力。在建构概念的基础之上，进一步对构式的形式和功能进行总结归纳。传统的英语教学重视语法的学习，强调构式的规范性和固定性。

在认知语言学的理念指导下，教师应该鼓励学生深入体验构式的意义和重要性，进而最大程度地激发学生的自主积极性。

3. 教学后期

教师需要对自身在教学过程当中的表现进行反思，通过各种网络和现实交流平台和学生进行积极沟通。一方面对学生在课堂上产生的优秀成果进行反馈，另一方面对教学成果进行总结，针对目前存在的不足提出相应的改进措施。学生也需要对自身在课堂上的表现进行反思和总结，并且借助课后视频反复巩固。由于学生的学习能力有所差异，因此应该对不同的学生进行差异化的教学。对于基础较好的学生进行相应拓展，对于基础较为薄弱的学生进行课下的帮扶。

总体而言，在认知语言学基础之上进行高职英语教学模式构建主要是以构式习得为重要的目标。基于认知语言学对高职英语教学模式进行构建，这一模式的主要特点有以下三点。

第一，基于认知语言学的教学理念，以构式习得为教学目标，旨在帮助学生获取稳定规范的构式基础之上深入理解英语的意义和传递功能，使得教师和学生都对英语学习的深刻涵义有清晰认知。

第二，对高职英语教学模式目前的应用范围进行拓展和延伸，学生和教师在课前、课中和课后三个环节当中组织教学活动。

第三，提升高效课堂教学效率，将学生作为课堂的主角。教师起到引导作用，通过团队学习、自主学习等形式，提升学生的创新思维能力。在教学前期、教学中期和教学后期三个环节进行深入教学。课前鼓励学生进行自主学习，提前发现问题，课中对教学的重点和难点进行教学应用，课后鼓励学生进行反思和总结。突破传统英语教学以语法教学为重的禁锢，鼓励学生真正深入体验英语的美感，在掌握一定语言标准范式的基础之上，获取英语意义交流和沟通的能力。

（四）游戏化理念在高职英语教学模式中的应用

1. 游戏化理念融入高职英语教学模式的意义

（1）体现以学生为中心的教学理念

首先，将游戏化理念融入高职英语教学模式充分体现了以学生为中心的教学理念，有助于对学生高阶思维能力的培养和学生学习动机的激发。游戏化理念的核心根植于用户体验思维，其以用户为中心的原则与教育教学领域中的以学生为中心的理念相切合。将游戏化理念融入高校英语教学模式，可以改变高校千篇一律的英语课堂教学模式及教学内容，使教学的主体由教师变为学生，在实际中解决学生的英语学习问题，进而提高英语教学效果。

缺乏学习动机是高校学生英语学习的最大问题之一，一方面，部分学生在中学没有打下扎实的英语基础，有些学生的中学英语学习是填鸭式的，这造成他们在大学阶段没有明晰的英语学习目标和强烈的英语学习意愿，进而会影响他们的英语学习效果；另一方面，有些高职院校的英语课堂存在教学内容和教学方式枯燥无味、学生疲于应付的情况。动机是游戏化重点关注的一个概念，外部奖励机制是游戏化学习的重要手段，其可以有效激发学生学习的外部动机。如学习过程中的勋章、积分奖励、高分榜等机制可以提高学生参与学习的积极性和专注度，这非常有助于教师教学目标的实现。与此同时，伴随着网络的发展和智能移动终端的普及，新一代年轻人已经习惯了各类游戏场景并乐在其中，教师可以充分利用学生的游戏习惯，然后根据学生趣味性的诉求来设计自己的课堂教学，以达到更好地激发学生学习动机和提高学生课堂教学参与度的目的。

（2）符合高职英语教师专业发展新要求

随着社会的发展和进步，对高职英语教师的专业发展、教学理念、教学思路等也提出了更高的要求，将游戏化理念融入英语教学模式符合社会对高职英语教师专业发展新要求。首先，教师在改革的浪潮中不应该仅仅是知识的传授者、政策的执行者，还应发挥自主意识，因材施教，做教学的主人。游戏化理念要求教师充分发挥自己的自主教学能力，准确掌握学生英语学习的现实需求，根据学生的英语学习需求设计教学内容和教学环节。

此外，在知识更新速度不断加快、交叉学科日益增多的背景之下，高职英语教师不仅要掌握英语专业理论知识，而且还应多学习和了解其他关联学科的知识，积极创新自己的教学方式并灵活地应用于课堂教学。游戏化理念来源于信息技术领域，后被应用于心理学、教育学等领域并取得了不错的效果。

因此，面对新一代学生，英语教师可以将游戏化理念运用于教学过程，这不仅能够取得良好的教学效果，而且还能展现教师的创造性思维，真正做到从理念、方法及技术等多个方面探索出更适合学生课堂学习的教学方法。

（3）实现新媒体下高职英语教学模式的创新

以游戏化理念为载体，同时结合翻转课堂、线上线下混合式教学模式，能够使教师更好地实现新媒体下对高职英语教学模式的创新，进而实现信息技术与高职英语教学的深度融合。

随着信息时代的到来，多媒体和网络在教育教学领域中的应用愈发普及和重要，而 MOOC 学院、腾讯会议、Classin 等线上资源和教学平台成为多数高校英语教师的教学选择。但研究发现，如果英语教师不改变教学理念和教学方法，不考虑学生的实际需求和学习中存在的困难，仅仅机械地将线下教学内容"搬运"至线上平台的翻转课堂，并不能达到理想的教学效果。这时就需要通过游戏化理念这一桥梁实现信息技术和教学实践的深度融合。

教师可以借助现有的游戏应用资源（如百词斩、扇贝单词等）引导学生自主学习，并将课内系统化学习和课外碎片化学习相结合，以达到理想的教学效果。实践证明，游戏化理念在在线学习中能够有效提高英语教学效果，将游戏化理念融入高职英语教学模式有利于高质量在线教学的实现。

2. 游戏化理念融入高校英语教学模式的方案

（1）了解学生学习需求，明确教学目标

高职英语课程游戏化教学设计首先要满足指向特定性的原则，即教学过程中的游戏元素设计要考虑不同的教学内容和不同的教学对象，采用具有明确指向性的特定游戏环节设计，充分考虑学生的学习特点和学习需求，选择恰当的教学内容，设置出具有一定挑战性的游戏任务，才能更好地激发学生强烈的学习动机和保持学生持续的学习行为。较为切实可行的做法是将学生日常生活学习中的问题或游戏任务与英语学习内容紧密结合起来，使得英语的学习发生在真实或接近于学生生活的学习场景之中。如班上学生普遍存在写作能力弱的问题，教师就可以将写作教学中的学习任务拆分成一个个小的"关卡"，在一节课或者一个学期中通过"闯关"的形式指导学生完成任务，最终使每一个学生都能"闯关成功",这期间学生也可以自行组队,或者教师也可以设置高分榜进一步激励学生的学习。

总之,游戏指向特定性在高职英语课堂教学中的基本目的是让游戏的设计与使用服务于学生的英语学习,使学生的英语学习效果更好。

(2)运用多种信息化教学手段

如今,多种多样的线上英语教学资源和移动英语学习软件已经非常普及,高职英语教师不仅可以给学生布置相应的学习任务,而且还可以使用一些游戏化设计的英语学习软件丰富自己的教学形式,调动学生学习英语的积极性,提高学生的英语学习参与度。如采用单词学习软件 Quizlet 中的游戏模式,学生可以通过组队的方式进行小组和小组之间的单词比拼游戏,这样一方面可以帮助学生更好地记忆单词,另一方面还能进一步提高学生的课堂参与度。类似的游戏化教学软件还有 Class Dojo、schoology 等,教师可以自行寻找适合教学内容和学生需求的教学软件,并将其有效地应用到课堂教学中。

(3)鼓励合作学习模式,注重过程性评价

任何教学活动的开展都需要学生的积极参与,离开了学生的参与,任何教学活动都失去了意义。尤其是在高职英语课堂教学中,不管是学生个人竞争还是团体竞争,游戏元素的考虑与设计都应能促使学生主动参与课堂活动。建构主义提倡以学生为中心的教学,鼓励学生协作学习,学生在和同伴协作互动的情况下,能够更好地将所学知识内化。

因此,在游戏化的课堂学习中,教师可以设计一些需要小组合作完成的任务,学生可以根据自身的英语水平和游戏的难易度扮演不同的角色。

如在阅读活动中可以有队长(leader)、词汇构建者(vocabulary builder)、展示者(presenter)、计时员(timer)等角色。如让英语基础较好的组员负责完成较难的任务,英语基础较差的组员负责完成比较简单的任务,如此一来,不同英语基础的学生都可以在完成任务的过程中发挥自己的作用,而且每个人都能在完成游戏任务的过程中获得成就感。

基于游戏化理念的教学评价也应从终结性评价向过程性评价转变。传统的英语教学评价标准以考试成绩为主,以平时作业成绩为辅,从整体看都是终结性评价占据主体地位。在游戏化理念之中,教师更关注学生在完成游戏任务过程中的表现,并在学习的过程中给予学生过程性评价。如教师可以借助线上学习管理平台对学生平时学习任务完成度、学生之间的互动等进行评分,然后将其作为过程性评价。

第四章 教学改革背景下高职英语教学的基本模式

在高职教育改革潮流的助推作用下，高职英语教学质量相比较以往有了大幅度的提升。众多教育工作者都将目光对准高职英语教学模式的优化上。本章分为高职英语微课教学模式、高职英语慕课教学模式、高职英语翻转课堂教学模式三部分。主要包括微课概述、微课应用于高职英语教学的问题、微课教学模式在高职英语教学中的应用策略、慕课概述、慕课英语教学存在的问题、慕课教学模式在高职英语教学中的应用策略等内容。

第一节 高职英语微课教学模式

一、微课概述

（一）微课的概念

实际上，微课就是我们所说的微型课程，最早提出微课模式的是戴维·彭罗斯（David Penrose）。微课作为一种以教学为核心目的的教学视频课程，在创作上，教师可以梳理教学的重难点，利用微课开展情景化教学。国内不少学者也纷纷对微课进行了概念阐释，虽然这些学者在表述上存在一定差异，但是基本对微课的概念界定有较高的相似度。本节在微课概念的界定上，使用的是胡铁生先生给出的定义，即微课指的是基于课程教学以及教学实践，通过教学视频实现核心教学知识点展现的一种教学模式。微课针对性较强，有较高的知识讲授精度。

总之，随着专家学者对微课教学模式研究的深入，目前学术界在微课概念的

第四章　教学改革背景下高职英语教学的基本模式

界定上也得到了完善。结合既有的研究观点来说，微课指的是以视频为载体，时长在5~10分钟之间，围绕某一教学知识点展开的短小精悍的视频教学活动，微课也是随着时代发展推出的新型数字化教学资源。

（二）微课的分类

微课的分类是多种多样的，并且展现出开放性的特征，站在教学环节的角度，对微课的种类进行区分，可以发现微课总共有七类。

1. 课前复习类

在进行教学之前，需要教师提前发给学生教材资料，让学生通过这类微课视频，提前对学习内容和该课程有一个了解。这种微课可以达到帮助学生预习的目的，同样也可以使上课教师教学的时间大大缩短，有利于为教学的新课程做铺垫。

2. 新课导入类

课程导入得好，能让教学作用更好地发挥出来。根据微课内容，教师可以设定适合学生学习的情境。让学生的注意力不断集中，在进行教学的时候需要帮助学生更快地进入状态，让学生有更多的时间主动进行思考。创立有趣的场景，可以让学生的学习兴趣不断增加，让学生的学习主动性展现出来。

3. 新课讲授类

这一类微课主要是把某一部分的重难点作为设置内容，让学生的学习任务变得更加明确，加深对重难点的认识程度。教师需要以多种方式制定微课的内容，同时需要对知识的难度进行排列，让学生可以更好地理解这一部分的内容，避免把简单的问题想得更加复杂，出现知识混淆的情况，要让学生的思维变得更加清晰。

学生不断学习，不仅是为了获得更多的知识，而且还为了能够把这些学到的知识用到实际生活当中。这一类的微课需要在学生学习之后进行观看。课程中的一部分内容可以帮助学生对课上的内容进行复习，让学生有更多的练习题可做。创作类的微课是让学生巩固记忆，同时也让学生的应用能力不断增强。

4. 小结拓展类

这类微课通过不断总结知识点，可以让学生的知识结构变得更加完整，让知识体系变得更加健全，同时也培养了学生的思维逻辑能力；通过不断拓展知识面，让学生的知识变得丰富，从而让学生有更广阔的知识视野。

5. 解题类

这类课程重点讲解一道例题或者是同一类型的例题。这种类型的微课可以让学生更加便捷地总结知识。

6. 讲授类

这一类课程往往更受到教师的喜欢，教师在制作中更加得心应手。

7. 实验类

可以把物理实验分成演示和分组两种。在教学过程中，如果进行演示实验的话，将会浪费非常多的时间，一旦操作失误的话还不容易达到实践效果，从而也就无法让演示的效果发挥出来。因此，可以通过微课这种方式，把需要进行实验的部分提前制作出来，在课堂上播放，让学生进行学习，这种方式在节省了很多时间的同时，又可以让学生了解具体的实验过程。当进行分组实验的时候，需要给学生提出明确要求，同时要有一个明确的教学目标，之后进行探究性、验证型实验。探究性实验需要学生通过实验提炼一些知识点，验证性实验则是需要通过实验这种方式，让学生明白一些原理。

（三）微课的特点

全面了解微课的特征可以更好地利用微课，让教学效果体现出来。与传统的教学方式对比，微课有如下特征。

1. 短小精悍，趣味性强

微课时间需要控制在 10 分钟之内，教师在进行传统教学的时候，总共教学时长为 45 分钟，学生容易出现走神和疲倦的状况。微课的时长对比传统课堂的时间来说少很多，在 10 分钟之内，可以让学生集中注意力，让学生的学习效率不断提高。

2. 目标清晰，主题突出

微课与传统的授课方式进行对比，讲授的知识点比较少。在教师进行教学过程中，往往是为学生讲解多个知识点，所以学生在学习的时候容易出现知识点混乱的情况。微课是对具体的知识点进行叙述，拥有明确的教学目标，同时也更具针对性。

3. 移动性强，使用方便

教师把微课上传到网络平台，学生可以利用互联网技术随时随地进行学习，也可以用手机等终端设备实现自由学习的效果。微课是以视频为载体,如果一个知识点没有看懂的话,也能让学生反复进行观看。

4.反馈及时,交互便利

学生在观看微课的时候,也可以利用网络平台与教师进行网上交流,帮助教师了解学生的学习情况。教师可根据学生的反馈调整微课的内容,让教学作用更好地发挥出来。

(四)微课教学的理论基础

1.建构主义学习理论

按照建构主义学习理论,世界是客观存在的,但不同个体对世界有不同理解。学习指的是个体既有的经验以及社会环境互动并进行知识加工的过程。从知识观角度来说,按照建构主义学习理论,知识并非一成不变的,在不同的情境中,知识仅仅是一种基于现象做出的假设,在人类进步的同时,知识也会有相应的改变。若是从学生角度出发,不难发现建构主义学习理论考虑的是学生原来的学习经验,主张用新思维去代替原来的陈旧思维,使学生自己能把原来的知识很好地迁移到新知识领域,从而更好地实现新旧知识的更替。微课教学将建构主义学习理论真正融入了教学过程中,充分发挥了它的实践作用。

从建构主义学习理论出发,站在学生的角度,教师在整个环节中要善于发现学生的潜能,了解学生对问题本质的看法,实现学生对知识的补充和调整。这并非通过简单讲授就能够实现的目标,需要教师和学生一起针对一些问题进行深入的沟通和交流。借助微课,教师能够和学生随时互动交流,了解其想法。由于不同学生有不同的知识积累基础,为此不同学生之间也可以通过微课方式进行沟通互动,彼此进行观点分享,了解不同观点对应的价值观。通过这种方式不仅可以让教师获取来自学生的反馈,而且也可以实现学习者之间合作,这也充分契合了建构主义学习理论的要求。

2.微型学习理论

随着城镇化、信息化发展,手机、互联网逐渐普及和学习者学习需求的增加,为了降低农村和偏远地区学习者的学习成本,缩小城乡居民的教育差距,人们逐渐产生了对微型学习的需求。马丁·林德纳(Martin Lindner)最早提出了微型学习理论,他指出,微型学习在新媒介(智能手机、电脑等)中存在。人们可以通过这些设备来学习,通过这种微型学习方式来获取知识、增长见识。微型学习与传统课堂教学有很大的差别，传统课堂教学具有系统的知识体系，而微型学习的知识点并不集中，只针对某一知识点或者某一问题进行学习，学习模块较小。但是，它又有传统课堂教学所无法比拟的独特优势，即可以打破时空的局限，在互联网的支撑下，通过智能手机、电脑等终端设备达到双向交流的目的。目前，微型学习中所学习的内容主要是短小精悍的学习模块，由于微型学习的独特优点，这种学习方式越来越受到人们的重视，被大众日益频繁地使用，微型学习理论也逐渐得到了发展。

微型学习有以下四个特点。第一，全民都可参与其中。微型学习并不针对特定人群，学生、上班族甚至老年人，但凡是有学习需求的人，都可以成为微型学习的学习者，但目前微型学习的学习者还是以学生为中心。第二，内容短小精悍。学习者能够用较短的时间掌握一定的知识，比如一张照片、一篇文章、一段视频、一个帖子、一段音频都可以成为微型学习的学习内容，且微型学习的学习目标单一、独立性强、用时短，能够更好地提升学习效率。第三，传播媒介方便。在微型学习中，学习者可以充分享受传播媒介的便利性，随时随地打开手机或电脑，通过各种各样的软件进行学习。第四，学习环境具有生态性。除了传播媒介给学习者创造的学习环境之外，微型学习的各个要素都存在相互作用的关系，学习者、学习内容、学习媒介、学习环境彼此之间都需要信息传递和及时反馈。

微课作为微型学习的一种方式，应用于传统课堂教学中，不仅能迅速激发学习者的学习兴趣，提高学习者的学习积极性，而且还能有效调节课堂节奏，改变知识点过多，但时间过少的问题，提高课堂效率。并且，微课能够方便地应用于课前、课中、课后。课前，通过微课精炼地讲解，学习者能做到对所学内容大致了解，有的学习者甚至可以完全掌握所学内容；课中，通过微课的讲解，可以调整学习者的思路，使课堂教学活动更加多样，改善传统课堂教师不停讲授的状况；课后，学习者可以利用微课进行查缺补漏，满足个性化的需求。

3.人本主义学习理论

人本主义学习理论强调要充分尊重学习者的天性。在目前的教育教学实践中，有些教师并未注重学生主体性的发挥，在上课时一般是教师讲，学生一直处于被动听的状态，没能发挥其主观能动性，没能释放学生的天性。此外，作为教师来说，要始终相信学生，要给予学生足够的鼓励，深挖学生潜能，使学生真正成为学习的主体。

第四章 教学改革背景下高职英语教学的基本模式

4. 掌握学习理论

布鲁姆（Bloom）指出，要重视教学变量，就可以保障多数学生都可以实现知识的掌握，这也就是我们所说的掌握学习理论。布鲁姆掌握学习理论的核心在于其充分剖析了学生认知、情感准备以及教学品质等。教育掌握学习理论的目标设定以微观知识点，同时借助网络视频，让学习围绕学生认知、情感准备，扎实知识掌握程度。

5. 终身教育理论

朗格朗（Grond）在 1965 年提出了终身教育理论。所谓终身教育，其在概念上有很多特殊内涵，涵括了教育的不同方面和内容。该理论指出此个体从出生到生命终结，始终不断发展，也就是我们通常所说的活到老学到老，学习永远在路上。终身教育没有固定方式以及内容，其本质就是让学生学会学习。微课是一种新型学习资源，其内涵丰富，可以充分满足不同年龄、水平学习者的学习诉求。

6. 认知负荷理论

该理论指出，所有的工作记忆都是有范围的，若超出了信息储存范围，或者所能输出信息超出使用者记忆范围，便会没有效果。拉姆齐·穆萨拉姆（Ramsey Musallam）对屏幕录像进行研究时的最终结果表明，录屏对认知负荷的效果很明显。所以，不难看出微课以短小的视频形式呈现，对解决认知负荷问题起到很大作用。

7. 视听教学理论

在美国 20 世纪 30 年代，广播、电影、录音等视听教学媒体开始应用于教育领域，掀起了视听教育运动，众多一线教师和专家学者对视听媒体在教学中的应用方式和应用效果进行了研究和探索。在多年的教育实践中，广大教育工作者总结出一套视听教育方法，并纷纷表达自己的观点，提出各自的理论。其中，埃德加·戴尔（Edgar Dale）分析各流派的观点，于 1946 年出版《教学中的视听方法》，书中提出了"经验之塔"（Cone of Experience）理论，在当时的美国教育领域产生巨大轰动，对视听教育产生了推动作用，戴尔也成为视听教学理论的集大成者。戴尔将人的经验按抽象程度分为做的经验、观察的经验和抽象的经验三类共 10 个层次。随着"经验之塔"越往上，人类经验的抽象程度就越高，最下层做的经验，是最具体、效果最好的经验，能够为知识的获得奠定良好的基础，但受到时间和空间的限制，并非所有的知识都能够通过做的方式来获得，如果条件不允许，学习者可以通过"经验之塔"的中间层观察的经验，如观察别人、实地考察、声音影像等资料来获得经验，在"经验之塔"的最高层，则是失去真实事物具体形态的语言文字和符号。

在视听教学理论中所需要的视听教学材料，就位于"塔"的中段，即观察的经验。戴尔指出，在接触新知识的过程中，直观、具体的知识更乐于为人所接受，然而教师在教学过程中，往往传递的是以语言符号和视觉符号为代表的最为抽象的经验，造成许多学习者难以接受该知识，因此他建议教师在教授知识的过程中，应多使用视听教学材料，将视觉和听觉结合在一起，图像和声音结合在一起，使学习者接收到的知识更为具体，将抽象的经验用更为直观的观察的经验来替代，更容易激起学生的兴趣，使抽象经验的获得更为简单。

学习者的年龄不同，社会经历不同，可接受经验的方式也不同，年龄越小，越容易接受"经验之塔"底层的经验，随着年龄的增大，接受抽象经验的能力逐渐上升，而"经验之塔"中间的观察的经验，在做的经验和抽象经验之间搭起了一座桥梁，使学习者能够从直接经验过渡到间接经验。

视听教学理论主要是为了鼓励教师进行教学媒体使用，通过教学媒体这种半具体、半抽象的教学工具的使用，为实际教学提供一种"两全"的教学方式，微课也在这种理论的指导下应运而生，尤其是英语词汇对于学生来说本身是一种抽象的符号，如果利用视听教学将词汇的音、形、义以一种具体的方式表现出来，不仅可以方便学生对词汇进行记忆，而且也有助于学生对词汇进行理解，不仅能激发学生对词汇学习的兴趣，而且也能调动学生学习的积极性，提升学生对英语学习的自主性。

8. 自主学习理论

自主学习，从字面上理解就是学习者主导自己的学习，但从实质上来看，自主学习是一种独立学习。自主学习理论并非某个特定的理论，流派不同，视角不同，对于这个理论的阐释也有所不同，但无疑都从各个方面丰富了这一理论的内涵。迈入21世纪以来，互联网的发展，计算机、手机的普及，人们有更多的自主权来获取知识，也有更便利的条件和机会获取知识，学者们对于自主学习的研究逐步深入，使得自主学习理论日益发展。人本主义提出随着个体发展，自主学习是必然产物；建构主义提出，自主学习是学习者的元认知监控学习，如自我监控、自我调节等。只要在学习过程中，学习者本人能从各个角度对自己的学习过程进行控制和调节，那这种学习就是自主学习。详细地说，学习者在学习之前，能够制定自己的学习目标并做好充分的学习准备；在学习过程中，能够进行自我督促，监控自己的学习进度并进行自我调节；在学习过后，能够主动地进行反思和总结，那这种学习就是自主学习。

自主学习有以下三个特征。首先，自主学习具有能动性。自主学习有别于传统的课堂教学模式，学习者在传统的课堂教学中，大部分的时间都是受到教师监督的，课前需要教师提醒学习者拿出课本或所需材料，课中需要教师监控学生是否在学习、是否遵守纪律、是否按照教师的要求来完成各项任务，课后需要教师督促学习者按时完成作业。在传统课堂教学中，学习者习惯了被动地进行学习活动，缺乏学习的自主性。其次，自主学习具有有效性。自主学习需要学习者根据自己的需要，调控学习过程中的客观要素和主观要素，使它们有效匹配，实现学习效率最大化。最后，自主学习具有相对独立性。在传统的课堂教学中，学习者过分依赖教师，课堂上大部分时间都由教师进行安排，不利于学习者自主学习能力的培养，这要求教师尽可能放手，让学习者独立学习，但这种独立不是绝对的，教师需要对学习者进行适当引导，在各个教学环节中，教师可以尽可能让学习者独立完成任务，学习者难以独立完成的任务，还需要教师进行干预。

9. 信息加工学习理论

该理论便于人类更高效地处理信息，是对认知行为主义的提炼。该理论认为学习是一个过程，既会受到外部干扰，同时自身也会进行调整，在学习的过程中，学生也会处理和筛选一些刺激信息。在外部环境中存在着非常多的信息，有些信息对人的刺激性比较强，在接收到外界信息的时候，人会自主对这些信息进行筛选，让一部分信息的保存时间延长。当人类需要利用这些信息的时候，就会让这些信息的作用发挥出来。所以怎样让学习的知识可以更长时间保存，是该理论研究的主要内容。

这种理论为微课教学提供理论参考。当学生接收到一些复杂信息的时候，就会让学生在学习过程中感受到更多的乐趣，也会达到学习效果。

10. 非正式学习理论

学习可以划分为正式和非正式两种。在学生学习的过程中，可以更容易获得一些知识。学生在学校接受的教育，通常是正式学习。这种学习方式是学生相对集中地进行学习，有专门的教师帮助学生解答问题，在保证一定学习时长之后，让学生的学习深度不断增加。非正式学习显示出一定的随意性，当人有了学习意愿之后，就会主动进行学习，所以这种学习方式也体现出灵活性的特征，除此之外还有碎片化的特征。当学生从学校毕业之后，仍然有学习的需求，就会采取这种方式的学习。非正式学习其实是为微课做好了铺垫，因为微课的应用领域非常的广泛，所以也让微课由原先的非正式学习加入到了正式学习领域当中。课程改革中要求学生的学习内容与实际生活联系起来，当学生进行非正式学习的时候，其实也可以把现实生活与知识点内容联系在一起。利用微课教学，可以让教师总结知识点，满足学生的学习需求，这种方式也能让非正式学习的比重不断增加，让教师在制作微课的过程中了解学生的学习需求，让教学作用发挥出来。

11. 移动学习理论

在线学习，也可称为移动学习，是当下比较流行的一种教学方式，可归功于信息技术的优势。教师可利用手机、电脑等电子产品与学生交流互动，所讲授的内容也能及时共享给学生，可大大提高学习效率，学生也能学得更深入。值得关注的是，在信息化技术背景下产生的群体交流应用，如钉钉、腾讯会议等，可让师生进行在线交流讨论，这使得线上学习变得更加真实有效。由此可以看到，在线学习在一定状态下能够让学生进行不间断的学习，而教学者可同时与学生进行互动、提问、解答等，最大程度地把课堂搬到了线上，强化教学效果。

从本质上来说，微课以短视频等新媒体作为主要运作形式，这与大家日常使用的手机等电子产品匹配度极高，而且微课上的短片等具有在线学习功能，用户能够随时随地学到需要的知识，因此微课是在线学习是一个平台，微课可通过在线学习取得长足有效的进展。

（五）微课教学的优势

1. 全面提高学生的课程学习兴趣

在微课视频的制作与设计过程中，视频载体的存在是对以往传统课程教学模式的冲击和挑战，其由高职英语课程教师自发性进行设计，提前将英语课程中所涉及的重难点内容以视频形式进行录制，让学生可以借助教师提供的微课内容，在短时间内对课堂中所要教授的内容进行理解和梳理。在此过程中，学生将收获良好的学习效果。微课教学模式又是如何强化学生的课堂注意力呢？现代化多媒体教学和网络学习平台中的视频展示，便成为其中的重中之重。现代化多媒体教学方式，作为信息网络时代下的常见教学方式，与以往传统的教学模式相比，拥有着绝对优势。通过多媒体教学模式所制作出的微课学习视频，在知识内容展现形式上更具新颖性，所包含的知识内容更具完整性，不仅符合现代信息教育发展

第四章 教学改革背景下高职英语教学的基本模式

时代下所提出的全新要求,同时也更利于提高学生学习的积极性,是一举多得的英语课程教学手段。

2.促使学生形成自主学习意识

微课教学模式的落实和发展,依靠的是庞大的课程教学资源,其中不仅包含英语教师提前制作的相关课程视频,同时还包括许多网络平台中的珍贵教学资源,这些资源的收集与整理可以更好地帮助教师提高微课视频内容的整体教学效果。尤其是随着网络教育平台的不断深入和渗透,网络技术已经和人们的日常生活与工作紧密联系在一起,因此以往传统的"灌输式"英语课程教学方式,已经明显不再适用于目前的高职院校学生。为了迎合时代教育发展需求,如何借助网络信息教学平台帮助学生形成自主学习意识,并积极鼓励学生主动参与课堂教学便显得格外重要。借助网络信息平台中的便捷性、选择多样性、及时性等优势,高职英语教师可以将课程中的重难点知识内容制作成微课视频,并将其上传到各院校学习平台,传递给每位学生。如此一来,不仅可以保障学生在空闲时间自由地针对微课视频内容进行学习和巩固,同时也能提高学生的学习自主性进行有效突破,从而主动接受微课内容,与课堂英语学习活动融为一体。

二、微课应用于高职英语教学的问题

目前,虽然学界对微课的研究越来越多,但是整体的研究时间还较短,关于微课与高职英语教学相结合的研究并不多,很多理论还不完善,主要体现在以下几个方面。

(一)微课资源较少

目前,网络微课资源多集中于微课比赛的视频,能运用于高职英语教学的微课资源少、选择少、可结合程度低,要想找到可以直接运用到高职英语教学的微课资源实属不易。网络上的英语微课资源内容比较零散,且大都是面向中小学英语课程的微课资源,针对高职英语教学内容设计的微课很少。大部分微课是针对某一学习主题的单一微课视频,缺少互动环节设计、教师与学生的交流反馈评价设计环节等。因此,满足不了高职院校英语教师课堂使用微课的需求。

(二)微课平台不完善

国内的微课平台相对落后,除微视频外,并未提供完善的数据分析功能,教

师无法通过后台数据看到学生学习的情况（学习进程、学习效果、在线答疑、作业提交、评价反馈等）并进行分析。因此，高职英语教师即使使用微课视频进行英语教学，也无法通过平台的数据记录来监测与分析学生的学习情况与学习效果。

（三）教师的能力与积极性参差不齐

英语微课的制作要求英语教师熟悉并灵活运用音视频录制、拍摄、设计与后期处理等技巧。如何使视频画面清晰、生动、富有创意，更贴近学生英语学习的风格与习惯，增强生生互动，是高职英语教师在制作微课时必须考虑的问题。此外，高职英语教师的精力与时间往往是有限的，微课制作要求高职英语教师在备课、教学设计和科研之余花费更多的时间来进行课程设计，如何平衡这些时间，如何减轻英语教师的工作压力，调动教师制作微课的积极性，也是将微课应用到高职英语教学中需要解决的问题。

（四）微课应用研究忽视学生学习效果评价

国内微课制作主要偏向于教师个人能力的发展与提升，忽视了对学生微课学习效果的评价。国内微课的研究大多集中于教师如何制作与应用微课，而对于学生通过微课提升英语学习能力的效果、提升英语创新与实践应用能力的效果的研究很少。同时，大部分研究集中于微课视频内容的制作，忽略了微课的其他功能，如师生互动、生生互动、学习内容记录、学习效果诊断等功能。

三、微课教学模式在高职英语教学中的应用策略

（一）微课在高职英语教学中的应用思路

1. 转变教学理念

要使微课与英语教学有效地结合起来，教师要从根本上转变教学理念。一些教师总是以为课堂是老师的，教师才是课堂的主体，教师是传授知识的，所以教师上课必须不停地讲，而学生只需要听就可以了。这种教学理念已经不能很好地适应时代的发展和学生的知识需求。教师要转变这种观念，要把课堂还给学生，要认识到学生才是课堂的主体。教师要乐于并善于运用各种信息化的现代技术手段，让科技使课堂变得生动有趣，让科技帮助学生学习英语。教师要培养学生自主学习的意识和能力。

第四章 教学改革背景下高职英语教学的基本模式

2. 明确教学目标和设计教学内容

高职英语教师要按照学生的英语基础、学习能力和微课本身的特点来设计适合学生的教学目标和内容。教师还需要筛选教学方法，明确教学目标，把网络上丰富的教学资源在微课设计中应用，增强微课的优质性、准确性和知识点的明确性。

3. 设计和组织微课语言

高职英语教师需要较强的语言逻辑能力，并在课堂教学时注重增强课堂知识内容的逻辑性和趣味性，保证微课能够对学生具有较强的吸引力，进而提高实际的教学效果。

另外，要设置良好的教学环境。教师应当考虑在微课中创设教学环境时引入生活中的素材，这样不仅能够让学生运用生活中的经验，而且还能使学生在较短的时间内掌握微课中所传授的知识内容。

4. 微课与教材结合

微课内容在选择上要与所用教材有效结合起来，既不能脱离教材，也不能局限于教材。在教学中，教师应根据教材将教学内容划分为几个主题或模块。如果微课内容脱离教材的话，会与这些教学主题或模块失去联系，使教学缺乏系统性。所以微课内容的选择应该围绕教材的这些主题或模块，对教材起到辅助作用。微课内容不应该局限于教材，可以进行一定的拓展和深入，比如在新编英语的 unit 1 中有一个知识点是关于名片的英文写作，教材中只给了几个英文名片的例子，教师要根据给出的例子总结归纳出英文名片的写法。然而，为了使学生对这部分的内容有更直观、更深刻的理解，我们可以选取一个关于英文名片写作的微课进行教学，而不仅仅拘泥于课本上给出的几个名片例子。这样会使教学更加直观，更具有趣味性，使教学内容或知识点与微课结合起来。

5. 优化整个设计教学过程

高职院校在应用微课教学过程中最重要的一部分是教学过程设计。优质的教学设计能够帮助学生高效学习英语知识、完成英语教学目标，同时也能提升教学质量。一是教师在微课设计时要注意，该微课可以正确引导学生对知识进行掌握。二是通过微课帮助学生不断复习和总结过去所学习的知识内容。这是由于不同阶段的学习有一定的循序渐进性和联系性，因此这样的教学过程设计可以帮助学生更好地掌握基础知识。三是教师需要对教学过程进行评价。根据最终的评价结果教师要对教学过程进行优化和创新。

6. 将高职英语微课教学与创客教育相融合

（1）实施体验式情境教学

高职英语教师要积极营造职场语言环境，实施体验式情境教学，采取多元化的措施为二者的融合扫清障碍。众所周知，目前高职英语教学依然存在一些问题，尤其是固化的教学模式，对于微课教学产生了诸多不利的影响。一些教师在微课设计和内容准备中，缺乏创新意识，而且对于创客教育的理解并不深刻，以至于产生了浅尝辄止的现象。为了改变上述现象，教师要构建充满活力的创客空间，以学生职业需求和成长规律为把手，有效借助创客软件和信息平台，实施体验式情境教学，在微课中全面渗透职场语言细节内容。在传统课程体系基础上，创客教育要贯穿微课教学的整合流程，为学生提供足够的时间进行相关主题的实践，共享创客经验交流心得，确保学生和社会多元化受益。

（2）组建优质创客教师团队

创客教育作为一种新兴的教育体系，一些大学英语教师并没有进行深入研究。然而，大多数英语教师对微课教学则十分专业，这就为二者的融合提供了必要的基础。为此，高职院校要充分重视创客教育的优势与作用，在全校范围内开展多种形式的创客教育宣传，组织教师学习创客教育的内涵与精髓，鼓励教师参与创客教育与本专业教学的实践。根据教师专业的互补特征，英语教师要在提升英语基本功的基础上，从自身的角色意识和实践创造角度出发，不断攻克自身的薄弱环节，形成创客教育外在因素的有效保障。与此同时，组建优质创客教师团队，在团队内部做好各个环节开发的合力分工，根据社会需求确定明确的教学内容和学习目标，根据教学宗旨设计项目，为达到最佳的教学效果提供保障。

（3）全面融入创客意识

高职英语微课教学要改变单纯输入性的束缚，在改革与创新的过程中，发挥其柔软渗透的特性。基于学生英语学习存在的问题，将学生从接收者转变为知识的创造者。经过体验后获得的知识必然会十分扎实，尤其是在协同合作和及时反馈的配合下，依托问题解决过程中的有效输出，学生创新精神自然会得到前所未有的升华。过去填鸭式教学方法的弊端已然暴露，创客教育必须以创新教育理论为指导，结合微课教学时代背景的需求特征，利用创新教育理论指导载体，以 topic 为项目单位，采取复杂性、挑战性和趣味性的多元化途径，合力划分明确的目标，提前让学生了解创客教育的任务布置，学生以小组为单位，在网络上搜集资料，在有效的时间内让学生通过手工、绘画、写作，采取手脑并用的方法，实现做中学，达成真实情境的分享。

第四章 教学改革背景下高职英语教学的基本模式

(4)构建生态化英语创客教育模式

英语创客教育模式的核心转变,就是要在微课教学的每一个环节中渗透自主探究式的细节,走生态化英语创客教育之路。微课教学本身就可以提升学生的专注度,结合创客教育之后,学生的体验式学习强度更大,例如,在微课资源共享平台中设计创客课程方案,学生既可以获取探究式英语学习成果,还可以利用线下时间进行在线学习。由于创客教育需要学生具备一定的专业基础和文化底蕴,一些基础薄弱的学生在课堂上显得十分吃力,无法提出有共鸣效应和有意义的创新设想,这不利于学生的培养。通过微课教学,很多学生可以预先对学习内容进行了解,通过创客课程需求设计,实时进行模拟真实情境操作,在微课创客教育中,学生可以将所学知识灵活运用,在情境中不断发现问题,及时反馈,让更多的学生获益。为了进一步提升融合的效果,英语微课创客教育还需要擅长统筹规划,借助彼此的交流和合作,形成创新融合的新机制,发挥"授人以渔"式教学的优势。

(5)不断完善微客及创客课程体系

高职英语教育要进一步推进微课教学改革的进程,着力开发专门的创客教育课程,对现有课程资源和授课模式进行优化,按照实践性、主体性的规律,在基础课程、拓展类课程和潜能创新课程领域进行开发,形成有特色的微课及创课课程体系。与此同时,创客式教学师资队伍要转变教学中的角色定位,培养专业创客式教学主体。微客及创客课程体系的完善离不开专业型英语创客教学团队的保障,而教师的自身素质直接决定着二者融合的效率和深度。一方面,教师要合理规划时间,帮助学生认清创客教育的本质,为学生提供前沿的信息技术,指导学生适应创客式英语学习。另一方面,在英语微课教学设计中,要做好充分的调研,全面满足学生的个性化学习需求,考虑好学生知识结构和擅长的领域,使创客空间与优质资源及服务相协调。此外,平衡好创客教学课程与传统课程的关系,鼓励更多学生参与创客教育活动,让学生利用课内外时间适应创客式英语学习。

(6)营造良好的创客文化氛围

为了有效融合创客教育与微课教学,还需要利用好社交媒体的宣传与交流功能,通过举办创客沙龙等形式多样的活动,支持创客教师的多元化举动,营造良好的创客文化氛围。在基于创造的创客学习进程中,充分发掘学生的潜力,做好跨学科的互动与交流,利用专业型创客教师的影响力,激励广大青年教师共同学习、共同进步。创客文化氛围成熟之后,微课教学灵感与质量就会同步提升。搭建创客大赛平台,组织创客理念的教学研讨会,让更多教师参与微课教学创客式评比,促进知识内化与创新,并在不同的领域进行拓展,不断延伸创客设计的内涵,有效融合校内教育与校外教育,保障微课教学与创客教育形成合力,最终提升高职英语教学的育人质量。

(二)微课在高职英语教学中的具体应用

1.在英语课程教学流程中的相关应用

（1）在英语课程准备阶段中的应用

对任何阶段的学科教育工作而言,课前预习准备活动在整个学科教育发展过程中都起着至关重要的作用。从高职英语教师角度来说,只有做好相应的课前准备工作,才能保障课堂教学得到预期的优良效果。与此同时,将微课教学模式与高职英语课程准备阶段相融合,不仅能够更好地帮助学生熟知并掌握课堂中所教授的重难点知识,同时也能减轻教师的课程教学压力,帮助教师事先准备好面对各项突发状态的措施。

例如,高职英语教师在正式进行课程教学之前,将事先所制作好的微课教学内容上传到网络学习平台中。其中,微课内容主要包括课堂教学中的重点知识,以及需要学生进行探索和思考的相关主题专业问题。学生则可以在网络学习平台中提前观看教师所分享的微课教学内容,针对课堂中所要教授的知识进行预习,从而对相关主题内容进行准备和了解。如此一来,不仅可以实现教师微课教学软件在网络学习平台中的共享共有,同时也能筑牢学生的学科知识基础,帮助教师构建更为高效的课堂教学环境。

（2）在课程正式开展期间的应用

在以往传统的高职英语课程教学模式下,基本上都是将课程教师视为课堂教学的核心和主导者,学生长时间处于被动学习状态。如此一来,不仅很难将学生的学习激情和自主性进行有效发挥,同时在长时间的课堂学习过程中学生也很容易感到疲倦,对提升课程教学效果起到反作用力。借助合理方式,将微课教学模式与课堂教学活动相结合,英语教师便可以以翻转课堂的形式来积极展开相应的课堂学习活动,并同时将课堂中的主体地位归还于学生,教师则成为学生的引导者和帮助者。微课教学模式,具有趣味性、便捷性、多元化等特点,在英语课程正式开展期间对其进行应用,更能充分展现学生的课堂主观能动性,同时也能将学生从被动学习向主动参与进行转变,借此来实现学生英语学科素养的全面提升。

第四章 教学改革背景下高职英语教学的基本模式

（3）在课后知识巩固和复习阶段中的应用

英语学科知识内容，以"积累、拓展、运用"为核心，整个学习过程依靠学生的自主性、自觉性，同时还要在课后针对知识内容进行及时巩固和复习，防止所学知识遗忘。

因此，对教师而言，当完成了课堂相关教学任务的时候，还应该针对学生的课堂学习效果和知识的实际掌握情况进行检验，只有这样才能更好地帮助学生加深对知识内容的记忆，避免因时间造成知识的遗忘。在此过程中，高职英语教师便可以有效借助微课教学方式，将课堂中所讲述的重难点内容，以及课后需要复习的相关内容，通过微课上传到校园网络学习平台中，以便让学生在空闲时候，可以随时对重点知识进行课后的记忆加深与学习反思，帮助学生巩固课程学习效果，推动英语课程教学质量的进一步提高。

2. 在教育教学阶段中的具体制作应用

在高职英语课程教学活动正式开展期间，身为高职英语教师，在日常教育发展中，理当根据学生的实际课程学习要求和知识的基本掌握情况，来科学制定相应的教学目标。并同时针对课程教学所需进行资料的收集、整理、归类，将其按照课本材料中的知识点进行细分。对于英语微课的制作和设置工作而言，便需要从课程知识内容中选择重点部分，将其制作成微课视频。在此过程中，英语教师还应该根据学生的课程学习习惯、知识吸收和掌握程度以及学习个性化特点来帮助教师确定好微课制作的数量与具体时间。在微课课件制作内容选材的时候，同样也要围绕着学生的兴趣出发，将一些专业性和趣味性较强的内容材料制作成微课。

除此之外，当高职英语教师的微课内容制作好之后，教师还可以针对微课内容来拓展相关专业的课程知识，随后在课堂中组织一场互动知识竞赛活动，将学生以小组的形式进行组队，并同时围绕着教师所提出的课堂问题进行探讨和回答。在此期间，英语教师便可以根据小组学生的具体学习情况，将表现优异的学生的成绩按比例纳入学科期末成绩中，将其作为一种奖励来鼓励学生踊跃参与。同时，在相关的小组探讨环节中，英语教师也要针对微课教学的课堂应用效果进行及时的反馈信息收集，将其作为后续微课调整和制作的重要数据参考，从而为推动微课教学模式和英语课堂教学活动之间的完美结合作出必要的贡献与努力。

3. 在课堂教学设计中的应用

为了将微课教学技巧和效能进行充分展现，高职英语教师在日常教学应用期间，理当依照课程教学步骤、有计划、有安排地针对微课进行科学开发和应用，从而在全面突出微课时效性、创新性、实用性和适用性等特点的基础上，着重培养高职学生英语学科专业素养以及相关语言思维能力，加强学生的微课学习体验和感悟，从而实现学生英语课程学习效果的全面提升。

此外，由于微课教学模式是针对学科教学中一些重点内容或者特殊环节所进行的专项课程设计工作，因此难免会出现信息分割、信息分裂、信息孤立等问题，而这也就要求高职英语课程教师在正式设计微课教学内容的时候，严格依照学生实际课程学习需求，明确课程教学目标，并同时着重强调对微课课程内容和选择方向的设计与规划，从而在充分结合学生实际学习情况的基础上，针对微课教学模式和内容进行系统化设计，确保知识内容的完整性与时效性。要促使学生能够依照教师引导的学习步骤进行学习，为切实掌握微课教学活动，强化课程学习效果作出必要努力。

第二节 高职英语慕课教学模式

一、慕课概述

（一）慕课的内涵

1.慕课的基本概念

慕课即大规模在线开放的课程，英文名为Massive Open Online Course，简称MOOC。其中"M"为Massive，意为大规模，传统课课堂一般会有几十个至几百个学生听课，然而慕课少则上千人，多则达十多万人；"O"为Open，意为开放，凡是自愿参与的学生，只需注册就可以进来学，不分国籍、年龄与性别；"O"为Online，意为在线，学习在慕课平台上进行，不受时间和空间影响；"C"为Course，就是课程的意思。慕课是由爱德华王子岛大学网络交流与创新部门主管戴夫·科米尔（Dave Cormier）与高级研究员布莱恩·亚历山大（Bryan Alexander）联合提出的，华南师范大学的焦建利教授将慕课理解为"令人羡慕的课"。

目前，学者对慕课概念的定义已经基本形成了共识，即一种大规模开放性

第四章 教学改革背景下高职英语教学的基本模式

在线课程。大规模参与、开放共享、在线学习是慕课概念的三个本质特征,国际化、信息化和个性化是它产生的时代背景,资源共享是它的价值追求目标,在线学习和教学是它的实现形式,大数据和互联网技术是它的实现条件,大规模参与体现了它的广泛影响力。慕课是一种开放性的课程,参与者和课程资源几乎都分散在网络上,在参与者达到一定规模的情况下,这种学习形式才会更有效。

所以,可以给慕课下一个较为综合的定义:在国际化、信息化和个性化时代背景下产生的,以资源共享性为价值追求目标的,通过互联技术建构慕课平台实现的大规模开放性的在线课程。

从定义上看,慕课好像是一种课程,只不过是一种在线课程,其实从本质上看,慕课并不是一种课程,虽然它通常会以某种具体课程的形式呈现。"Course"一词是从拉丁语"Currere"派生出来的,意为"跑道"(race-course),解读为"学习的进程"(course of study)。不管是强调知识传授的夸美纽斯还是强调学习进程的杜威,都认为课程必须以一定的知识为基础,由科学知识的基本概念、基本原理所构成的知识内容是课程的核心,并且根据不同的学科内容划分为多种课程,如文化课程、活动课程、实践课程等。所以说,课程必须以一定的学科知识为存在基础,为把这些知识传授给学生而设置课程目标、课程实施计划、课程考核标准等。所以,课程强调的是教师传授或学生学习的知识。慕课虽然被叫作一种在线课程,但是它并不是必须依赖一定的学科知识而存在,知识的不同也不是界定是否是慕课的标准,任何有关知识的课程都可以以慕课的形式开展教育教学。

所以严格地说,慕课并非是一种课程,当然也不能简单地把慕课理解为一种在线学习。在线学习主张利用网络在线的方式进行教育教学活动,督促学生学习。从外在表象上来看,慕课的确在利用互联网把传统的课堂教学内容以微视频的形式搬到网络上进行;但从本质上看,那只是慕课本质特征的一部分,慕课的"翻转课堂"的内在结构、慕课的大规模性特征和共享性价值追求,都不是简单的在线课程所能够囊括进去的。

另外,慕课也不是一种简单的教育教学手段或教育教学方法。教育手段是指教育者将教育内容作用于受教育者所借助的各种形式条件的总和,它包括物质手段、精神手段等,强调的是工具性价值。利用慕课确实可以实现一定的教育目的,完成一定课程的学习任务,它确实具有工具性价值的一面。但是,教育手段强调的是它的普适性功能。比如,教育媒体中的媒体,不但可以作为教育手段,也可以作为其他手段,发挥它的作用和价值。但是,慕课作为一种教育手段仿佛只能够发挥教育功能和作用，不像场地和互联网、多媒体那样能够发挥更为广泛的作用和价值。再者，手段强调的是中介性价值，其本身的价值倾向性是不明显的，但是慕课本身却有明显的价值功能倾向性，即实现优势教育资源共享，所以慕课并非一种教育手段。教育教学方法强调的是路径和策略，更为具体和单一，往往要和一定的教育内容相结合制定具体的方法。但是，慕课表现出的是多种教育教学方法的综合运用，所以不能简单地将其理解为一种方法或手段。

其实，慕课的实质是一种教学模式。教学模式强调的是"在一定教学思想或教学理论指导下建立起来的相对稳定的活动程序和结构框架。作为活动程序，它指的是有序性和可操作性的教学模式；作为结构框架，它特别指出的是教学活动整体和各要素间内部的关系，突出教学模式本身的功能。"下面我们看一下慕课是否具备教学模式的构成要素。

第一，教学模式是教学思想或教学理论的反映，是在教学理论指导下的教学行为规范。慕课的产生是建立在联通主义学习理论基础上的。联通主义的知识生成观是慕课开展大规模在线学习的理论基础，联通主义的连接思想是慕课强调网络互动的理论来源，联通主义学习理论的知识链接和共生共存的思想是慕课追求资源共享的理论基础。可以说，慕课从教学形式的选择、教学程序的设计到教学目的的价值追求，都是建立在联通主义学习理论基础上的。

第二，慕课教学目标有很强的指向性。任何教学模式都指向并要达到一定的教学目标。在教学模式的结构中，教学目标处于中心地位，制约着其他构成教学模式的因素。同时，它决定着教学模式的运作过程和教学活动中师生的组合关系，也是教学评价的标准和尺度。教学模式和教学目标的内在统一性决定了不同教学模式的个性，不同的教学模式可以达到不同的教学目标。

作为一种教学模式，慕课的教学目标显然并不是把课程内容传授给学生，它的大规模性、开放性、在线性、免费性等特征指向的唯一目标就是优势资源共享，打破教育的各种壁垒，追求教育的公平，这也是慕课强大生命力所在，也是慕课与其他教学模式的最大区别。

第三，每一种教学模式都有其特定的逻辑步骤和操作程序。慕课的内部结构是"翻转课堂"，它由两部分构成，一部分是在线基础知识的学习，学生先注册，在线完成学习视频；另一部分是进行讨论和教师指导，完成学生成绩评定。慕课的逻辑步骤和程序是规定好的，它指出教师和学生在每个步骤中的顺序，规定首先做什么，接下来做什么，明确每个阶段的任务。

第四，每种教学模式的顺利开展都需要满足各种条件。慕课的顺利实施和开

第四章 教学改革背景下高职英语教学的基本模式

展也需要必要的条件，慕课对教师和学生的教学和学习能力提出了明确的要求，对慕课平台的加盟和课程设置提出了明确的要求，对网络环境和教学资源有严格的标准要求，这些构成慕课教学模式的实现条件。

第五，慕课具有严格的教学评价程序。慕课的教学评价更具特色，以往以教师为主导的评价模式已经难以满足慕课大规模性教学的需要，慕课采用大数据、云计算的方法，把教师从传统教学评价模式中解放出来，不但快捷，而且更具有个性化。利用数据、电脑可以对学生每一个知识点的掌握情况作出更为精确的评价，这对于那些目前还没有形成自己独特的评价方法和标准的教学模式来说，则显得更为成熟。

从以上分析可以看出，慕课完全具备教学模式的必要条件，特色比较鲜明。它尤其善于运用互联网技术来推进教学模式的发展与变革，教学条件的科学含量非常高，所以慕课应该属于一种现代化教学模式，代表了当代教学模式发展的新趋势。

2. 慕课的主要特征

关于慕课的特征，有的学者认为是呈现出明显的"六高""七新"的特征。"六高"是指高水平大学、高水平师资、高水平课程、高水平质量、高度信息反馈、高度交互；"七新"是指免费、独立的课程市场，游戏化学习，社交平台的引入，灵活性与可重复性，学生掌握话语权，网络技术提供的学习与研究工具。

有的学者把慕课总结为"三小""四大""五开放"的特征。"三小"指小视频、小测验、小成本；"四大"指学习群体大规模、课程数量大规模、受众施众大范围、发展背景大数据；"五开放"指课程注册开放、课程内容开放、学习时间开放、学习地点开放、学习评价开放。有的学者认为慕课具有免费共享的特征。如今，普遍认为慕课是一种具有大规模、在线性、开放性特征的课程，代表人物陈玉琨将这种特征进行了具体论述：学生和教学活动范围是大规模的；慕课的信息来源、学习环境都具有在线性、开放性特征。另外，唐斯（Downes）归纳了四条原则，即汇聚、混合、转用与推动分享，这些原则都显示出慕课的特点。

上述观念都基于某种角度概括了慕课的特点，有的是从慕课的外部特征尤其是强调它与传统课程的不同角度进行阐述的，有的是从课程的参与者和学习形式来归纳总结的，有的是从课程形式概括的。在此主要从慕课与传统课程的对比角度出发，把慕课的特点概括为大规模性、开放性、在线性、自主性。上述学者的观点其实都包含于这四大特点之中，只不过有些特点是某些特点的具体体现。

（1）大规模性

"大规模"一词很好地解释了慕课的教学影响力，它不同于传统的课堂教学和普通的在线公开课。慕课的应用提升了传统课堂与网络课堂相结合的优势，克服了传统课堂小范围教学的不足。与传统课堂面对面的授课方式不同，依靠互联网的慕课利用大数据、云计算等信息技术将大范围、大规模的教学变为了现实。这意味着慕课能够为任何想学习的人提供平等的学习机会，一门慕课可能会出现成千上万甚至更多的学习者。随着网络的发展和信息技术的不断更新，慕课的普及程度也将大大提高，并且学习者的数量也有望攀升。

另外，大规模性还指课程资源的大规模，与在线课程相比，慕课作为一个更广泛的教育平台，可以为在线教育提供更为丰富和多层次的教育资源，随着参与其中的教师数量逐渐增加，课程的数量和所涵盖的学科范围也更加广泛。随着慕课平台的发展和完善，许多高校的慕课形成更大的覆盖区域，为国际和校际的学术交流和资源共享搭建更广阔的平台。

（2）开放性

这一特点体现了慕课的主要课堂形式，强调了知识资源的共享性。同传统课堂相比，要想享受高校的教育，必须通过一定的入学考试、缴纳一定的费用。但是，慕课不用经过考试，直接通过注册就可以参与进来，一般的慕课都是免费的。

可见，慕课的出现打破了高校对课程和学习资源的垄断状态，使所有的课程和学习资料变成开放共享状态。一是开放的课程注册。世界各地的任何人都可以使用该平台进行注册学习，并且没有年龄、种族、性别、职业等任何条件限制。二是开放的课程内容。只需在平台上注册，学生就可以随时随地学习慕课平台上的任何内容。三是开放的学习时间。学习者可以根据自己的时间安排线上学习，不再受限于短暂的课堂学习时间。四是开放的学习评价。一般采取智能评价系统或者学习者互评的评价方式考核学生成绩。

（3）在线性

所谓的在线性主要是从慕课的学习方式方面来说的。慕课的学习是通过网络视频在线的形式来实现的。慕课一般采用"翻转课堂"的课程形式来进行，课堂内外的学习都离不开网络。在课外学习阶段，慕课课程设计者对教育内容进行加工，将其制作成短小的教学视频，并将其组织起来，在专门的慕课平台上发布。慕课平台就是一个网络在线学习平台，它通过互联网与学习者进行连接，以便世界上不同地域的学习者进行在线学习。

第四章 教学改革背景下高职英语教学的基本模式

正是通过互联网的在线学习形式,才使得传统的课堂教学突破了学校和教师的地域局限,把这种课堂形式传输到世界各地,开辟了大规模开放的学习局面。由于移动网络的发展,学习者通过移动客户端和网络平台,可以把这种课堂变成移动的课堂,摆脱了传统课堂固定时间的限制,可以在碎片化时空内完成知识的自主学习。

另外,慕课的课堂讨论以及问题的提问和答疑也可以通过在线网络的形式来进行。在线视频学习过程中,如果有问题可以通过实时提问、网络论坛和发帖等多种方式提问,回答问题的人不局限于教育者,也可以是学习者,学习者之间也可以互动。这种网络互动的范围和程度、互动的自由度和便捷性,都是传统课堂无法相比的。

(4) 自主性

慕课使课堂教学可以充分发挥学习者的主观能动性。一般来说,慕课的自主性主要体现在两个方面。第一是学习状态自主。与传统教学形式不同,学生在慕课的学习过程中,可以依据自身对教学内容的理解和掌握,有效规划自己的时间,并安排自己的学习进度。第二是学习过程自主。尽管慕课有特定的学习主题作为参考,但阅读材料的数量、投入的精力以及交互的形式和程度都由学习者自己决定,并且可以重复对该课程进行学习,从而使学习者变被动为主动。可以说,慕课的自主性完成几乎完全取决于学习者的自我调节能力,这种自主性意味着学习者应对自己的学习负责。根据课程要求,学习者在充分了解学习内容的基础上,确定自己的学习方式和步骤,并通过独立讨论与研究积极学习,充分体现大学生在学习中的主体性。

3. 慕课的发展历程

慕课最先出现在美国,美国也是慕课发展较为迅速的国家。到目前为止,美国依靠其三大慕课平台,分别是 Coursera、edx、Udacity,继续保持其慕课发展的优势地位,继续扩大影响范围和发展空间,与世界上高校建立更多的合作关系。

以 Coursera 为例,它目前拥有超过 3700 万用户,是全球最大的慕课平台,与超过 150 家机构合作,其中包括耶鲁、斯坦福和普林斯顿等常青藤名校。尤其在疫情隔离期间,平台的用户激增,据最新数据显示,2020 年 3 月中旬~5 月中旬,仅仅 2 个月时间,Coursera 的注册用户就增长了 1000 万,速度是前一年的 7 倍。

目前，美国已有80%的高等教育机构提供了慕课，并且，美国的慕课课程开始由开放性的自主选择到有组织的联合形成推进，由初高中阶段的课程扩展到研究生学位课程。

早在慕课风靡世界前，国内高校就开始重视在线学习课程的研发。教育部在2000年启动了"新世纪网络课程建设项目"，开设了约200门基础网络课程、案例库和试题库，用于学生的远程学习和教师辅助教学。教育部于2003年启动了"国家精品课程建设项目"，评选出4000门国家精品课程、部分省级精品课程和国外公开课程。自2010年以来，耶鲁大学等知名高校的视频公开课逐步在网络上流行起来，网易等国内的一些媒体甚至开辟了视频公开课的专用频道，形成了观看视频公开课的学习潮流。2011年，教育部启动了"国家精品开放课程建设项目"，在精品课程的基础上进一步开放共享。这些在线课程的开发建设和优势资源共享度的提高，为慕课在中国的传播和发展奠定了坚实的理论和实践基础。

自2012年国际慕课潮流兴起之后，从理论研究实践建构层面看，慕课在中国的发展主要经历了三个阶段。第一阶段，2012年，主要是媒体对这一新的教学模式进行报道。报道它是什么，怎么出现的，如何在美国以及国外其他国家飞速发展的；介绍国内高校的校长以及知名教育专家对此教学模式的看法和评价。第二阶段，2013年上半年，一些学者开始对这种教学模式进行理论研究，探讨它存在的价值和意义，它的优势，它同传统的教学模式结合的必要性和可行性，它对中国高校教育和教学改革的启发和借鉴意义。第三阶段，2013年下半年，一些高校开始同美国的教学平台建立合作关系，国家开始推进网络视频公开课建设工作；同时一些学校开始根据自身实际开展小规模的慕课应用实践教学活动，"翻转课堂"和"混合式教学模式"等具有中国特色的慕课形式从2014年开始在很多高校小规模地尝试开展。

此外，各高校也积极地以加盟国外慕课平台、在平台上发布课程的形式推动慕课在中国的发展。2012年，清华大学、北京大学、上海交通大学等高校开始加入edx和Coursera等慕课平台。与此同时，国内高校也开始以联合或自主研发的形式创建中国的慕课平台。清华大学在2013年开始研发自己的慕课平台"学堂在线"。

2014年，上海交通大学的"好大学在线"正式运行，支持西南高校的学分互认和跨校学习。同年，深圳大学带头创建了UOOC联盟，利用联盟的方式推动慕课的开发，并与企业合作构建了慕课平台，中国的慕课已经处于稳步发展阶段，课程数量比2013年翻了一倍。2015年，中国大学慕课发展已经从学习借鉴

第四章　教学改革背景下高职英语教学的基本模式

阶段进入了建设实践阶段，呈现出合作共享等特点。2016 年，中国大学慕课的发展已经进入精细化阶段，着力打造微课程，加速进行混合式教学模式的尝试和推行。近几年，中国的慕课呈现飞速发展趋势，从 2018 年 4 月至今，中国慕课发展一直位居世界前列，慕课总量居世界第一。

（二）慕课的教学环节

1. 课堂讲授

作为教学环节中最核心的组成部分，慕课的课堂讲授除了进行传统的课堂教学之外，还具有自己的独特优势。

（1）慕课的视频教学时间短

根据艾宾浩斯（Ebbinghaus）研究的遗忘曲线可知，人们能够持续保持注意力的时间是短暂的。因此，慕课将视频分段，每段视频大约 10 分钟，其中还会穿插测试，从而在最大程度上避免学习者分心。反观课堂教学，教师授课的时间大概在 90 分钟左右，刚开始学习者听课非常认真，但 20 分钟之后就会出现玩手机、打瞌睡等现象，这样教师的授课内容并没有被学习者所接受，也就达不到预期的教学效果。

（2）慕课的教学形式直观生动

慕课中的每一个教学视频都是由一个完整的知识点构成的，除了教学大纲规定的内容之外，教师还会以影片、动画等形式来讲述当下的热点事件引发学习者的探讨。除此之外，一些专业课教师甚至把实验室搬到了慕课课堂之上，这样就使得慕课的视频教学比以往的在线课程有了更大的突破和创新。

（3）慕课能进行实时交互

慕课不仅可以针对那些需要在实验室完成的课程进行现场拍摄，而且还会安排一些课程进行访谈和短剧的设计，经过后期技术的加工处理最终上传到慕课视频中，使学习者仿佛身临其境。不仅如此，这样的教学模式也使得学习者能够根据授课主题与慕课教师进行实时的在线交流，这也是慕课有别于传统课堂教学的一大优势。

2. 问题探讨

慕课教学中的问题探讨有两种常见的方式。

（1）建立学习小组

一般情况下，授课教师会对学生进行随机匹配，也可以由学生自己选择，自由组成学习小组,并设置小组组长。之后,教师会根据课程内容设置不同难度和类型的问题来引发小组讨论,并且设置的各问题之间具有逻辑关联,方便学生从整体上系统地掌握知识要点。最后,教师会对学生存在分歧的共性问题组织集体研讨并给出解答。这种方式不仅促进了学生之间的交流与互助,而且也使学生之间的各种思想出现碰撞。

(2)在慕课课程中设置讨论区

在讨论区中,学生的观点可以得到充分的展现,他们还可以在回答老师的问题之前有机会整理思路并认真思考。讨论区的设置可以说不仅为学生提供了一个可以相互交流和学习的宝贵平台,而且在这个平台中学生可以充分表达自己的观点,特别是对于那些比较内敛、不善言辞的学生来说能够帮助他们树立学习信心,同时也强化了教师在教学过程中的监督作用。

除此之外,慕课平台中还设置了留言板功能,每个学生既有权利提出自己的疑问,也有义务回答其他学生的问题,为他人提供学习资料,通过这种方式学生会获得更多的知识,从而不断拓展学识。

3. 测试评估

作为慕课教学中必不可少的重要环节,测试评估主要是借助慕课研发的自动评分系统给学生评定成绩,部分课程的期末成绩还包括学习者的课堂讨论成绩和社会实践成绩,授课教师会事先设置好评分标准并且由教师或学生来判定。现阶段,慕课测试系统大多采用线性评估法。但是,这种自动评分机制并不能客观全面地评价学生的学习结果,它还必须与平时教师互动、实践情况以及课堂小组讨论情况等相结合,最终给予综合评分,这种评价方式更加符合我国高等教育创新型人才培养的要求。

(三)慕课教育与传统教育的区别

1. 教学模式的区别

传统教育比较注重传授系统的科学知识,课堂教学也是以"传递—接受"为特征的,强调教师对课堂的主导作用以及对课堂的驾驭能力,教学过程缺乏互动性。慕课教育模式则恰恰相反,慕课教育采用"共享—协同—创新"的学习模式,它的教学过程是非常灵活的,在教学过程中也会充分利用各种先进的技术,在学习的过程中也可以和来自世界各地的学习者进行互动,突破了传统学校教育模式的弊端。慕课教育采取的是一种循环的学习模式,在课程授课的过程中注重

第四章 教学改革背景下高职英语教学的基本模式

知识的传播和复制,主要采用小视频、课间测试等学习方式,学习主要依靠自我调控,学习者之间通过交流、协作、构建学习网络,通过资源共享多角度拓展知识范围,通过社区内不同认知的交互构建新知识。慕课教学模式的新颖性主要体现在以下几点。

(1)"短视频+交互式"练习

视频作为教学材料,在远程教育和开放教育中实践已久,但是之前在远程教育课程中所采用的视频课件,时间都比较长,动辄一两个小时,而且只是单方面的教师授课,与学生之间缺乏及时的互动,不符合当下快节奏的生活模式,以及互联网环境下人们认知规律和注意力模式的转变。慕课根据最新的教育研究成果,将一个系统的课程内容按照知识点进行细分,以细分的知识点来设计慕课视频,每一节课程的内容都比较短,只涉及一个小的知识点,时长大概10到15分钟不等。因为经过一系列的研究表明,学习者的注意力高度集中的时长大概在15分钟左右。

采用这种短视频的"碎片化"学习模式,可以让学习者在注意力高度集中的时段学习相关的知识,更有助于学生对知识的理解与记忆,而且这种"碎片化"的学习方式,可以让学习者在学习的过程中对学习资源进行随意调动和选择,其调动和学习的过程促进了各要素、各组织之间的有机集合,形成了一种创新的动态机制,从而使学习者在选择课程的时候,对课程的目标以及内容都有一个清晰的认识,能够比较方便地定位到自己的学习位置,从而对自己的学习节奏具有一定的控制权,可以自己制定更个性化的课程计划。

慕课教学设计的亮点之一就是让学习者在学习的过程中频繁使用交互式练习方式,平台、教师、学习者、学习资源是慕课最重要的几个元素,这些元素之间需要不断交互才能产生作用。比如教师在设计慕课教学时,在对知识进行讲解之后,会设计一些针对讲解知识的小问题,让学习者进行回答,一方面可以检测学习者的学习水平,另一方面可以督促学习者集中注意力;学习者之间也会建立专门的课程讨论组,学习者之间还可采取同伴互评模式(Peer Assessment);教师也可以通过平台查看学习者的反馈,总之慕课教育采取的是一种交互学习的生态系统。

(2)网络在线学习社区

来自世界各地的学习者完全自觉自愿地聚集在慕课平台,针对自己感兴趣的知识点和内容,在互联网技术的支持下开展合作学习和交互学习。在慕课学习中选择同一知识点的学习者,系统会根据相关的信息将他们分在同一个学习组,教师与助教会根据学习组的相关情况建立相应的学习社区，供大家讨论学习，学习者就可以在社区进行互动学习。学习者在学习社区可以针对自己感兴趣的问题进行探讨和研究，在探讨和交流的过程中更能培养学生的创新思维和能力，在讨论区中，当有学生对一知识点有疑问时，可以在社区中提出供大家讨论，讨论最后如果没有得出正确答案，助教老师或者授课教师会对这一知识点所涉及的问题进行解答。在对一个知识点进行探讨的过程中，学习者会获得很多启发，因为不同知识背景、文化背景的学习者对同一问题的看法往往是不一样的，这会对学习者的思考提供一种新的视角或者灵感，这种学习方式可能比我们在传统的课堂学习中收获更多。

Coursera曾经做过统计，在学习社区中当有学生提出问题之后，世界各地的学习者都会参与讨论，该问题被解答的平均时间是22分钟，而且选择同一门课程的人数越多，在学习社区进行讨论产生正确答案的可能性就越高。学习社区就像拥有数万人的自习室，整个论坛犹如一本百科全书，大大拓展了课程的知识边界，不管你选择的是热门的知识点还是无人问津的知识点，你在学习的过程中都有可能会遇到同伴，可以针对你们感兴趣的课题进行探讨学习。

2. 教学规模的区别

（1）学生规模的巨型化

在传统的教育模式中，采取的都是一种课堂教学的模式，课堂教学模式主要是以班级为单位进行划分的，为了确保课堂教学的管理效果，课堂的学生规模一般都具有有限性和稳定性，一个班级最多几十人，少一点的甚至就几个人，我们从小到大在学校接受的传统教育大多数都采取的是这种模式。但是在慕课教育中，大规模是慕课的一个显著性特点。慕课课程的受众学生非常多，一个课程的学习者可能数以万计，比如，美国斯坦福大学教授塞巴斯蒂安·史（Sebastian Thrun）与彼得·诺维格（Peter Norvig）在慕课发展之初就进行了尝试，将自己在学校课程中为研究生所设计的课程"人工导论"放在慕课平台，供全球感兴趣的学习者进行学习，没想到学习人数超出了他们的预期，选课的学生涉及160多个不同的国家，课程学习者有16万余名，而且在课程结束之后对学习者的学习进度和状况进行了相关的统计，按时按期完成课程的学习者有2.3万人。有"中文MOOC第一人"之誉的翁恺老师，其开设的"程序设计入门——C语言"单期注册学生最高超过10万人，累计注册学生超过183万人，与此同时近几年来各大慕课平台的注册人数也在不断地上涨。可以说相对于传统教育而言，我们的慕课教育在规模上呈现一种巨型化的趋势。

第四章　教学改革背景下高职英语教学的基本模式

（2）课程数量的巨型化

在传统教育中，课程的数量都是有限的，一般都是根据教育部的教育课程方案和各学科的课表进行修订的。但是在慕课教育中，慕课课程的数量是非常庞大的。慕课效应可以说是一场联动全球的运动，自从慕课诞生以来，就迅速成为全球关注的热点，而且其发展也非常迅速。世界各国的政府及相关的教育机构都非常重视对慕课的建设，都投入了大量的资金进行支持，比如美国的 edx、Coursera，英国的 Future Learn，法国的 FUN，日本的 JMOOC，巴西的 Veducn，中国的学堂在线、中国大学 MOOC、可汗学院等，而且慕课教育加盟的高校及教师也非常多。以 edx 平台为例，edx 提供的课程基本上都来自世界的顶级高校，我们国内的清华大学、北京大学都加盟了 edx 平台。慕课平台上可供选择的课程及授课语言的种类都是非常多的，以 Coursera 为例，Coursera 平台的覆盖学科非常广泛，在平台中可以找到自己想学的任何学科，课程涉及教育、计算机、人文、社会科学、技术和设计、法律、统计和数据分析等诸多学科。在授课方式上，不仅仅有英文课程，而且还有一些中文课程，还有一些小语种授课的课程，授课语言多达 13 种，可供不同国家的学习者学习。

（3）学生身份的多元化

在传统教育中，教育对象主要是一些没有收入来源的纯消费群体，他们的年龄、经历、受教育程度基本上差异不大，但是在慕课教育中，据统计其学习者之间的差异还是非常大的，他们的年龄，受教育程度、文化背景可能都千差万别。慕课教育的范围不仅仅局限于高等教育以及一些中小学教育，它涉及很多领域和人群，比如说之前的报道中说一名家住在云南大山深处的小学生，通过电脑在网上学习了"古文字学"等 10 门慕课，还有一位 87 岁的老人，他在退休后才开始接触到电脑，但是他了解慕课后迷上了一些医学、营养学类的课程。不仅如此，随着慕课教育所涉及的方面越来越多，慕课在各个方面开始发挥其重要的作用，在一定程度上促进了我们国家学习型社会、学习型政党的建设步伐。比如我们的"学习强国"平台中就有 400 余门的优质慕课，这些慕课都是有针对性的，专门提供给我们的党员及一些干部，而且中国慕课还针对中央军委军职在线设计上线了 700 多门精品的课程，供我们的军队指挥官学习提升自己的指挥水平，同时督促他们学习树立终身学习的理念。近年来，随着社会的不断发展，慕课开始探索为不同的人群服务，比如慕课与职业培训相结合为一些企业培训员工，涉及各个行业。因此，慕课的学习者身份不像传统教育，局限于年龄和受教育程度相同的青少年，而是涉及各个年龄阶段以及各个行业，其学习者身份是多元化的。

3.教学性质的区别

传统教育一般都带有公益属性,比如我们的义务教育现在已经发展到了普惠性的阶段,非义务教育也是在公共财政的支持下不断发展的,但是慕课教育的发展完全依赖于市场的投资与融资。虽然目前有一部分慕课是以校内计划或者基金会形态运作的,是非营利性的,但是随着不断发展,如果想接触一些优质的课程,不可能完全通过免费的途径,在线教育也需要在市场中获得竞争力,不断地发展。慕课的发展离不商业的支撑,其商业属性主要体现在以下四个方面。

①慕课的设计以及运行都需要大量的资金,一门精品的慕课课程离不开背后各种力量的支持。比如此前清华大学在慕课平台上线的"文物精品与文化中国"课程,课程一上线就吸引了众多的学习者进行学习,学习者对于课程也赞不绝口,这门课程的设计也耗费了大量的人力和物力资源,邀请了相关的专家对课程的教案重新设计编排,在视频拍摄过程中也邀请的是非常顶级的拍摄团队,而且基本上都是亲自去全国各地的博物馆进行拍摄,对一些考古现场进行拍摄,我们在学习这门课程的过程中,观看到的基本上都是一些我们平时不会接触到的文物及相关资源,这门课程最终的制作成本可以说是非常高的,而且慕课的平台建设、平台的技术更新、管理服务等都需要雄厚的资金支持。

②慕课一旦发展起来,就需要持续的大量资金投入来保证慕课的运转与发展,这不可能完全依靠政府和高校来支撑,只有解决盈利问题,找到适宜的、可以长期良性发展的商业模式,才能维持其可持续发展。

③目前,全球范围内现有的各大慕课平台都在不断地进行探索,试图找到适合自己持续发展的商业模式。《免费》的作者安德森(Anderson)曾经说过,免费从来不是字面上看上去那么简单的事情,从始至终我们对免费的理解都只停留在表面,没有真正理解清楚免费的内涵。

以目前的互联网业务为例,我们大家看到的是很多互联网业务中免费的服务,其实这些针对我们免费的业务主要是一些基础业务,平台所包含的一些增值业务都是额外收取相关费用的,慕课平台亦是如此。以 Coursera 平台为例,平台不断地丰富产品线,增加多样化的增值服务形式,主要有课程认证证书、安全性评估、员工招聘服务、企业培训服务等。

④慕课平台在成立之初,不管其坚持公益性还是营利性的理念,就目前的发展现状来看,各大平台都开始转向采用盈利模式来运营慕课平台,如果一个平台只有好的课程而没有好的运营,是不可能长期发展的,因此商业模式是今后慕课发展的必然模式。

二、慕课英语教学存在的问题

（一）受众范围存在局限性

慕课的实际用户主要集中于高校。由于在线平台教育资源的受众范围存在局限性，一些没有进入高校的年轻人则无法通过慕课学习相关课程，这不利于教育资源的传播。

另外，由于目前我国各高校之间缺乏共享意识，阻碍了慕课的持续发展。并且，不同高校的管理系统及接口平台不同，若想实现资源共享则需要提供商为其定制专业化的版本及接口，这也无形中加大了开发费用，从源头上阻碍了慕课的持续发展。

（二）课程监督机制有待加强

与在线课堂相比，传统线下课堂的教师具有更大的主动性，能够根据学生现场反馈适时调整教学重点，而慕课在线学习完全依赖于学生的自主意识，缺乏外部约束，学生容易分心，导致学习效率低下。实践中，虽然可以采取技术手段对学生进行监督，但是学生也有很多规避监督的方法，因此，如何建立有效的监督机制是目前亟须解决的难题。

（三）教学模式创新力度不够

慕课在某种程度上延续了传统的教学形式，例如，国内外知名教授直接在课堂上录制教学视频并上传到慕课平台，尽管这些视频和相关内容的质量很高，但教学方法仍是传统的教学方式。与传统课堂相比，教师不能与学生直接交流，这与直接观看普通视频没有太大区别，对学生的吸引力降低。

另外，由于慕课对教师的信息技术能力有一定的要求，导致一些缺乏信息技术背景、技术能力弱的高校教师参与慕课建设的积极性不高，这也成了阻碍慕课发展的重要原因。

三、慕课教学模式在高职英语教学中的应用策略

在传统高职英语课程教学环节中，学生的学习兴趣无法得到有效激发，影响课堂秩序与教学效率。追根溯源，还是由于传统教学方式与教学内容难以满足高职院校学生的发展需求与认知需求，因此应当在教学环节引入慕课教学元素，以

此激发学生的英语学习兴趣。在学生主观能动性与学习积极性得到双重培养后,高职英语课堂教学的效率自然得到有效保障。

具体而言,教师需要设置课堂导入环节、课堂教学环节以及课堂反馈环节。首先,在课堂导入环节,英语教师可以适当引入慕课资源来展开英语知识点讲解,探索英语知识点背后的背景知识与拓展知识,以此激发学生的探索欲望与求知欲望,同时拓宽学生眼界,提升学生知识储备量,培养学生英语听力能力与口语交际能力。在课堂教学环节,教师可以利用慕课资源来对教学内容展开深度分析,将传统教学课程转化为慕课视频,在视频当中将各种优质素材通过动画形式呈现给学生,以更加生动、直观的方式带给学生视觉冲击,使学生激情满满地参与到课堂学习环节中,从而促进学生英语思维形成和英语能力提升。在课堂反馈环节,慕课同样可以发挥巨大作用,教师可利用ppt形式在慕课平台对学生展开摸底测试,精准掌握学生的学习情况,并且对后续的教学模式展开修正与调整。

(一)营造良好慕课英语教学环境

众所周知,良好的教学环境是教学效率的重要保障。在微课教学模式引入后,可以帮助学生突破课堂学习限制,使学生可以利用各种联网设备来展开线上高效学习。通常而言,在慕课线上学习环节中,会将学生分成各个学习小组,小组学习有助于良好学习环境创设。在线上学习环节中,小组成员可以相互鼓励、相互促进、相互监督,有助于提升英语课程学习效率。

除此之外,教师可以借助慕课平台来掌握学生的学习情况,通过关注学生的学习进度以及慕课操作流程来完成教学反馈,这样节省大量的教学时间,将更多的精力与时间放在教学模式调整以及课程设计环节,从而提升课堂教学质量,为学生带来更加良好的教学体验。

例如,在高职英语课程教学环节中,教师首先需要创设特定的教学情境使学生在特定的趣味情境当中展开深度探索。如为学生创设对话情境:"A:将来我想成为一名国际记者,你呢? B:我想毕业后当一名教师,这是我儿时的愿望。国际通讯员听起来也不错。A:是的,因为这是一份很有魅力的工作,正如你所知道的,作为一名国际记者,我可以周游世界,报道世界热点,我可以得到世界各地人民的最新信息。B:环游世界,太棒了!作为一名国际记者,流利的英语是非常必要的,因为英语是世界上最基本的交流语言。那么,当你学习英语的时候,你就需要一个好的英语老师。A:我明白了,你想当英语老师,是吗? B:是的,我想成为一名英语老师,我希望能回到家乡教孩子们。如你所知,我来自中国西北部的一个小村庄,那是一个贫穷的村庄,那里没有英语老师,那里的孩子很难学英语,也很难了解村子外面的世界。我希望通过我的英语教学为那里的孩子们打开通往世界的道路。A:哇,那真是一个伟大的梦想。让我们从现在开始努力学习,坚持学习,让我们的梦想尽快实现。B:是啊,继续努力学习,努力工作,实现我们的梦想。"并且要求学生结合自身思维来为本文填上一个结尾:"B successfully became an English teacher, and constantly made efforts in the teaching position, became a beloved people's teacher. And A also successfully became an international journalist, and later he interviewed B as a journalist. They talked freely here and were happy for each other."这样不仅可以有效激发学生的学习兴趣,而且可以使学生养成良好的职业素养与道德水平,促进高职学生综合素质的发展。

(二)构建完整的慕课英语教学体系

高职英语教师应当结合英语课程特点以及慕课教育理念来构建完善的英语慕课教学体系,为学生提供特色教学课程,着重培养学生的英语思维能力、英语应用能力。具体而言,构建完善的慕课教学体系,是高职院校英语课程改革的重要途径。通过教学体系构建,可以为高职院校学生提供更加优质的英语教学活动,将教师从授课活动中解脱出来,专心致志地来培养学生英语思维与英语应用能力,助力实现英语资源共享与英语资源共建,提升高职英语教学效果。在课程教学体系建设环节,教师应当秉承职业院校育人原则,将职业英语教育、基础英语教育作为核心内容,对学生的知识转化能力展开培养,使学生将自身所学到的英语知识合理运用到实际当中。

需要注意的是,相较于普通高等院校学生,高职院校学生在英语知识储备、英语学习习惯、英语学习能力等方面存在一定差距,为满足各个层次学生需求,高职院校应当发挥慕课教学模式大众性特征、人性化特征,将各个层次学生划分到不同学习小组,为不同层次小组预留不同学习难度的教学任务,使各个层次的学生都可以在慕课学习环节有所收获、有所突破,提升任务完成率,激发学生学习兴趣,并且养成良好的学习习惯。

第三节 高职英语翻转课堂教学模式

一、翻转课堂概述

（一）翻转课堂的起源与发展

1. 翻转课堂教学模式的起源

翻转课堂教学理念最早在19世纪中期出现，美国西点军校的塞尔瓦·努斯泰耶将军在课前将授课老师编写的教学内容材料分发给上课的学生，让学生在上课之前提前了解和学习课程的核心内容。在课堂上，授课教师组织学生以小组合作讨论的方式，根据课前了解和学习的内容进行发散的、深层次的讨论研究，从而培养学生的自主学习能力和团队合作能力。泰耶将军通过自身实践创造出了自身独特的教学方法，他所运用的教学形式具备翻转课堂教学模式的基本理论概念，因此他的教学方法被认为是翻转课堂教学模式的最初思想起源。但因当时的信息水平低下教学硬件条件匮乏，此教学模式并没有引起大众的关注，所以翻转课堂的教学模式在当时没有得到广泛推广。

20世纪90年代，哈佛大学物理学教授埃里克·马祖尔（Erik Mazur）创立了同伴教学法，其教学理论也同翻转课堂教学模式的理论大致相似，因此被认为是翻转课堂教学模式的早期实验应用。马祖尔教授在大学基础物理课授课时发现大多数的学生对于核心基础概念有着不同程度的错误理解，解题时只对公式进行死记硬背，并没有真正了解基本原理。为解决此问题，马祖尔教授设计出了同伴教学法，把基本概念的学习和传递放在课前阶段，在课堂上通过问答的互动模式实现知识的学习和内化。通过在课堂上的讨论学习模式，发现学生在学习过程中的难点和重点，根据学生反馈强调学习重点。所以同伴教学法的出现和应用很大程度地提升了学生对于基本概念的理解程度。试验结果表明，与传统教学方法相比，同伴教学法使学生的学习效率提升了近50%，很大程度地促进了学生对于知识的理解和吸收。

格伦·普拉特（Glen Platt）、莫林·拉赫（Maureen Lage）和迈克尔·特雷格拉（Michael Tregra）在2000年发表名为《翻转课堂：创造包容性学习环境的

第四章 教学改革背景下高职英语教学的基本模式

途径》一文中,详细介绍了迈阿密大学教授讲授经济学基础时的情形,学生在正式上课之前通过网络和多媒体教学的形式对教师的教学讲义进行独立学习后,与同学进行讨论研究,完成知识内消。学生将课前讨论总结的问题进行整理,在课堂上由老师进行逐一解答,学生所提出的问题通常只花费课堂时间的二分之一。此教学方式得到了学生的广泛认可,此教学模式带来的益处也明显展现,虽说翻转课堂教学模式的基本形式已具备,但其概念并没有被明确提出。直到十年之后韦斯利·贝克(Wesley Baker)的论文中翻转课堂教学模式首次以新型教学模式的名称被提出,其定义解释为课堂教师利用网络平台和多媒体设备的传输方式将教学内容以完成作业的形式发放给学生,学生利用课余时间完成并进行深层次的讨论之后提出相应问题,由指导教师在课上进行解答。

2. 翻转课堂教学模式的发展

在 2010 年前后,翻转课堂才真正以全新的教学模式走进大众视野,其中乔纳森(Jonasson)、伯格曼(Bergerman)和亚伦·苏姆斯(Aaron Sums)三位学者的出现对翻转课堂引入课堂教学的发展做出了突出贡献。一些学者通过研究结果发现,翻转课堂教学模式通过把计算机和网络信息技术结合的方式进行教学,可以很大程度地延长学生在课堂进行实践操作的时间,使学生最终获得更优秀的学习成绩。部分学者将翻转课堂教学模式对学生学习主动性的影响作为研究切入点,通过实验证实了翻转课堂教学模式对于提升学生学习的主观能动性具有较强的效果。此项研究的核心价值主要在于翻转课堂教学模式对于学习之外素质的影响,例如,提升学生的自我控制能力和自我调整能力。翻转课堂教学模式的主要目的不仅局限于提升学生对知识的理解和对技能的掌握程度,更重要的是尊重学生的个体性差异,因材施教,使其能够实现个性化发展。由此可得出结论,翻转课堂教学模式的价值不仅在于实现学生成绩的提升,其优势更体现在培养学生学习的兴趣、学习的自主性、学习的创新和创造能力以及语言表达能力和社会适应能力。

部分学者将翻转课堂教学模式引入高校医学和健康科学课程教学中,并做出可行性分析,得出以下结论。在翻转课堂教学模式下,学生在课堂上对于学习的兴趣和积极性更高,提出和解决了更多的问题,翻转课堂模式有利于提升学生的学习效率,很大程度地提升了学生分析和解决问题的能力。同时提出,从事健康教育和医学教育的工作者应该加深对翻转课堂教学模式的研究,从而进一步提升本学科教学质量。弗里曼·海尔德对翻转课堂教学模式引入高职英语的教学进行调查研究,证实了网络信息资源对于高职英语课堂教学存在较大程度的益处,以调查访谈法的形式研究翻转课堂的教学效果,为日后的教学研究拓宽了思路且提供了指导方法。

西方学者加纳·范克塞(Ghan Vanexe)提出,翻转课堂概念在西方高校学术界已经成为最流行的时尚概念,但现今阶段对于翻转课堂模式的具体界定依旧未统一,此教学模式非常利于提升学生学习的主观能动性,很大程度地提高了学习效率,被看作非常有效学习方式。他以传统黑人大学对生物学原理的课程教学实验为例,研究表明翻转课堂教学模式与传统的教学模式相比,在最终的考试成绩方面并没有显著性差异,但学生非常喜爱自由度较高、不受时间和空间限制的翻转课堂教学模式。布莱切·苏等人提出将翻转课堂模式引入图书管理领域,能够很大程度地提升图书借阅者对查阅书籍的效率,并且减少图书管理员的工作量。萨尔曼·汗(Salman Khan)编著《翻转课堂的汗学院》一书,该书对教学统一、传统教学模式的劣势、弊端和教育未来的发展趋势等问题详细论述,对现今阶段社会教育应如何变革提出了建设性意见。此书的问世对翻转课堂模式如何发展、翻转课堂模式如何促进个性化教学、翻转课堂教学模式所要遇到的问题等方面进行系统分析,为今后翻转课堂教学模式的广泛推广提供了理论依据,对翻转课堂的发展产生了深远影响。

综上所述,国外对于翻转课堂教学模式的研究相较国内而言更加广泛,研究时间主要集中在2010年之后,在课程教学的应用上基本涉及各个学各领域,其研究结果也存在较大差异。但绝大多数研究者均认为翻转课堂教学模式相较传统教学模式而言是重大革新,未来定会有良好的发展。国外对于翻转课堂教学模式的研究已处于以教学实践为主的阶段,研究重点主要集中在学生对于知识的掌握能力差异和学生学习的自主性方面。

(二)翻转课堂的含义

翻转课堂,又叫"反转课堂"或"颠倒课堂",是由英文"Flipped Classroom"或"Inverted Classroom"翻译而来。在传统的课堂教学中,学生是在教室里听教师讲授课程内容,课后回家做作业,复习巩固、消化吸收所学内容。翻转课堂恰好与此相反,课前,学生通过观看教学微视频,在自主学习任务单的帮助下自主学习新课程;课上,教师和学生则共同交流探讨,解决问题,促进知识的内化吸收,从而达到更好的教学效果。对于翻转课堂的定义,国内外的许多专家、学者都提出了自己的看法,形成了几种比较主流的观点。

第四章　教学改革背景下高职英语教学的基本模式

萨尔曼·汗将翻转课堂定义为"让学生按照自己的学习计划在家听课，然后在课堂上与老师和同学一起解决问题。"

美国林地公园高中的两位化学老师乔纳森·伯格曼和亚伦·萨姆斯认为"翻转课堂将学习空间从群体转移到个人，以便给师生提供更多面对面交流互动的机会，又能进一步发展学生高层次的能力，注重师生交流。"

英特尔全球教育总监布莱恩·冈萨雷斯（Brian Gonzalez）对翻转课堂所作的描述是"翻转课堂也称颠倒的教室，是指教育者赋予学生更多的自由，把知识传授的过程放在教室外，让学生选择最适合自己的方式接受新知识，而把知识内化的过程放在教室内，以便学生之间、学生和教师之间有更多的沟通和交流。"

我国学者金陵的解读是"把'老师白天上课，学生晚上回家做作业'的教学结构翻转过来，构建'学生白天在教室完成知识吸收与知识内化过程，晚上回家学习新知识'的教学结构。"

由以上定义可以看出翻转课堂完全"翻转"了传统课堂的教学模式。根据前人对翻转课堂的定义，翻转课堂在以下三个方面进行了"翻转"。首先，翻转课堂"翻转"了师生的角色，教师由课堂主宰者变为学生发展的支持者，学生由被动接受者变为自主发展者，按照自己的进度学习新知识，建构自己的认知结构；其次，翻转课堂"翻转"了教学流程，将"课上学习＋课后作业"的传统方式变为"课前学习＋课上探究"的新型方式，变"先教后学"为"先学后教"；最后，翻转课堂"翻转"了教学观念，变以教师中心的教学观念为以学生中心的教学观念，充分彰显了学生的主体地位。翻转课堂顺应了时代发展的潮流，为我国课堂教学模式的改革指明了前进的方向。

（三）翻转课堂的特点

1. 以信息技术为依托

翻转课堂最鲜明的特点是以信息技术为依托，在进行高职英语课程翻转课堂教学之前，教师依托多媒体网络平台录制并发布教学微视频；学生借助互联网线上学习知识、完成测试、搜索收集学习交流素材；在翻转课堂教学过程中，学生借助多媒体教学工具阐述自己对探究性问题的理解；在翻转课堂教学之后，教师借助多媒体网络平台上传本节课课例及下节课所需教学资料。可以说，翻转课堂的整个教学过程是在信息技术的基础上开展的。

2. 学生主体地位放大化

新课程改革倡导"教师为主导，学生为主体"，近几年来，学生的主体地位逐渐显露出来，翻转课堂这一教学模式更是将学生的主体地位放大化。课前，学生自主观看视频学习知识，他们自己手握"遥控器"，根据自己的进度学习，跟不上就慢一点，听不懂可以返回多听几遍，直到学会为止。课上，小组进行合作交流讨论，探讨疑难问题，课堂是学生的舞台，教师只是学生学习的指导者和支持者，在学生需要帮助的时候提供帮助和指导，为学生答疑解惑。学生真正成了学习的主人，还原了课堂本真的面貌。

3. 教学时空延伸化

在传统课堂中，学生的学习主要是在课堂上进行的，在课堂上的45分钟内，教师把知识讲给学生听，学生主要在课堂上学习知识，一旦离开课堂，教师很难再进行教学，学生也很少能听到老师的讲解。在翻转课堂中，教师提前将课堂上要讲授的知识录制成微视频并通过网络教学平台发布给学生，学生课前通过自主学习任务单和微视频学习新知识，课堂上学生之间交流讨论、教师负责答疑解惑，促进学生对知识内化。教师不仅可以在课堂上进行教学，课下也可以通过录制微视频讲解知识，学生随时随地都可以听到教师的讲解。同时，学生在家中学习，可以使学校教育和家庭教育形成教育合力，共同促进学生学习，教学时空被大大地延伸。

4. 教育资源丰富化

随着时代的发展，对创新型人才的需求越来越迫切，传统的纸质教育资源已经不能满足教学需求。微视频的开发者是教师，但是使用对象却是学生，这标志着变教师上课资源为学生学习资源，以及大力开发供学生自主学习所用的微课程资源的时代已经来临。不管是微视频，还是自主学习任务单，都是学生自主学习的支架，使用的对象也都是学生，这都体现了以学生为中心的教育资源观。

翻转课堂创造性地将微视频引入到教育资源中，视频、声音、动画、文本的结合大大激发了学生学习的兴趣，微视频短小精悍、容易保存，不仅方便了学生的学习，而且对学生的复习也有着极大的帮助作用。翻转课堂中的教学资源除了微视频、自主学习任务单之外，还有教师提供给学生的各种相关的教学资料，这些丰富多样的教学资源，极大地方便了学生的学习。

5. 课下课上一体化

在传统课堂中，学生在课上通过听教师的讲解来学习知识，在课下进行知识

第四章 教学改革背景下高职英语教学的基本模式

的内化理解,殊不知学生在课下内化知识的时候才是最需要教师的时候,传统课堂在这一阶段中教师是缺席的,课下预习和课堂学习也是脱节的。翻转课堂优化了传统课堂的教学结构,将课下和课上紧密结合在一起,学生在课下阶段自学知识并完成课前自测,课上通过小组合作的方式讨论解决问题,并且在教师的帮助指导下进行知识的内化。课下的自主学习是课堂知识深化的基础和保障,如果缺失了课下的自主学习,那么在开展课堂学习活动时学生会感到无所适从,跟不上大家的步伐。因此,翻转课堂的课下阶段和课上阶段是紧密结合在一起的,属于一个整体,二者不可分割。

6. 学习方式多样化

在传统课堂上,学生是知识接收的"容器",只是一味地听教师的讲授,很少自己独立思考,在这种学习方式下,学生学习的效果不佳。在翻转课堂上,学习方式变为交互式学习,学生不再是被动的学习者,而是学习的主人,学习方式不仅仅是听讲、背诵等传统的学习方式,更增加了自主、合作、探究等新型的学习方式。学生课前自主学习新知识,课上与小组同学共同合作交流,探究解决疑难问题,促进学生深度学习。多样化的学习方式,极大地提高了学生的学习积极性。

7. 重新建构学习过程

传统的课堂教学是教师利用上课时间,采用"满堂灌"的讲授法将知识"灌"进学生的脑子;在课后由学生自己复习、巩固、内化、吸收知识。翻转课堂是在课前完成基础知识和信息的传递,学生可以通过观看微视频、自学导学案等多种教学资料获得需要理解掌握的知识;而在课堂上,在教师积极参与指导,学生通过小组间的合作讨论、探究思考、交流分享、展示成果、相互评价等途径完成知识的系统化建构并加以吸收内化知识。学习过程由"先教后学"转变成了"先学后教",这就是说,翻转课堂从整体性上重新建构了学生的学习活动过程。

8. 因材施教个性化

课前学生知识的获取方式是自主学习,自己掌握时间和速度,通过暂停、快进、反复观看短视频等学习资源自己建构知识体系,完成导学案和自学测试;在课堂交流环节,学生积极表达自己的想法,完成知识的内化,凸显学生学习的个性化。由于知识的传递在课前阶段已经全部实现,课上可以充分利用小组讨论和互动学习的形式,鼓励每个学生参与同伴间的互动协作,教师的课堂教学任务由单一的集体讲授知识,转变为根据每个学生实际需要因材施教,进行差异化指导，在引导学生合作交流、协作讨论、反思评价的过程中，教师实现个性化教学。

(四) 翻转课堂的理论基础

1. 建构主义学习理论

建构主义学习理论围绕"知识是什么"与"知识是怎样获得的"两个问题进行研究并给出解释。但实际上建构主义也是经过了很长一段时间的演变和延伸，并不存在绝对单一的建构主义理论，在如何认识他人和与他人交流的方面，其观点也存在着不同倾向。其中的基本流派主要有以皮亚杰（Piaget）为代表的个人建构主义和以维果茨基（Vygotsky）为代表的社会建构主义。

个体建构主义，也称认知建构主义，其重要的奠基人物为皮亚杰。皮亚杰在其儿童心理发展观点的研究基础上，将心理学与认识论有机地相结合，创造性地提出了发生认识论。发生认识论的研究核心就是儿童从出生到成熟的自然逻辑发展过程。

个人建构主义理论源于皮亚杰关于认知结构的相关研究。

①皮亚杰重新定义了"知识"的概念，他指出知识不是主体对客观现实的被动反映，不可能与现实一模一样，知识是一种结构，是在主体和客体的相互作用的过程中建构起来的。这一观点否定了客观主义对于知识的性质的定义，客观主义强调教师将客观知识从外在世界传递给学生，认为教育应该营造适合知识传递的教学环境，而建构主义着眼于创设能够帮助学习者完成知识建构的环境。

②在皮亚杰之前的观念中，儿童被视作缺乏知识的成年人。皮亚杰经过多年研究，创造性地发现了儿童与成人的认知方法有着本质区别，并依据儿童思维的特点将认知发展分为不同阶段。

③作为生物学博士的皮亚杰，将平衡在生物进化演变过程中起到的促进作用，迁移到认知变化的过程中，他提出主体和客体之间的相互作用的本质是实现个体与环境的平衡。这里提及的平衡是一种动态平衡，个体可以通过有效的自我调节行为，逐渐让认知向更高的平衡状态发展。自我调节行为又分为两种，即同化和顺应。同化是学习者把外部信息整合进入自己原有的逻辑结构中，是对认知结构量的改变。

当学习者对新事物进行同化的过程中，仍保持着平衡状态，但如果新的经验与原有的结构或理解产生矛盾，那平衡就会被打破。此时，学习者会重新建构

第四章 教学改革背景下高职英语教学的基本模式

先前的认知结构,这就是因结构失衡而产生的顺应行为。顺应是对认知结构质的改变。"学习者通过不断地'同化于己'和'顺应外物'的过程,从平衡状态到失衡状态再到新的平衡状态,发展自身的认知结构,这个过程也就是获得知识的过程。"

④皮亚杰提出人只有通过自身的活动才有机会对自己的认识进行自我建构,对自身的智能进行提升。皮亚杰认为,虽然个体在与外界的互动过程中取得进步,但归根结底,个体还是依靠自身形成自发的、内部的认知结构。因此,个人建构主义强调个人以及个人知识建构活动的重要意义,其理论的焦点在于个人进行内部建构知识体系的方法和过程。

信息加工理论也具有一定的建构性,因为其关注个体如何建构可被记忆和提取的内部表征。但多数心理学家认为信息加工只是"轻微的建构主义",因为个体知识建立了关于外部世界的精确内部表征。皮亚杰的个体建构观认为知识不是来自对外部现实世界的映射,而是来自对自身认知的反思和协调。

建构主义学习理论对于学习作了初级学习和高级学习的区分。学习者在初级学习中只需要了解某些概念,在测量与评价中只要求重现所学的概念。初级学习中的内容基本上都属于结构良好领域。在高级学习中,学生需要深层次地理解概念并在实际情景下灵活使用。高级学习中的知识内容除了结构良好领域,还涉及结构不良领域,即概念具有复杂性且实例间具有差异性。

针对高级学习的教学,建构主义学者提出了"随机通达教学(Random Access Instruction)",指为了针对概念的意义进行多方面、多层次的理解,在学习过程中,要从多个角度入手。在与实践情境相关联时,从单一角度进行简单理解会错漏其他方面信息,因而从多个角度对情境进行分析是十分必要的。由此"随机通达教学"应运而生,即基于不同的学习目的,在不同的时间和多样化的情境中,针对相同内容实施多次教学,从不同的角度对问题进行尽可能全面的分析,以求学习者在每次学习中获得新的认识。

何克抗对建构主义进行深入研究后,探索总结出了与之相契合的教学模式,并将其系统地概括为"为实现帮助学生完成对所学知识的含义建构的目标,教学要以人为本,教师在教学活动起到组织、促进的作用,同时为了鼓舞学生的积极性、施展学生的创造能力,应当合理地营造学习情境,组织生生协作、师生会话等教学活动。"

建构主义学习理论,为翻转课堂教学模式提供了认知心理学的理论基础。课前,借助教师制作的教学视频所营造的学习情境,学生根据自己已有的经验,对新知识进行学习，激励学生的主动性、积极性；课上，教师担任组织者，促进学生间的交流协作，对疑难问题进行讨论，对基础知识进行总结并进一步加工、建构。翻转式课堂充分渗透了建构主义的思想，着眼于创设适合学生进行知识构建的学习环境，提供合适的教学资料作为新信息，让学生在课前自己尝试对新信息进行同化或顺应。和传统课堂直接由教师传授灌输知识不同，在翻转课堂中学生只有通过自己的学习活动才能建立自己的认识并发展自己的智能。

2. 掌握学习理论

翻转课堂教学模式的创始人乔纳森·伯格曼（Johnthan Bergamann）和亚伦·山姆（Aaron Sam）认为掌握学习理论是翻转课堂教学模式的理论基础。掌握学习理论是由美国著名的心理学家和教育学家布鲁姆提出的，核心思想是只要给予足够的时间和适当的教学，几乎所有的学生对所有的内容都可以达到掌握的程度。换言之，只要给予学生充足的时间，所有学生都能够掌握知识，而不同之处在于掌握知识所花费的时间不同，时间越少，学习能力则越强。由于学生存在个体差异性，传统教学模式很难给予每个学生足够的时间来内化吸收知识，而翻转课堂教学模式的出现使得因材施教成为可能，在课前学习微课视频时，学生可自主设定步调选择进度，随后在学习群与教师、同学交流疑惑，学生有充足的时间去掌握知识。可见，掌握学习理论也是翻转课堂教学模式的主要理论基础之一。

3. 同伴学习理论

同伴学习理论是哈佛大学工程和应用物理学院教授埃里克·马祖尔提出的一种学习理论，他指出学习是"学习者通过匹配同学的支持和帮助，获得知识和技能的过程"。

同伴学习理论包括以下几个步骤：①教师基于学生对课前阅读材料的反应提出问题。②学生仔细思考该问题。③学生写出自己的答案。④教师检查学生的作答。⑤学生和同伴讨论彼此的想法和答案。⑥学生再次写出自己的答案。⑦教师再次检查作答，决定在进入下一个概念前是否需要再进一步解释。

同伴学习并不是向专家学者寻求帮助，而是学生与自己学习水平相差不大的同伴互相学习。同伴学习中有指导者角色和求助者角色两种角色，指导者角色是教师角色的补充，通常是优等生或者擅长某一方面知识的学生，来帮助求助者。

翻转课堂基于同伴学习理论，学生课前自主学习知识，在课堂上进行小组讨论交流，共同解决疑难问题，小组合作的过程就是同伴学习的过程，每个学生

第四章 教学改革背景下高职英语教学的基本模式

都是独一无二的个体，都有自己的擅长之处，在合作交流的过程中，学生各抒己见，不仅能够解决疑难问题，发散思维，而且能够取人之长，补己之短，从而实现全面发展。

4.信息加工理论

电脑科学和技术的进步、语言研究的突破和认知心理学等领域的开拓发展，使人们加工和记忆信息的方式逐渐成为教育心理学的一个研究重点。越来越多的学者接受了计算机模拟的思想，把复杂的学习过程类比为计算机的信息加工过程，逐渐形成了信息加工理论。

极具影响力的教育心理学家加涅正是信息加工理论的重要灵魂人物之一。他认为，学习过程有起点和终点，并且可以被划分成为多个阶段，每一个阶段中需要对信息进行不尽相同的处理加工，使其不断进行转变。加涅汲取行为主义、人本主义等众家之所长，并融合自己的理论，提出了信息加工理论的学习模式。

学习过程的第一阶段为注意刺激。感受器能够将来自外部环境的刺激转换为神经信号，然后将其传导入感觉登记器，并且能够在此得以极短暂保留。该信息在此得到初步加工后，以映象形式被储存其中。人的大脑只针对其中的部分信息予以注意，赋予它们意义，之后这部分被注意的信息就会转入短时记忆。

学习过程的第二阶段为信息编码。这个阶段中，短时记忆内的信息得到精细化的加工和处理，并以语义的形式暂存不超过1分钟时间。与此同时，学习者本身的原有知识结构被重组或改建。

学习过程的第三阶段为储存信息。经由复述、编码后，信息由短时记忆转入长时记忆，信息经由编码发生了关键性转变，长时记忆通常被视作永久性贮存记忆。

学习过程的第四阶段为提取信息。当人们需要利用一部分信息时，被检索后提取的信息数据有多种可能的路径：直接由长时记忆进入反应发生器；由长时记忆返回短时记忆进行再认，若该部分信息的适用性得以验证，则由短时记忆进入反应发生器，否则将进行再次检索。反应发生器能够将信息进行转换后传入效应器，使其产生活动行为。外部环境中的教师、同伴等，通过观察学习者的具体活动行为，明确学习者是否完成信息加工。

除了信息流程，在这个学习模式中，还包含了动机系统和执行控制系统。动机系统，即期望，是指学生所希望实现的学习目标。执行控制系统，即认知策略和已有的经验。认知策略主要是指学习者对自己注意力的调控、对记忆的提取和对思维能力的运用等。执行控制的过程确定了哪些信息能够传入短时记忆、如何编码、提取的策略等。动机系统和执行控制系统在整个过程中具有重要意义。

加涅将学习结果分为以下几种。

①言语信息。指以言语陈述的形式存储于学习者记忆中的有关事物和组织化了的知识，这种学习结果是学习者能够再现以往所贮存的信息。

②智力技能。指学习者理解概念、规律并将其应用于新情境的能力，即学习者以符号为中介与外部环境进行交互的能力。

③认知策略。指学习者对使用符号与外界环境进行交互这一过程的控制能力。

④动作技能。指学习者能够通过动作、活动完成任务的操作能力。

⑤态度。指学习者影响行为选择的内部状态，如情绪、情感等。

加涅的理论始终将学习者放在学习过程中的主体地位，不但充分着眼于如何培养学习者的自主学习能力，而且也充分地强调了学习者学习的自主性。学生们作为学习活动的主体，积极地进行知识建构，教师起到引导、协助的作用。所以，在教学设计的深度研究和教学活动的具体实践过程中，教师应格外注意有效地引导学习者进行实践和改进学习策略，从而获得独立学习、自我调控的能力。

翻转课堂教学模式充分体现了加涅对于教学和学习的一系列主张。通过前置的传授知识和学生自学阶段，以教学视频、导学案等形式给予学生外部刺激，让学生自主筛选、学习知识内容。学生在此期间对知识内容和原有知识结构进行重组、改建，对知识形成初步了解。短时记忆经过复述、编码进入长时记忆的这一关键性转变，在翻转课堂中被放置在课堂中实现。这更有利于学生在教师的指导帮助下，更有效、更准确地进行复述和精细加工，以达到形成长时记忆的目的。传统课堂将检索提取和再认信息的过程放在课后，让学生在做课后习题作业的过程中进行，但翻转课堂教学模式在一定的时间内可以让全体学生互动交流和合作，并能够及时提供教学反馈，让作为外部观察者的教师们能够充分把握学生的学习情况，以便进一步安排教学。翻转教学比传统教学更加重视期望和认知的重要作用。一般在翻转教学的课前自习环节，可安排适当的任务以激发学生的学习动机，并给予学生自己安排学习计划的自由。在这个过程中，学生要学会调节自己的注意力，并对以前的知识经验进行回忆和组织。

5.学习金字塔理论

1946年，美国著名学习专家爱德加·戴尔（Edgar Dale）首先发现并提出学

第四章 教学改革背景下高职英语教学的基本模式

习金字塔理论,它用数字形式显示了采取不同学习方法的学习者在两周之后的平均学习保持率。从上到下的七种学习方法分别是听讲、阅读、声音/图片、示范/演示、小组讨论、实际演练/做中学、马上应用/教别人。

前四种学习方式以教师为中心,属于被动的学习方式,学习效益值小;后三种学习方式以学生为中心,属于主动的学习方式,学习效益值大。翻转课堂基于学习金字塔理论,变被动学习为主动学习,学生在课前自主学习新知识,在课堂上小组之间进行交流讨论,实践探索,学生完全置身于学习情境之中,运用眼、耳、口、手等多种感官参与学习,真正成为学习的主人。这种团队学习、主动学习、参与式学习的方式,大大激发了学生学习的兴趣,因此学生的学习效率高。

6. 社会文化理论

马克思主义认为人的实质由社会关系构成,维果茨基深受马克思主义影响,他认为"人的心理活动是社会学习的结果,是文化和社会关系内化的结果"。维果茨基从马克思主义中的辩证唯物主义和历史唯物主义的角度审视儿童的心理发展,提出了社会文化理论,开创了教育心理学的全新视角。

①维果茨基认为人的实践活动与人的心理意识是具有统一性的,可以借由外在的活动对内在的心理过程的变化和发展进行研究。在研究过程中,维果茨基将心理机能总结为如下两类:基本的心理机能,即无意注意、识记、未经加工的原始记忆;复杂的心理机能,即自觉注意、抽象思维和逻辑记忆等。"基本的心理机能是生理性及先天具备的,这样的机能在动物身上也可以有所体现,而复杂的心理机能则是文化历史发展的产物,是人类独有的特征。"

②最近发展区,又译为"潜在发展区",是指"学生独自解答问题完成任务的现阶段发展水平和在教师指引下或小组协作的情况下解答问题完成任务的潜在的发展水平之间的差异"。具体地说,最近发展区说明了学习者暂未达到但在指导或合作下有可能达到的发展水平。进一步提出,教学过程不应只注重对现有智力发展水平的反复强化,更要着眼于激发学生潜能,形成有可能达到的发展水平。

③马克思揭示了劳动工具在人的发展历程中的重要意义。维果茨基认为劳动工具是人类作用于外界的技术性工具,而真正促进人类获得发展的是心理工具,他将语言等符号系统视作心理工具。学习者可以通过头脑中内化了的符号来整理和思考。学习者学会赋予符号一定的意义,是一个非常重要的过程,因为这个过程改变了学习者的认知方式。

④符号是社会文化发展的结晶，所以社会环境在个体心理、认知发展中的重要意义是不可忽视的。维果茨基将词义视作基本的心理单位，而个体需要在社会行为中才能逐渐完善对词义的认知。维果茨基重视个体内部活动的基础地位，但同时强调，"儿童与同伴、儿童与成人之间的共同活动不仅仅是儿童发展的重要因素，事实上，这种社会性的活动乃是儿童发展极其重要的源泉，儿童高级心理机能的形成正是这一活动中介的结果。"学习者在与他人进行社会交往活动的过程中，不断由外到内地完善发展自己的心理机能。维果茨基关注个体内部的发展，但又重视和依据社会活动和文化环境来对学习过程进行解释。所以从某种意义上来说，个体既是个人建构主义者，又是社会建构主义者，或者可以认为正是维果茨基的社会文化理论在个人建构主义与社会建构主义之间架起了一座桥梁。

翻转教学非常注重让学生在合作交流的社会活动中发展其心理机能。在目前我国的传统课堂教学中，知识的传授多数只是由任课教师单方面地将课本知识讲授给全体学生，学生往往只是被动地成为接受者，教师和学生之间是由一个"单箭头"相连。在翻转教学中，借由物理符号、语言等实现知识的传递，课上则是学生与学生、学生与教师间进行充分交互，在交流讨论中学生逐渐组织建构认知。在这种教学模式中，教师和学生之间才能形成"双箭头"的交互关系。

7. 人本主义教育理论

人本主义教育理论从提出伊始，就对西方教育产生了广泛而深刻的影响，传入我国之后，同样对我国的教育理论和实践，尤其是对当前教育课程改革产生了深远的影响。

（1）人本主义的教育理论的观点

人本主义教育理论认为，当今社会的人应该具有自主学习能力，即应该是一个学会如何学习的人。这与我国古代的"授人以鱼，不如授人以渔"的理念不谋而合。当今社会发展迅速，这就要求人们要不断适应社会的变化，这也需要我们不断地进行学习。因此，教育不能单单是对于知识的传授，而应该是培养完整的人。所谓完整的人，就是指身体、情感、精神、心灵、力量融为一体的人。简单地说，人应该具有各种各样的能力，来帮助他们解决社会上各种各样的问题。所以，在培养人才的过程中，要更注重对于学生各种能力的培养，不应该把培养目标放在学习成绩这一单一的方面。翻转课堂教学模式就可以很好地培养学生的自主学习能力，能够帮助学生更快地学习新的技能，更好地适应新的环境。

（2）人本主义教育理论的师生关系

人本主义教育理论重新对教学过程中的师生关系进行了诠释。从教师是教学过程的主体变成学生是教学过程的主体，教师不再是学习的主导者，而是学生学习的陪伴者。在传统的教学过程中，都是教师将已有的知识灌输给学生，学生被动地去接受，在这个过程中，学生很难会产生不同的思维，这对于学生个性的发展无疑是不利的。所以在人本主义教育理论的师生关系中，强调了学生的个性发展，教师的作用应该是指导学生，引导学生思维，挖掘学生的潜能。在传统的师生关系中，学生对于老师更多的是敬畏，这对于发展学生的批判思维不利的。

所以人本主义教育理论师生关系强调了对学生情感的关注，让教师成为学生的朋友，在这样的关系中，学生才能勇敢如实地表达自己的观点，这对于学生思维的开发起到促进作用。每个人生而不同，从小所处的环境、父母的相处方式等都会对学生性格的形成产生影响，所以每个人所能够接受的学习方式也不同，人本主义教育理论要求我们要尊重学生的个性，要求教师要能够相信学生，相信学生有解决问题的能力。同时，教师也要学会在教学中换位思考，设身处地地考虑学生的感受，理解学生的内心世界。当然，这并不是说放任学生自由发展，而是教师要让学生在情境中自由发挥，使得学生的创造性得以发展，同时也可以激发学生的学习积极性。

人本主义教育理论认为，培养人就是培养完整的人，而完整的人是应该具备解决问题的能力、自主学习的能力，有情感有灵魂的人。所以在利用翻转课堂教学模式进行培养人的过程中，一定要注意对于学生能力的培养，同时还需要注意多观察学生，重视学生的内心感受，因材施教，给予学生个性化的指导。利用翻转课堂教学模式要注意课上给予学生更多的自由思考时间，让学生在这个过程中多与教师、学生进行交流，解放自我，推动学生自主学习。

人本主义教育理论师生关系主张在教学中以学生为主体，在这个关系中，教师应该是学生的陪伴者、引导者，反对传统教学模式中教师将知识灌输给学生的学习方式。人本主义教育理论认为，学生和教师之间应该是朋友关系，他们之间的交流也应该是平等的，相互尊重的。这对于翻转课堂教学模式而言具有指导作用，翻转课堂教学模式强调了课堂上要学生们进行合作探讨、交流讨论，学生可以在这个过程中与教师交流自己的想法，自己的困惑，这样可以在整个课堂中形成良性的互动，形成良好的氛围，进而更容易在思想上产生共鸣。

8.学习支持服务理论

学习支持服务一般被广泛应用于远程教育当中，国内对学习支持服务的研究较早，我国学者丁兴富于20世纪80年代就开始对学习支持服务进行研究，他认为学校或教育机构提供给学习者的多种形式的支持即为学习支持服务，包括各种资源、人员和设施为教师面授教学、师生间的线上双向交流教学的支助服务。鉴于翻转课堂的"线上+线下"授课模式，学习支持服务理论可以应用于翻转课堂之中，更好地实现"学生—资源""学生—教师""学生—学生"的学习行为交互。翻转课堂中的学习支持，主要体现在与学生有关的学习支持，即学术支持，主要包括课程资源支持、学习资源支持、学习反馈支持等。

利用学习支持服务理论改善翻转课堂，"学生—资源"的交互行为能体现出资源支持的作用，"学生—教师"和"学生—学生"的交互行为又能体现出学习反馈支持的作用。翻转课堂中的课程资源和学习资源，不仅为学习者提供课前需要观看的学习视频与相关测试题，而且包含课中所有的媒体和活动材料，这都是教师所需提供的资源。在学习反馈支持中，翻转课堂由于存在三个学习阶段，故三个学习阶段都要进行相应的学习反馈，保证教师能及时有针对性地改进教学，提高教学效率。

9. 行为主义学习理论

行为主义产生于 20 世纪初的美国，主要代表人物有华生和斯金纳。行为主义否定传统心理学的观点，重视研究人的行为，同时主张心理学应去研究那种从大脑产生的意识中所折射出来的人的行为活动，而不应只是研究人脑中的意识。行为主义学习理论将学习等同于显性可观察的形式或频率所发生的一种变化，认为在一个具体的学习环境刺激呈现之后，学习者能够表现出一个恰当的可观察的反应，学习才算是发生了。

行为主义学习理论认为学习应着重观察学生的行为活动。翻转课堂中对学生所作用的刺激，即翻转课堂中教师发布的任务测试等，能够使学生产生学习反应，使教师时刻观察到学习者的学习行为。如在课前学习过程中，教师向学生所下达的学习任务，学生将会产生主动或被动的不同学习反应，这决定着学生接下来的交互学习行为变化，使教师能够更有针对性地进行指导。

10. 强化理论

斯金纳是强化理论的主要代表人物之一，该理论也是斯金纳新行为主义心理学的重要组成部分，对基础教育教学工作有着较大的应用价值。斯金纳的理论认为强化就是行为发生后产生的后果对之前所发生过的行为的反作用。强化具有情境性和个体差异性，为了使强化更好地作用于学生，必须事先了解每个学生的兴趣、爱好等个体差异性因素，进行有针对性的强化。

第四章 教学改革背景下高职英语教学的基本模式

强化理论应用在翻转课堂教学实践上,就是要求教师为学生创设一种环境,塑造和矫正学生学习行为,尽可能在最大程度上强化学生的有效交互学习行为。同时,运用该理论须提前对学习者进行特征分析,有针对性地对学习者进行行为强化。

11. 群体动力学习理论

群体动力学习理论的观点指出,人们在一个群体中学习与生活时,展现出来的态度与行为与一个人的时候差别非常大。现在我们的英语课堂就是一个小群体,在这种群体的环境下,学生会非常容易受到教师和其他学生的影响,不良的影响会导致大家退步,良好的影响会让大家相互促进、共同进步。在运用翻转课堂教学模式的过程中,学生在课前通过观看教师发布的教学视频自学以后,可以在网络平台上进行沟通,互相学习,在课上让学生进行小组之间合作探究是基于群体动力学习理论,这种教学模式不仅可以培养学生的自主学习能力,而且还能培养学生良好的合作精神。

(五)翻转课堂的基本流程

1. 国外基本流程和经验

林地高中的一般流程:第一,创建教学视频,明确学生必须掌握的知识,收集和创建视频;同时,尽量适应不同学生的学习方法和习惯;其次是组织课堂活动,主要包括学生创建内容、独立解决问题、探究式活动、基于项目的学习。克林顿戴尔高中翻转课堂教学模式较为突出,即课前让学生观看视频,做笔记并记下所有问题;在课堂上,教师用大部分时间辅导学生练习并进行分组讨论等。

2. 国内的一些基本经验

南京大学梁乐明等主张将翻转课堂视为《微课程》设计模式的构建样本之一,充分应用"微视频"和相应的新型组织管理模式,颠覆传统课程教学体系,更适合网络课程学习,可提高学习兴趣。张金磊等人完善了翻转课堂教学的模型,为国内开展翻转课堂教学试验进一步夯实了理论基础。我国教师教育专家在推介"翻转课堂"的同时,结合多年实施素质教育的经验教训,致力于探索适合我国国情的教学改革尤其是课程改革之路,也使认识与实践不断深化。有学者将翻转课堂教学过程概括为四环节、五步骤。

四个环节:①制作导学案;②创建教学视频;③学生自主预习和学习;④教师了解预习、学习情况。五步骤:第一步,合作探究;第二步,释疑拓展;第三步,练习巩固;第四步,自主纠错;第五步,反思总结。

（六）翻转课堂与传统课堂的比较

翻转课堂是一种新型的教学模式，与传统课堂相比较，二者有许多不同之处。在传统课堂中，教师是课堂上的主宰者，学生只是被动的知识接收者，教学活动围绕教师而展开；而在翻转课堂中，教师变为学生发展的支持者，学生是知识的主动研究者和建构者，教学活动围绕学生而展开，充分尊重了学生的"主人翁"地位。传统课堂的教学形式是教师先在课堂上讲解知识，然后学生在课下通过作业来巩固知识，教学过程是"先教后学"；而翻转课堂是学生先在课前借助微视频、自主学习任务单和其他学习材料进行自主学习，然后在课堂上进行合作探究，教师指导，促进知识的内化和吸收，教学过程是"先学后教"。

在传统课堂中，课堂内容主要是教师向学生传授新知识，评价方式主要以纸笔测试为主，重结果而轻过程；而在翻转课堂中，课堂内容变为问题探究和合作交流，教师对学生进行个别辅导，评价方式也发生了明显的改变，评价主体变得多元化，评价方式变得多样化，多方面考察学生的发展情况。翻转课堂和传统课堂还有一个鲜明的不同点就是网络平台的有无，传统课堂的教学不需要网络平台，而翻转课堂需要以网络平台为支撑，教师在网络教学平台发布学习任务和微视频，并且进行在线指导，学生通过网络平台观看微视频，进行在线学习和讨论交流，网络平台是不可或缺的。翻转课堂与传统课堂的授课时间和学习结果也是不同的。在传统课堂中，教师只是在课堂上讲授知识，课堂教学结束，教师的讲授也就结束，教师的授课时间是一个常量；学生因自身的知识水平和生活经验的不同，对知识的掌握程度也是不一样的，学习结果是一个变量。翻转课堂将教学时间延长，教师将教学内容录制成微视频，视频可以被随时随地播放，授课时间不仅仅局限于课堂上，在课堂之外同样可以教学，授课时间是一个变量；学生观看微视频学习知识，微视频可以随时被暂停、快进，可以被无限次地播放，直到学生学会为止，因此学习结果是一个常量。如表4-1所示，为翻转课堂与传统课堂的比较。

表4-1 翻转课堂与传统课堂的比较

要素	传统课堂	翻转课堂
教师	知识的传播者、课堂的主宰者	学生学习的指导者和帮助者、学生发展的支持者、师生互动的组织者

续表

要素	传统课堂	翻转课堂
学生	被动接受者	主动研究者和建构者
教学形式	课堂讲解+课后作业	课前学习+课堂探究
教学过程	先教后学	先学后教
课堂内容	讲解、传授知识	问题探究、个别化辅导
评价方式	传统纸笔测试	多元化、多主体、多方式
网络平台	无需网络平台	需要网络教学平台来发布任务、在线指导和及时反馈
授课时间	常量	变量
学习结果	变量	常量

二、英语翻转课堂教学特征和优势

(一) 英语翻转课堂教学特征变化

翻转课堂教学模式以建构主义理论为核心，认为知识的获取需要文化参与，在文化知识的支撑下完成对新知识的消化。在此过程中，知识不但在个体活动中构建，而且通过人与人的互动完成对知识深层次的了解。这种教学模式与传统灌输式教学模式相比较，存在以下几方面的变化。

1. 课堂组织形式变化

对于知识的讲解，翻转课堂主要借助微视频和导学教案，帮助学生自主完成英语基础知识的学习，学生四项基础能力得到充分的锻炼。在课堂实践中，教师主要利用师生互动的组织形式，引导学生针对话题展开讨论，教师可在学生表达过程中了解学情，针对需要做出教学调整，强化了课上和课下教学指导的针对性。

2. 课堂时间分配变化

传统课堂中英语教学时间大部分应用在讲解词汇、语法、句式上，在教师完成课本知识讲解后，只留给学生小部分时间来进行练习和思考。翻转课堂强调将更多的教学时间放在学生自主研究上，培养学生在课堂中的主体意识，引导学生利用已经掌握的单词和语法，对新的知识内容展开讨论，为学生提供更多的语言表达和交际的机会。在此过程中，教师作为答疑解惑者，会了解学生学习情况和获得的成效，保障学生自主学习不偏离预定的轨道，更加有序和有效地进行学习。

3. 教学评价方法变化

在传统课堂中教学评价的目的是为检验学生学习的情况。在实施教学革新政策以来，英语教学评价方式有所改变，但缺少创新教学思想支撑的评价方式优化，还没有获得实质性的改变。在翻转课堂中的评价不但以结果性评价为主，而且还结合过程和结果评价方式，实现评价多元化。

（二）英语翻转课堂教学优势

1. 不受时间和空间限制

翻转课堂教学模式的主要运作实践方式是基于建立高效信息化互动交流平台，教学工作者以教学大纲作为主要教育内容，将学生的个体差异作为中心目标对象，以计算机和互联网、移动设备技术作为介质手段。首先教学工作者通过搜索、收集、整理、整合教学资源，其中包括文档、音频、视频等教学资料，将此类资料上传至网络端教学平台，在课上教师与学生共同进行互动答疑、深度研讨。教师在线整理线上教学反馈结果，翻转课堂教学模式的开展前提是依托于计算机、移动设备和互联网平台支撑。

在传统的教学模式中，教学资源的主体是教学大纲，教学大纲的主要表现形式为单一枯燥书本教材。翻转课堂教学模式的主要优势就在于丰富了教学资源的多元化，在传统的书本教材之外，教师会根据教学内容相应的录制音频视频资料，从而激发学生对于教学知识的兴趣，丰富教学内容的同时使学生提升了掌握知识的效率。在传统教学模式下，教师以灌输式的教学手段贯穿整体学习阶段。

传统教学的主要弊端在于教学思维相对固化，老派的、枯燥的教学方法无法提起学生对于学习的兴趣，导致教学效率低下。翻转课堂教学模式则能够很大程度地消除教学模式单一的弊端。翻转课堂教学模式的多样化、翻转化颠覆了传统教学模式的"老师先教，学生后学"模式，学生可以多角度、全方位地接触新的知识，再通过教师在课上的互动问答和探索讨论，使学生深化对于知识的理解。

在翻转课堂教学模式的时间和空间方面，同传统的教学模式相比，翻转课堂教学模式的实施过程的中心由教师转向了学生，授课过程中学生状态的好坏直接决定着学习效果的好坏。学生在课堂学习中所获得的自由度越高，成为学习中心

第四章　教学改革背景下高职英语教学的基本模式

主体的可能性就会越大。翻转课堂教学模式中时间和空间的高度自由性使得学生的自主性更强，多种多样学习活动和多元化学习模式的开展使学生为自己的学习负责，从依赖教师的模式转型为独立自主的模式。翻转课堂教学模式有利于课堂活动的组织，同传统的教学模式相比，翻转课堂增加了如独立探究、小组讨论内容。传统的教学课堂中难免会出现学生相互影响的连锁反应，例如，有学生扰乱课堂纪律，从而影响其他学生的情况，而翻转课堂的出现使教师不再仅存在于讲台，自由的时间和自由的地点使每个学生都能专注于自身的学习活动，使教学环境健康向上，学生的满足感和教师的满意度都会有一定程度的提升。

2. 有助于落实因材施教

在英语课堂中教师充分了解学习需要是落实因材施教的关键，而要想对学生全面了解，就必须针对不同要求选择不同的方法。在课堂中，受到教学任务和学生数量的限制，教师难以照顾到每一名学生，也不能及时了解学生的动态。采用翻转课堂教学模式，由于学生在学习之前对教学内容有所了解，教师可利用更多时间与学生展开交流讨论，关注每一位学生在表达、词语应用、语法上存在的问题，并为学生提供针对性的指导和帮助。这种教学方式可使师生形成互动关系，部分不愿意主动交流和表达的学生，也能够在教师和同伴的带动下，参与到讨论中，并通过教师针对性的指导和帮助，逐渐掌握英语表达的方法，形成主动思考和沟通的习惯，获得一定的学习收获，从而使不同学习能力的学生都能实现能力的提升。

3. 有助于实现教学相长

在翻转课堂教学模式中，需要教师提前将教学资料下发给学生，并将教学视频录制好。这样教师就需要思考如何设计出令学生感兴趣的、高质量的教学视频，课上如何对学生进行有针对性的指导，如何对学生学习效果进行多元化的评价等。所以翻转课堂教学模式有助于教师综合素质的提高，实现教学相长。

4. 有助于学生的全面发展

我国目前正在大力推行素质教育，在我国教育发展纲要中也明确地指出要全面提升学生的基本素质。这也要求我们要尊重学生的个性化发展，注重学生创新力的培养，以及自主学习能力的养成。翻转课堂教学模式能够提升学生的基本素质。因为翻转课堂模式要求学生在课前自主学习，要求教师在课上进行个性化的指导，所以对于培养学生的综合素质具有显著作用。

5. 有助于创建良好的语言文化

英语作为一门语言，与文化存在密切的关联。对于英语语言知识的学习，是文化获取和共享的过程，在课堂中创建语言文化就是创造能提升学生语言交际能力和知识应用能力的学习环境。要想达成这一目标，教师要认识到使学生了解完成课本知识理解不是唯一的任务，学习的最高目标应是更灵活地应用知识，成为文化的承载者和传承者。在英语翻转课堂中，教师会给学生足够的自由学习时间，并支持学生不同的学习行为。在这种环境中学生可以深刻感受到教师的认可和肯定，会做出相应的反应，自身主动性和能动性可以得到最大化的发挥。同时，在教师所制作的教学视频中，包含大量的语言文化知识，学生可在观看中了解语言文化，并在课下主动搜索和了解相关民俗、语言习惯、生活方式等，在文化支撑下的语言表达更加精准，知识的应用有效且合理。

6. 有助于提升教师的综合素养

翻转课堂教学模式对于教学大纲中的教学内容主要是通过学生在课前阶段学习教师发布的课程导案的方式实现，与课上教授的传统教学模式不同，翻转课堂教学模式将教学过程分成课前阶段、课中阶段和课下阶段三个部分。在课前阶段，教师的主要职责是将教学大纲中的教学主要内容以导案的方式上传至网络平台。学生通过网络教学平台自主学习导案的内容，教师制作的课程导案不仅要使学生了解教学内容，更重要的是能够引导学生运用发散思维展开思考，学生通过网络教学平台与教师和其他同学交流学习导案的内容和自身学习过程中所遇到的难点疑点，从探讨交流过程中教师可以更加准确地了解学生的学习情况，在个体差异性存在的基础上分析存在的共性问题和个别问题，并在课上就存在的问题有针对性地提出解决方案和解决建议。在课上阶段，教师首先应对学生在课前自学过程中出现的问题进行整体讲解，使学生能够理解和纠正错误。由于在课前阶段学生的自学为课堂阶段节省了大量时间，在剩余的课堂时间里，学生能够获得更多的研究讨论时间，在指导教师的组织下学生可以结合自身实际情况以小组作为单位进行实践或者深层次讨论，在此期间教师要根据学生出现的个例问题分情况地进行针对性指导。在课后阶段，学生通过总结和整理在课前学习和课堂讨论出现的问题，总结自身的不足之处，在此阶段教师应为学生推荐更加高效的思维方式和学习经验，提升学生的学习能力。

教师在课前阶段前制作的课程导案的主要作用是对于知识点进行传授，并且在教授知识的同时引导学生自主思考。教师要利用好与学生在自主学习后的沟

第四章 教学改革背景下高职英语教学的基本模式

通，凭借交流来更及时准确地了解学生对于课前阶段所学知识的掌握情况，从而保障在课上阶段进行的针对性训练效果。学生根据课程导案的内容进行自主学习和思考后，可以在课上阶段结合自身状况以团队合作的形式展开练习。由此可见，课程导案是课前阶段学生学习的引导也是课上阶段课程练习的前提条件，教师应根据学生在课前阶段对于导案学习的具体情况合理灵活地安排组织课上练习和研讨活动。

学生在课前阶段的学习主要是依靠自身的学习和理解能力完成，自学能力较强的学生能够较快地掌握课程导案中的教学内容，从而在课上阶段就会有更多的时间进行练习和研讨。对于自学能力相对较差的学生来讲，在课后阶段应该多借鉴能力较强同学的学习经验并与教师多交流沟通，结合课程导案内容多反思自己的劣势与不足，从而提高自身的自学能力和效率。

由此可以看出，课程导案是课后总结的依据，对学生今后的学习提供了经验。从表面来看，翻转课堂教学模式要求学生在课前阶段以自学的方式学习课程导案，课程导案取代了教师的教学职责，但其实不然。翻转课堂教学模式看似教师在课前阶段并未直接面对学生，对学生现阶段的知识程度了解并不会影响其制作课程导案。实际情况却恰恰相反，授课教师若想要制作出越详细、越全面的课程导案，就必须对学生有更加全面和更深层次的认识和了解。在翻转课堂教学模式下制作课程导案需要制定多个学习计划和目标，其中包含针对班级整体的教学目标、针对各层次小组的教学目标和针对存在个体性差异的个人目标。教师在制作课程导案的时候要做到全方位思考和认知，制定细致的目标要建立在对学生的充分认知的基础上。教师可以通过多种方式，如课上观察、同学评价和家长交流等方式对学生个体进行深入了解，因此充分的、深层次的了解学生是教师制作优秀课程导案的前提和基础。

在对学生情况充分了解的基础上，教师还必须具备较强的使用计算机、移动设备和互联网技术的能力。例如，教师在使用摄像机录制视频课程时，即要保证教学内容的完整和清晰，又要考虑到拍摄视频的角度对教学的效果是否存在影响，在视频的剪辑时既要保证视频整体的完整又不能将视频的时间设置过长。教师在课程导案制作时要严格注意教学内容间的逻辑结构关系，并且要突出教学内容中的关键点和难点，以便学生学习时思路清晰，还要保证课程导案中的内容多样，合理地通过音频、视频、图片等方式激发学生的学习兴趣。导案制作的最关键点在于能够引导学生展开思考，以便激发学生的创造力。

在翻转课堂教学模式中，教师要将教学内容的具体实施作为基础，合理规划教学安排。以熟练的设备操作能力为支撑，充分结合教学内容和学生的个体性差异性，促进教学资源的多元化，以灵活多变的教学组织形式作为翻转课堂教学模式的内在保障。因此，翻转课堂教学模式的实施，能够多方面、多角度地推进教学工作者专业能力的提升。

7. 有助于发挥信息化在教育中的作用

随着信息技术的不断发展，我国教育改革更是要求将信息技术与教学改革相结合。在传统的教学模式中，受到课堂和时间的限制，教师所能提供的学习资源有限，而翻转课堂这一模式能够有效地解决这一问题。尤其是对于微视频的利用，将传授知识的过程放在课前，让学生能够根据自身情况选择学习内容，有助于学生的个性发展。信息技术的加入，让师生之间、学生之间有了更多交流互动的机会，可以将各种想法融会贯通，也能让教师更了解学生的学习情况，更有助于师生提高信息教育技术能力。

8. 有助于提升学生的独立自主学习能力

翻转课堂教学模式对于学生而言，有助于提升自主学习能力，激发其主观能动性。学生在课前学习阶段、课中学习阶段和课后学习阶段中均能够以自我意识把控学习进度。例如，在课上阶段学习过程中，学生可以依照自身主观意愿和自身切实状况自由选择课程主题，按照所选择主题的内容要求独立开展相关研讨或者进行实验。翻转课堂教学模式有助于激发学生学习的主观动机，翻转课堂教学模式的核心在于改变了传统教学模式下教师灌输式的教学方式，学生在课前阶段自主学习相关知识，在课中学习阶段自由选择内容主题开展相关活动。学生在课堂学习过程中获得了更多参与和表现的机会，因此在学习的主观能动性和学习兴趣方面有着一定程度上的提升，有助于加强和提升学生的自我约束能力，翻转课堂教学模式提升学生的自我约束力主要表现在学生对于学习时间的控制、学习目标的建立、学习状态的调整和学习方式的控制方面。在时间安排方面，学生可以自主安排和支配自身的学习时间，自主控制学习进度。在学习目标的制定方面，学生可以依据自身的切实状况，通过自身理解能力和知识掌握程度合理地选择每一阶段的学习目标。在心态调整方面，学生可以按照自己的学习心情状态来调整学习速度，不受到其他学生接受内容快慢的影响，以良好的精神和心理状态学习。在学习方式的选择方面，学生可以照自身喜好选择学习方式，可以通过文档阅读、收听音频资料和观看视频资料等方式自由选择合适的学习方式。

学生的独立学习性作为翻转课堂教学模式实施的要素之一，是指学生在没

第四章　教学改革背景下高职英语教学的基本模式

有教师的监督和指导下，在完全自我约束的环境下进行学习。在传统的教学模式中，教学步骤环环相扣，学生根据学习的效果逐步实现教学目标。虽然传统的教学模式可以在一定程度上给予学生一定的自我表现性，但传统教学模式的弊端在于硬性设定了教师在教学过程中的中心主体地位，在此背景下教学内容的传播方式是灌输式的、单向的，使学生在一定程度上失去了思维的拓展性，导致学生对于学习的兴趣度下降。翻转课堂教学模式从教学设计方面入手，将教学方式和内容以多元化的方式呈现，教学渠道从单向灌输变为多向传导，此教学模式充分调动了学生对于学习积极性，极大程度地提升了学生的自主学习能力和独立思考能力。

9. 有助于改变师生角色并审视教师能力

在目前的教学环境中，人们开始越来越关注将课堂还给学生，以学生为主体，而不是简单地教师在上面讲，学生在下面听。翻转课堂可以突出学生的主体地位，更加注重学生自己学，自己分组讨论解决问题，教师不再是领导者，而是"引路人"。学生可以直接在平台上反应自己的问题，教师依据这些问题重新设计教学活动，更加体现了以学生为中心。此外，教师在制作视频的过程中也可以重新审视一番自己的教姿教态、语言是否规范，避免故步自封、止步不前，重新提高自身能力。

10. 有助于增加学生兴趣并提高课堂效率

在传统的教学模式中，教师往往需要讲解很久，进行集中授课，这就使得学生上课时间长，容易产生厌烦情绪。翻转课堂教学模式形式多样，时间自由灵活，有松有弛，能提高学生兴趣。学生自觉主动地接受知识之后，将出现的问题进行反复观看，如若自己解决不了，及时向同学和教师反馈问题，使得发现问题和解决问题的速度提高；再回到课堂上有针对性地进行练习，这样练习的时长也会增加，对高职英语教学而言，口语上的练习往往比教师单纯的讲解重要得多。将每一次翻转课堂都变成学生自己的个性课堂，会有所收获。

三、翻转课堂教学模式在高职英语教学中的应用策略

（一）在课前准备环节应用翻转课堂

课前准备环节是英语教学实践中最重要的组成部分，在该环节能否合理运用网络信息技术制定课堂教学方案，能否使制作出来的多媒体教学课件与实际教学

内容有效衔接且高度符合，以及课前准备好的教学方案和教学大纲符合学生学习英语知识的需求与能力，都在一定程度上取决于翻转课堂在课前准备环节是否得以有效运用，并发挥其真正作用。

因此，为有效提高学生学习效率，提升英语教学实践效果，充分发挥翻转课堂的教学作用，英语教师首先应明确翻转课堂应用背景、英语教学实践的重心和主体，注重采用"以生为本、因材施教"教育理念，给予学生足够的课堂话语权和表达机会。同时，合理利用翻转课堂教学优势，最大限度地缩短课堂理论教学课时，将大部分教学时间留给学生展开自主学习与交流互动，从而最大限度地激发学生的学习积极性，提高其学习效果。在此过程中，英语教师应根据不同学生的个体差异情况与不同学习能力、学习水平，将课堂教学内容分为不同的部分，确定不同学习任务，保证在课前设计好的教学方案和学习任务符合不同特点学生的学习需求，比如教学内容、教学目标、教学难点等部分，以便减轻学生的学习压力，落实因材施教的素质教育理念。在课前准备的环节应用翻转课堂，还可充分发挥微课教学优点，配备相关的PPT及案例分析，利用微课教学平台中不同的测试题库、案例解析、课后练习等教学资源，将其整合为学生课堂自主学习的学习资源，尽量让每名学生都能找到符合自己学习思路的资源。

例如，在准备"Shopping"这一课的教学方案时，可通过设计一个真实有效的购物情景，分别采用情景教学法、小组合作教学法、角色扮演教学法这三种方法，借助多媒体教学设备，为学生设置一个真实的购物情景，引导学生通过模拟购物情景中的人物，根据情节内容展开模拟对话，并引导学生将自主学习过程中挖掘出来的新词汇、新句型引入其中，开展拓展式学习活动。这样不仅有助于丰富教学内容，使课前准备出来的教学方案更具创意和吸引力，而且还可进一步激发学生学习兴趣，调动其参与翻转课堂的积极性。

（二）在课堂教学环节应用翻转课堂

课前准备环节是为保证课堂教学环节所采纳的教学方案、教学大纲、教学任务更具吸引力，更能调动学生参与学习的积极性与自主性，是课堂教学环节应用翻转课堂奠定良好基础最为关键的路径，而课堂教学环节则是整个教学活动中，学生自主学习、交流互动、消化知识的主要途径。

因此，除了在课堂准备阶段应用翻转课堂，还需要在课堂教学环节应用翻转课堂，这样可促使英语教师针对课前准备出来的教学重难点、疑难点，展开针对

第四章　教学改革背景下高职英语教学的基本模式

性教学，进一步缩短理论教学的时间，再用剩余课堂教学时间为学生答疑解惑，引导学生组织开展学习。

例如，当学生在学习某一单词或文章时，教师可利用课前准备好的教学方案，采取小组合作学习法、任务教学法，将学生分为不同学习小组，并发布不同的学习任务，如要求单词基础较差的学习小组进行英语单词练习、听写，英语口语表达能力较弱的学习小组则应开展深入的英语对话练习等，引导学生以小组讨论学习的方式展开学习。

其中，在听写单词的过程中，可引导一名学生读单词，其他学生默写，然后再换另一个学生读，当学习任务结束后，将学习结果上交给教师，教师再给予针对性、有效性的评价、反馈与解答。高职英语教师应尽量与学生拉近距离，营造和谐的学习氛围，并鼓励学生与自己以英语口语的方式进行交流，以培养其英语听说能力。

（三）课后拓展环节应用翻转课堂

在课后拓展环节应用翻转课堂，英语教师可通过在互联网平台中的学习APP，定期上传一些有关于英语的电影、歌曲、微视频及文字图片等内容，引导学生在课余时间根据自己的需求进行学习，有效填充学生的知识体系，丰富其学习经验，开拓知识视野。同时，英语教师还可在课后复习环节应用翻转课堂，将自己每节课程中所讲解的重难知识点，录制成短视频上传到自主学习平台，引导学生通过该平台进行课后复习和巩固。在每一个复习视频设置过程中，为保证学生都能完全将知识吸收内化，真正学懂英语知识，还可适当在视频中间和结尾处，设置不同学习小任务或问答题，学生回答正确并完成任务后，才可进行下一阶段的知识点复习，否则将会重返上一复习阶段，重新巩固知识体系。

另外，针对学生在课堂中遇到的问题，英语教师还可采用线上线下结合的教学方式，根据自身实际情况，在线下解答的时候应及时给予帮助，若是时间紧、任务重，则可采用线上解答的方式，通过利用线上社交APP，如微信、QQ等，与学生进行互动交流、讨论，共同解决问题。到了课后作业布置环节，还可利用线上自主学习平台，为学生发布任务，引导学生在平台上直接开展学习活动。当学生完成学习任务并提交作业后，教师应在线进行修改、点评与反馈，为学生批改作业，纠正学生的错误，并引导学生针对错误点展开重新学习，以便巩固学生的知识结构，提高学习成效。

第五章　高职英语的多元互动教学模式

互动在语言教学中由来已久，随着网络多媒体技术的快速发展，高职英语多元互动教学模式的优越性日益凸显。本章分为多元互动教学模式的内涵、多元互动教学模式的理论依据、多元互动教学模式的初步探索、高职英语多元互动教学模式实施四部分。主要包括多元互动教学模式的缘起、多元互动教学模式的含义、多元互动教学模式的特点、多元互动教学模式的相关理论、多元互动教学模式应用的影响因素、多元互动教学模式对高职英语教学的促进作用等内容。

第一节　多元互动教学模式的内涵

一、多元互动教学模式的缘起

多元互动教学的雏形是符号互动理论，由此理论产生了互动教学。随着社会文化的多元发展，在多元智能理论、建构主义学习理论和人本认知学习理论的支撑下逐渐演变成多元互动教学模式，并应用于课堂教学之中。

20世纪30年代，美国社会学家米德（G. H Mead）提出了从心理学方向去研究社会的符号互动理论，产生了"互动"这一概念。1937年，布鲁默完善了这一理论，他认为人与人之间的言语、文化、动作的互动能够对个人及社会产生影响。

随着符号互动理论的不断发展，部分学者开始将该理论应用到课堂教学之中，他们认为互动会对课堂教学质量产生影响。20世纪50年代，教育学界的互动式教学研究呈现空前的繁荣景象，学者们希望研究出更多良性的课堂互动教学方式，从而提高教师的教学质量和学生的学习效率。此时主要的研究对象还是教师和学生间的互动。

第五章　高职英语的多元互动教学模式

社会文化多元化的发展对互动式教学研究产生了深远的影响。1983年，哈佛大学教授加德纳提出了多元智能理论。这一理论的问世有力地促进了教学设计和教学模式的创新，因此，互动式教学在多元智能理论诞生的背景下结合建构主义和人本认知两个学习理论形成了"多元互动教学模式"。

二、多元互动教学模式的含义

（一）互动

"互动"并不是一个自古就有的词汇，而是随着现在社会的发展衍生出的新生词汇。从字面看，"互动"的"互"就是互相的意思，"动"就是"影响、作用"的意思，合起来"互动"的意思就是"彼此间相互作用、影响"。从这个意思衍生出来，与之相关的词汇是"沟通""合作"，表示了两个或两个以上的个体间的交互性关系。

由此，可以看出"互动"教学的重点一定不是教师，而是师生之间、生生之间的影响。

在社会生活中，互动是指互动主体之间通过言语或非言语进行信息、思想、情感的交流。这说明，互动之中不仅有知识的交流，而且还会有思想情感方面的交流。互动不仅有显性的意义，而且还有隐性的作用。

互动教学是以"互动"为理论形成的教学方式，它能够让课堂中的教师和学生相互影响，相互作用，调动师生双方的积极性，从而提高课堂的教学效率。更重要的是，它能让师生之间、生生之间的思维产生碰撞，使一些未成形的潜意识在碰撞中成熟，使两种不同的观点在碰撞中融合，为师生提供看待问题的不同观点，从而增加课堂教学的深度。

（二）多元互动教学

我们将教学活动中涉及的元素分为两大类——"人"和"物"。"人"指代教学活动的主体，包括教师和学生。"物"指代教学活动的客体，包括多媒体、教学资源、授课情境等内容。其中，最重要的是以文字的形式出现的教材和最新的辅助课堂教学助手多媒体。"多元互动"中的"多元"就是"人""物"中的多种元素。

"多元互动"指的是"人""物"多个元素之间的相互作用。在教学活动中，借助多元的媒介，利用多元的教学素材，设计多元的课堂活动，使学生、教师之间发生知识、思想、情感间的相互作用和影响，促进师生之间相互交流、相互补充，从而达到高质、高效的教学效果。通过这种方式，激发学生自主学习的能动性，调动学生的学习热情，引起学生的学习兴趣。通过师生之间、生生之间多种方式的交流，让彼此互相补充、互相批判，从而发现对方的优点，形成自己的批判性思维。

多元互动，即以学生的听、说、读、写能力为基本点，以学生的智慧情感发展为教学目标，以教学主体与客体之间多种元素的交互作用为教学形式的开放性教学。它既是一种教育理念，也是一种教学方法。它包括以下两个层面。

1. 主体层面

在教学活动中，最主要的体现就是主体间的互动。教师和学生都是教学活动的主体，主体层面的互动即是师生之间、生生之间的互动。学生的主体性体现在其积极主动的参与上面。因此，如果教师想要在教学过程中让学生真的听懂、学会、掌握到位，就要不断与学生产生互动，促使学生与学生之间产生互动，让学生真正地"动"起来。

2. 主客层面

相对师生教学主体来说，教学活动中的教学内容、多媒体、教学环境等即是教学客体。教学内容是教学主体之间互动的桥梁，同时也因为自身的特性影响着教学主体。现代高校课堂中，教学环境几乎不变，那么占主要地位的客体是教材和多媒体，因为教材和多媒体都带有作者的主观性，它们带着作者的价值观、思维方式和情感体验。这些客体被教学主体引入教学活动中，又必然会影响教学主体情感与思维的发展，可见教学主体与教学主体之间存在互相影响的关系。

在这里，"多元互动"的两个层面就体现了两种互动形式——主体间互动和主客体间互动。这两种形式会在同一个课堂活动中同时存在，贯穿始终。主体之间的互动、主客体之间的互动能够更好地促进学生互动，从而提高学生的思维水平。

（三）多元互动教学模式

多元互动教学模式是一种刚流行于市面的教学模式，它主要是调动课堂上的一切教学要素，具体包含学生与学生、教师课堂其他可以使用的教学辅助资源，如课件、课本、教案、教学方法与策略等资源之间进行互相作用的模式。多元互动的类型主要有学生与学生、教师和教材、教具、教学方法、教学策略等所有教学要素之间的互动。

多元互动教学模式主要由显性和隐性互动两部分组成。前者主要是指可以被肉眼所见，特别显眼的外部相互作用，例如，在课堂教学中可以直接看到的不同行为或者动作之间的互相作用以及可以被听到的言语互动，经常见到的"显性互动"有师生互动以及生生互动，良性的显性互动能够帮助学生投入课堂环境里。后者是指不能被肉眼所见，特别不显眼的内部相互作用，例如，教师在课堂对学生的自身状况包含爱好、水平、需求等与教学方法策略和教学方法之间进行的调整互动，比如，教师对学生的熟悉与了解的过程。然而最终隐性互动需要通过显性互动显露出来，然后进行具体的活动实施。

三、多元互动教学模式的特点

多元互动教学模式是通过教师、学生、课程等之间的信息交流和活动交往来进行教学的，这种教学存在着很大的不确定性。教师必须针对不同年龄和水平的学生选择不同形式的互动方式，尤其是在当今高度发达的网络技术和多媒体技术条件下，单调的课堂教学已不再适合于时代的发展。以前的传统教学模式也渐渐暴露出弊端，与之相比，多元互动教学模式发生了很多变化，并具有许多教学特色。

（一）线上线下教学共同具备的特点

1. 以学生为主体

多元互动教学模式强调"以学生为中心"，突出学生在课堂中的主体作用。从教师与学生的关系上来看，教师应当作为学生学习的促进者、组织指导者以及学生学习知识的帮助者，引导学生充分发挥主观能动性进行积极主动的学习，支持学生独立思考，并积极举手提问，根据自身的观察、体验、动脑、动手，进一步引导学生独立领悟各个事物的发展规律与变化情况，教师应该是学生的引导者，但这并不意味着教师要替学生做决定。

2. 强调课堂内互动

多元互动教学模式的重心在于互动二字，而课堂活动式是课堂教学的核心环节，学生又是课堂活动的主体，因此教师在设计课程内容与环节的时候重视课堂气氛的营造也是非常必要的，学生自觉遵守课堂纪律，课上的共同讨论以及不同学生之间存在的对抗或者合作关系，在某种意义上对课堂教学的氛围发挥着一定的作用，并进一步影响教学效果。良好的教学活动，不仅可以促进师生、学生与学生之间的互动，而且还能在一定程度上将学生的学习兴趣激发出来，并以此来提高学生的积极主动性，从而完成相应的教学任务。

3. 重视各种要素结合

多元互动教学模式主要是指学生与学生、教师以及课堂其他可以使用的教学辅助资源，如课件、课本、教案、教学方法与策略等资源之间进行互相作用。众多教学要素存在，教师要重视各种要素之间的整合。

多元互动教学模式的各个互动要素是存在内在联系的，比如教师和学生、教师和教学方法、学生和教材、教材和多媒体、教学方法和教材等，一切教学要素都是相互关联、相互作用的，教师需要将全部要素有机地整合在一起，才能让课堂有序地运转，从而使多元互动教学模式在高职英语课中的作用发挥到最大程度。

4. 加强情感沟通

为了加强与学生的情感沟通，教师要提前了解每位学生的基本特点和基本情况，这样才能有效地掌握学生在学习中遇到的问题。根据每位学生的问题，制定相应的教学计划，确保每名学生在进行课堂学习和操练过程中都有机会展现自己。同时在课下，教师也要与学生们进行更多的交流与互动，增强学生学习英语的自信心，鼓励和支持学生们在课堂上用英语发言。对于学生课上所犯下的错误采取课下纠正的形式，给予学生尊重和鼓励，让他们在课堂上敢用英语进行表达并喜欢用英语与师生进行互动交流，共同进步。

5. 丰富活动形式

教学最怕的就是使用固定化和模式化的教学方法，不仅会抹杀学生们的学习热情，而且会使课堂氛围枯燥沉闷。因此，为了引发学生的学习兴趣，让学生积极融入课堂当中，教师需要采取灵活多变的活动形式。

随着多元互动教学模式的逐渐普及，除了传统的教学方式外，教师还需要精心设计教学环节，并采用情境创设、角色扮演、游戏、提问、实际操作、竞赛等多种练习形式。只有当教师通过各种练习营造出一个愉快而有趣的学习环境时，才能激发学生的学习热情，并使学生积极地融入课堂当中。

（二）线上教学的特点

1. 现代教育技术的多方位运用

多元互动教学模式无论是在线上还是线下的英语课堂中同样适用，但是线上教学与线下教学最大的区别点在于对网络的运用,线下教学是利用多媒体辅助教学,而在线上教学中,多媒体则是非常重要的、不可或缺的一个课堂组成部分。课件的使用可以使教学内容更加直观,通过音频、视频、动画等多样化的方式将课堂当中所学的知识点与内容传递给学生,吸引学生的注意力,提高学生的学习兴趣,使课堂更加生动活泼,从而使学生更易接受所学的知识内容。

此外,除了课堂的基础学习内容,在操练环节所涉及的各种练习活动中也能线上线下教学的不同,线下的操练环节存在现场互动或者进行模拟表演的真实场景,而线上则是通过课件当中多样化、动态化的课件小游戏与活动展现出来。

2. 教学对象的多元化

中国的国际影响力连年提高,自然就会有源源不断的英语学习者出现,而线上教学的跨国别、跨地域的特点就可以很好地展现出来,无论国别背景、地域远近、时间限制,学生都可以通过各种各样的英语教学平台进行学习,线上教学便捷高效,可满足不同英语学习者的学习需求,教师也可以适当进行教学调整,从而让不同的英语学习者都能找到适合自己的英语学习课程,并且在多元互动教学模式下更好地进行英语学习。

四、多元互动教学模式的特征

(一)动态性

内涵界定于交往本质的多元互动教学中,教学过程是由"教"和"学"的动态过程组成的,是师生交往、积极互动、共同发展的过程。因此,教学过程的动态性成为多元互动教学模式的特征之一。这种动态性特征表现在以下几个方面。

第一,"教"和"学"是一个辩证发展的过程。在多元互动教学中,"教"和"学"是辩证的和谐统一体,既是教师专业发展的过程,又是学生全面发展的过程。活动建构教学过程的多元观提出,基于创新教育的活动建构教学,对于教师来说,教学过程是一个教师实现教学理想与展示自我价值需要的过程;对于学生来说,教学过程是一个学生情感投入与探究发展协同共进的过程。

第二,"教"和"学"是角色不断变化的过程。在多元互动教学过程中,交往的本质决定了"教"和"学"角色的不断变化。"术业有专攻""闻道在先"的教师最初理所当然起着一个组织、点拨、引导的作用,但随着教学过程的进行,教师又会在活动中以一个参与者、合作者的身份出现。同时学生也不是永远处于接受学习的角色，在交流中，学生以自己的生活经验、知识储备可能会居于师者的位置。

第三，"教"和"学"是一个互动生成的过程，"教"和"学"都处于开放的状态。在动态发展的课堂教学过程中，学生积极主动建构知识、发展自己，认识总是处在不断的生成中。因此，在多元互动课堂中，教学过程具有不可预测性，教学流程并非按预设好的静止方案进行。叶澜教授认为"动态生成性是对教育过程生动可变性的概括"。在多元互动的课堂中，生成过程还表现在教师尊重学生的独特体验，关注学生个性，以学生的学习需求作为教学发展的轨迹等方面。

（二）系统性

一个系统具有各种组成因素，这些因素通过相互交往、相互联系发挥价值，且系统的整体价值大于每个因素的个体价值，即"1+1＞2"。所谓的系统性，就是指此系统中的组成元素之间能够稳定、有序、连贯地运行。"多元互动"教学的系统性体现在其中蕴含着两个系统——教学系统和学生发展系统。

教学系统是教学主体和客体之间互相作用、互相影响的整合体，它属于多元互动课堂的组织系统。它以"学生"为中心，涵盖环境、文本、学生、教师等全部因素。所有的因素在教学系统中发生着"主体间互动""主客间互动"和"官能间互动"。在课堂授课过程中，教学主体即教师和学生之间发生着双方或多方之间的互动，他们互动的媒介是教学客体，教学客体通过与有独立性和个性的教学主体接触，也有了独特的、有个性的意义，从而在教学主体的互动之间出现了主体与客体之间的互动，即主体作用于客体反过来也会受客体的影响，其作用与影响的途径就是通过主体的手眼耳口脑这些感官。因此，多元互动教学就是为了促进教学系统中各个元素之间的系统性发展。

学生发展系统属于多元互动课堂的目的系统，包含思维、情感、行为三个层面，英语教学的最终教学目标就是促进学生在这三个层面上的系统发展，因而也形成三个系统，即"思维系统""情感系统""行为系统"："行为系统"主要包含学生掌握听、说、读、写英语语言技能；"情感系统"主要指学生在课堂中获得的情绪、态度、性格等方面的成长；"思维系统"是指学生在课堂中获取的能力、策略、思维方式的发展。

（三）活动性

马克思说，实践是认识的来源，是认识发展的根本动力。学校帮助学生发展、增进学生的认识，其本质也是实践。学校中开展的教学活动的外在实践具体表现为知识层面上的听、说、读、写技能，内在实践为情感与智慧的提升。高职英语课堂的多元互动教学就是将学生的外在知识行为和内在的智慧情感结合起来，在课堂活动中表现出全方位的互动关系。

马卡连柯认为，教育需要的不是很多的时间，而是如何合理地利用很少的时间。

高职英语教学中的"多元互动"即贯彻这种理念，将听、说、读、写技能作为"学生发展"的基本目标，引导学生在听、说、读、写活动中学会听说交际、学会阅读写作，更深层次的目标是在活动中引导学生形成正确的价值观念。在具体的、符合生活规律的实践活动中，学生的技能、情感、智慧一起自然而然地发展、学生的创造能力得到发展，这就是高效课堂。

现代英语教学往往重视语言的工具性，认为学习的知识尚浅、学生的水平尚低，从而忽略了英语人文性的特征。学习一门语言，无论处于什么阶段，最终目的都要关注这门语言所承载的能够启迪人心的人文智慧和人文精神。多元互动教学与传统英语教学的区别在于"活动性"，传统方式重基础、轻运用，重结果、轻过程，重分析、轻实践。

因此，传统的授课方式会让课堂充满许多来自教师的烦琐分析，用大量的机械性练习代替具体的语言实践活动。以"活动性"为特征的多元互动课堂并不是意味着极端地刨除分析、刨除巩固练习，而是将课堂的重点放在学生的学习过程上，关注教师所介绍的事物是否能被纳入学生的认知结构，是否能与学生的认知经验产生联系，这样学生的认知系统才能得到系统性发展，在多元互动的课堂中的教学活动、教学内容才能对学生产生意义。因为无法与学生个人认知产生关联的事物都是毫无意义的，课堂中产生的详细的解释、过于全面的训练，会将一堂课真正的重点掩盖，或许会体现英语的工具性特征，但无法体现英语的人文价值。

卢梭说过："在任何事情上，你们的教育都应该是行动多于口训，因为孩子们是容易忘记他们自己说的和别人对他们说的话的，但是对他们所做的和别人替他们做的事情，就不容易忘记了。"学生就是在活动中认识世界、认识自我，因此，多元互动理念力求使英语课堂活动化。

（四）明确性

高效的课堂教学需要有明确的目的，所进行的教学方式也应是为这个目的所服务的。高职英语多元互动课堂是为了促进学生的整体素质提高，也特别注重课堂目的的明确性。

高职英语多元互动课堂是一个多个层面和多种维度的教学理念，因此，目的的明确性也是体现在不同方面的。

1. 教学主体间互动的明确性

教师与学生间的互动和学生之间的互动。在教学活动中，教师的"教"促进了学生的"学"，同样学生的学习活动也会反过来影响教师的教学过程。但是，教学活动的目的，在于学生的"学"，并非教师的"教"。因此，教师要明确以学生为中心的教学理念，根据学生的知识储备、学习特点、思维水平来设计不同的互动形式，以兼顾不同水平的学生。

2. 主客体间互动的明确性

教学主体与客体间互动的意义在于教学主体能够通过接受客体的影响发挥自己的主观能动性。教学课题包括教材、多媒体、教师的补充材料等诸多教学资源。教学客体是为了服务主体而存在的，因为多元互动的课堂从学生的发展出发，所以教学重点在于培养学生具有自主加工处理信息的能力，而不仅是面对教学资源简单地被动接受。

3. 官能间互动的明确性

虽然在教学活动中，官能之间的发展不是割裂的，比如，做不到纯粹地训练学生听力、口语、阅读、写作的能力，听、说、读、写官能均在一次教学活动中共同作用，彼此互动。

但是，在同一活动中，各个官能的发展并不是均衡的，而是有所侧重的，这就是为什么高职英语的课堂分为听说课、阅读课、写作课。官能互动的意义在于，在侧重培养一种能力时，其他官能可以促进发展，在现在的高职英语课堂中，还是要分主次、知轻重，明确教学活动的侧重点，使效率得到保障。

第二节 多元互动教学模式的理论依据

一、人本主义学习理论

谈到源头，人本主义学习理论可以追溯到人本主义的心理学，众所周知，马斯洛和罗杰斯是这一理论的支持者。在该理论看来，人性本善，在此基础之上，人可以自由地生长发育，前提是后天的外界环境并没有什么异常之处。人的自身价值、人所具备的创造性以及自我目标的实现是该理论的研究重点所在，在这里，人的自身价值与发挥主观能动性是为大众所推崇尊重的。

在支持者罗杰斯看来，各部一致的教学目标理念、有价值的自主学习理念、以学生为主体的教学理念这三个理念是该学习理论的关键。人本主义则更倾向于教学的方法与过程，而非内容与结果。在罗杰斯看来，各种各样教学资源的创造、学习氛围的调动、学习自主性的提高是作为一名教师的本质所在。该学习理论始终秉持老师应该促进学生学习这一教学理念，改变了传统意义上对于教师的理解。

二、自主学习理论

自主学习理论的对立面是接受学习理论，相较于后者，它更加先进，更符合教学规律，也更为现代化。自主学习的实施者是学生本身，它要求学生在学习过程中为了达成自己的学习目的，能够独立使用各种方式方法去探讨、推敲、摸索所学习的内容，通过调动学生学习的热情把学生的被动学习转变为"我想学""我要学"。

同时，教师也要充分发挥对学生的引导作用，帮助学生实现"我会学"。自主学习主要通过三个步骤来实现：首先，教师要帮助学生在真正开始学习之前弄清楚"我要学什么""怎么学"；其次，教师应指导学生在学习过程中不断调整，找到适合自己的学习材料、学习方法；最后，教师需要教会学生公平公正地给自己的学习打分，继而运用此评价来指导其后续的学习。

三、混合教学理论

承认学生的个体差异性，并对其进行因材施教，是混合教学理论的基础。教师要对每个学生因材施教，给学生推荐合适的学习材料和学习方法。在数字技术的背景下，学生对不同媒体的接受度也有区别。这就要求高职英语教学必须进行转变，并积极融合多种不同的学习媒介和教学方式，从而使学生获得更好的学习体验和成绩。

德里斯科尔认为混合学习意味着学习过程可以是通过使用某一网络媒体来促进教学目标的实现，也可以是把传统的课堂教学模式与先进的网络平台相结合以获得最优的教学反馈，还可以是教师通过课堂的面授与网络媒介相结合来实现良好的教学成效。

四、多元智能理论

多元智能理论是加德纳教授率先提出来的。在他看来，智力是在特殊文化背景下或在社会中打点问题或建造产物的能力，是指人类生理学和心理学的潜能。他将这些智能整理成八种智能，各种智能相对独立，并且以多元的方式存在。

将多元智能理论应用到教学中需要做到以下几点。

首先，要改变以前对学生的态度和看法。从人才培养的角度来看，多元智能理论认为，几乎每个人的智力都是一级棒的，但每个人智力的类型和性质基本上是不一样的。学生智力的差异并不是教育的负担，而是宝贵的资源。

其次，要重新定位教学的理念。多元智能理论特别强调在教学方法上要根据学生的实际特点和情况选择一种适合学生的教学方法，也就是所说的"因材施教"，而且对待不同的学生在教学中要采用多元化的教学方法和教学模式，这样才能有效挖掘学生的潜能，最终让他们真正成为杰出的个人。

最后，不同观点的转变同样会带来教学方法和教学行为的转变。教师们不能仅仅通过简单的备课来满足教学大纲的要求。相反，他们必须充分使用多种方式和多种方法提出"多元智能"的教学策略，以实现和贯彻"多元智能"的教学目标，努力培养学生的多元智能。

五、三元交互决定论

环境的因素、行为的因素和人的因素被班杜拉称为影响人类内在心理的三种因素。班杜拉认为，人的因素、行为的因素、环境的因素在人的身上相互作用、相互影响，这三者不是独立的，而是相互作用的。在环境与人之间、环境与行为之间、人与行为之间都存在着双向影响的关系，从而构成影响个体的三元交互决定系统。在这个系统中，任何个体的活动结果都是这三者影响所致。

虽然三元交互决定理论中，强调三者互相影响，但班杜拉还着重强调了人的主体能力。他认为，人的能力有自我反省能力、预见能力、自我调节能力、符号化能力，正是通过这些能力，人的主体因素才能介入环境与行为的关系中，并对并对其实质的影响力。

从三元交互决定理论中可以看出，行为、环境、人之间若想发生作用，就必须产生关系，若想产生关系，就要采取互动活动的形式。如果没有互动式的活动，那么三者之间的关系就无法产生，而在这一环节中，人的主体作用是重要的。

因此，在实际的教学活动中，要求我们从活动入手，通过活动将人的主体作用发挥出来，人的作用一旦发挥，行为和环境会自然地参与进来，使得三者开始互相影响、互相作用。能够使三者相互影响、相互作用的活动就是互动式活动，课堂教学必须存在互动式活动。

六、多元互动模式论

美国加州大学伯克利分校的克莱尔·克拉姆施（Claire Kramsch）教授认为文化具有多元性特征，即同一种文化群体中，每个人都有自己独特的文化，因此每个人都是从自己独特的文化角度出发看待问题。克拉姆施认为当每个人都从自己的观点出发看待问题，文化冲突就不可避免。因此，她提出多元互动的思想，即在文化互动中化解冲突，实现不同文化之间的理解。

基于此理论，克拉姆施还提出了多元互动模式需要注意以下几点：语言与文化相统一，即语言与文化学习应融为一体；文本和语境相统一，即语言不仅要反映说话人的思想，还要体现当下的社会观念。因此，只有文本和语境相结合，才能真正走入一门语言。

虽然克拉姆施教授在文化层面提出多元互动理论，但对高职英语教学依旧有重要启示。学生也是从自己独特的视角看待课堂问题，在多元化的互动模式中，不同的观点可以碰撞，在碰撞过程中促进师生、生生之间更好地理解，而并不是一方向另一方妥协。

第三节　多元互动教学模式的初步探索

一、多元互动教学模式应用的影响因素

（一）学习者的主体因素

学习者的主体因素包括学习动机、文化因素、母语迁移。学习动机方面，教师在进行授课之前，要充分了解学生学习汉语的目的。总的来说，对于学习所产生的内心动机与学生参与活动的积极主动性以及学习效果，三者之间呈正相关的关系。教师应根据学生的实际情况设定一个问题，并确定一个恰当的任务目标，以此来激励学生不断进步。同时教师要恰当分配不同的学生参与到不同的活动中

去，以满足学生的不同需求。

文化因素是英语教学中一个重要的因素，每个学生的国家背景不同，不处理好地域间的差异会出现摩擦，所以文化因素不容忽视，教师应当在课前充分了解教学对象的国别背景、文化背景，防止师生在课堂教学中产生矛盾纠纷。教师在进行教学设计时，应考虑文化因素给多元互动教学模式所带来的有利之处，多元的文化因素能够开拓学生的视野，丰富学生的阅历，使学生了解别国的文化知识，同时教师要注意引导学生学会包容地看待他国文化。

多元互动教学模式为师生和生生之间创造了互动机会，为不同国家的学生架起一道沟通的桥梁。但是，学生在学习英文的过程中会受到母语迁移的影响，对于积极的影响，多元互动教学模式可以充分利用，教师在课堂教学的过程中可以灵活运用好的影响来抵消坏的影响，在隐性互动时要充分了解学生对于各自的语言迁移的掌握情况，并利用与之相关的各种要素更好地帮助学生学习英语。

（二）教师、教法等外部因素

影响高职英语课程的教学效果的外部因素包括教师、教学内容和教学方法三个方面。教师是课堂中的引导者，教师的综合素质与文化素养对于课堂教学有着显著影响，教师和学生之间的互动以及教师在进行活动组织的时候也可以让教师认识到自身的不足与教学过程设计的缺陷，让缺点显露出来，教师才能有针对性地进行修改与调整，不断完善自身，从而提高教师的教学水平。教学内容是学生在课堂中学习的主要部分，学生对教学内容的反馈会从多角度表现出来，教师通过对学生的言语反应和表情肢体动作的观察，掌握学生对教学内容的吸收情况。教师通过各种形式的互动，得到学生的反馈之后，才能及时针对问题来调整教学内容，探索一种促使学生发挥积极作用的教学课程。教学方法是一种教师发挥引导作用，带领学生探索文化知识、提升学习技能、促进身心发育、完成教学任务而一起活动的方法，教学目标和教学任务因课程的不同而有所差别，课程性质以及教材、学生的特点不同都会影响教学模式的应用，故教师应根据实际情况选择不同的教学方法。要发挥教学的整体功能，注意综合性和灵活性。总之，根据外部因素进行互动调整，多元互动教学模式的适当应用是有益于教学内容的调整，从而利于高职英语课的顺利进行，进一步使学生的英语水平不断提高。

二、多元互动教学模式的不同教学策略

(一) 教师和学生之间的互动策略

教师和学生作为教学中最主要的两部分，扮演着不同的角色。其中，教师发挥着引领者的作用，而学生则扮演着教学主体的角色，所以教师和学生之间的互动策略被视为教学活动中最为主要的互动策略。教师可以通过设置问题、设计游戏环节的操练与互动等方式进行师生互动，此种策略能够帮助教师准确地了解学生的基本情况，例如，内心想法、性格、基础能力、学习水平等，从而加强师生之间的情感交流，教师可以及时调整教学策略以便提高学生的学习兴趣，提高高职英语教学效果。

不可忽视的一点是，线上的英语课堂不同于传统意义的课堂，教学对象分布世界各地，学生的生长与成长环境、文化背景各不相同，教师在进行师生互动策略设计的时候要考虑这些因素，规避容易产生冲突与矛盾的教学环节与教学活动，给学生营造一个轻松愉悦的学习氛围，促使学生积极主动地与教师互动。

(二) 学生和学生之间的互动策略

学生与学生之间的互动指的是生生互动，学生在英语课堂的教学中占据着核心位置，学生与学生之间的互动策略在高职英语课中是必不可少的。生生互动可以通过合作和竞争这样两种方式进行。首先是合作的方式，教师可以通过引导学生进行彼此交流与沟通的方式让学生之间交换想法，教师给出特定的问题情境，接下来组织学生分组之后进行小组讨论，在讨论过程中学生之间互相取长补短、共同进步。另外，也可以采取小组比赛的方式，教师给出既定目标，锻炼学生团队合作、共同解决问题的能力，增强学生的集体荣誉感和合作意识，从某种意义上全面挖掘学生自身所具有的潜能，以此来提高学习效率。所以生生之间的互动策略是教学策略的重要组成部分。

(三) 其他要素之间的互动策略

该种教学模式除了包含上面所说的两种方式以外，还包括学生与课本、教案、教学策略以及线上教学所使用的多媒体等各种教学辅助要素之间的互动。在高职英语课的课堂上，要求英语教师在线上进行授课的时候，要充分利用多媒体的一切优势，包括结合教材、教具丰富使用手段，帮助学生直观地接纳并吸收英语知识。

除去师生互动和生生互动，教师利用线上的教具或者实体教具、教材、多媒体设备等各种教学要素来辅助教学是非常必要的，特别是在生字、词讲解环节，教师可以将生词的图片或者视频直接展示给学生，让学生有一个更直观的认识以及更深刻的理解。对于此类其他要素的互动策略要求教师进行有机整合，加深学生对于知识点的理解和掌握，提高学生的学习兴趣与学习效率，让学生在轻松的氛围中完成英语学习。

第四节　高职英语多元互动教学模式实施

一、多元互动教学模式对高职英语教学的促进作用

（一）提升英语核心素养

英语是一种重要的交流工具，其核心素养要求大学生在学习过程中形成良好的语言积累、英语文化意识以及英语思维模式。但是，高职院校的英语教育受到各种客观条件的制约，在英语核心素养的培养方面还存在一些问题。多元互动模式的应用要求学生利用各种教学要素全面提升实践应用能力，有效弥补了传统教学模式中存在的不足，提升了学生的英语核心素养。

（二）激发英语学习的热情

不少学生对大学英语教育提不起兴趣，主要原因在于教学模式枯燥，教师将主要的精力花费在讲解词汇、短语、课文以及语法知识等基础层面，在课后布置一些汉译英、写作或者阅读理解之类的作业，按部就班地完成听力教学以及组织英语考试，师生之间的教学互动仅限于课堂提问环节。

多元互动教学模式下，教师会借助英语情境短剧、电影、英文歌曲、学生分组讨论、微课、分组探究等各种教学形式丰富课程内容，学生也会更多地参与到这些教学活动中，其主体地位在这种模式下都会得到有效的提升和改善。

（三）促进多元交流

缺乏交流和对比会导致学生不能充分认识自身在英语学习方面存在的问题，进而陷入一种缺乏客观性的状态中。任何一门学科的教学都应尽可能地激发学生

的主观能动性，学生只有认知到自己与别人的差距，才能更好地发挥其自主学习的意识。传统教学模式下学生之间、师生之间、学生与其他各类教学要素之间的互动都比较有限，很多学生不能形成对比意识，感受不到自己在英语能力方面的不足。多元互动教学模式的深入贯彻可全面提升学生与各种教学要素之间的交流。

（四）创新教学模式

在多元互动教学模式下，微信公众号、微信群、专业的教学软件、课堂互动、英语演讲比赛等都会成为有效的教学方法，原本单一的教学模式得到了有效扩充。例如，教师可针对大学英语中的重要短语或者语法知识录制5~8分钟的情境短视频，可邀请学生参与到视频的录制活动中，然后再借助微信群或者其他的软件工具将这些短视频推送给学生，这样做的优势在于学生可利用手机或者电脑等硬件设备随时查看这些教学内容，其学习的时间不再局限于课堂上的几十分钟，显然这种教学模式更具趣味性和互动性，学生在时间和空间上的自由度也更大。

二、高职英语多元互动教学模式的实施原则

随着数字技术的日益发展，英语教师可以充分地利用最先进的网络技术和多媒体技术来打造课堂教学环境，使其与传统的课堂教学相比，不论是在交际方式、内容，还是手段、空间或时间上都有质的飞跃。教师可以将课本知识通过声音、图像的方式形象地呈现出来。数字教学的交互功能在真正意义上实现了人机互动、人人互动，增强了学生主动参与教学的意识、自主学习的能力，进一步提高了高职英语教学的质量。

（一）主体性原则

多元互动教学过程要求师生互相启发、互相成就。所谓教学相长，是指教师和学生在学习的过程中缺一不可，都充当着主要角色，只不过教师在教的过程中发挥主要作用，而学生则在学的方面更为重要。

因此，"互动课堂理念"并不是否认了教师的功能，而是把教师也列为与学生平等的活动主体，使其发挥指引者、帮助者的作用。教师在教学中应注意不能忽视学生的地位，因为学生是学的主体，教师必须尊重学生之间存在的差异，做到因材施教。

（二）互动性原则

互动根据其呈现方式可以分为显性互动和隐形互动；也可以根据其内容分为英语教师及学生之间的互动，学生和学生之间的互动，学生与网络媒体的互动，学生与教师设定的教学目标、内容、方式方法的互动。这些互动形式互相交织、互相激发、互相成就，把枯燥乏味的课堂教学变得生动形象。学生的学习积极性和创造性被激发出来，反过来也会促进教师教学水平的提高，这就是多元互动教学模式的优势所在。

（三）多元化原则

所谓多元化原则在高职英语教学过程中是开展互动教学模式的基本依据，也是需要遵循的基本原则之一。遵循多元化原则，要求在高职英语教学过程中使用多元互动技术，通过多层次、多维度的教学方式对高职学生的英语学习内容进行延伸，从而展开有效互动。利用互联网平台能挖掘出更多、更有价值意义的教学素材，从而全面扩充高职学生的英语知识储备。

（四）多向性、多层次性原则

在多元互动教学模式下，学习变成了一种双向甚至多向的认知活动。各种知识、信息在教师、学生、计算机、网络媒体之间交叉流动，学生在需要时可以采用恰当的方式和方法来达成自己的学习目标。这种多元互动教学模式并不强制要求每位学生的学习目标、方法、过程以及使用的媒介保持一致，而是借助网络的协助，对不同的学生因材施教，通过个别辅导，满足不同水平学生的学习需求。

但这并不意味着教师把一切交给学生去承担，而是要求教师通过各种渠道和方式对每个学生的学习进行合理的把控，必要时可以适当干预学生的学习过程，维持高职英语课堂上的多元互动教学模式的顺利进行，让更多的学生在此模式中找到互助学习的乐趣。

三、高职英语多元互动教学模式的实施策略

（一）明确多元互动教学目标

教师在组织每一节互动式教学的课程内容之前必须先明确教学的主要目标、引导学生的关注重点。重点是根据英语教学的四个核心素养来设定本节课程的主

第五章　高职英语的多元互动教学模式

要教学目标和内容，具体包括语言能力、学习能力、文化意识以及思维品质。在语言能力方面，要将课文以及其他辅助性教学材料中的词汇、短语以及重难点语法知识等作为教学的重点。在学习能力培养方面，要不断向学生们讲述和展示高效记忆、思维导图、对比归纳、推理演绎、联系全文等各种方法，帮助学生掌握全方位的学习技巧。在思维品质方面，着重借助阅读素材、视频素材以及语音素材提升学生对英语思维模式的理解，掌握英语表达和写作的思维逻辑，避免学生陷入汉语的思维定式。

（二）充分运用数字技术

多元互动教学模式主要是指师生在课堂上的互动。课堂上的互动主要分为三种：第一，人人互动，指的是师生之间的互动或者是不同学生之间的互动；第二，人机互动；第三，人与学习材料或资源之间的互动。

高校选用的教材是教育部推荐的国家级规划教材《新视野大学英语》。这套教材的优势在于它给英语教师和学生提供了强大的教学、自学、测试等平台，这充分体现了"多元互动"的学习理念。在这套教材的助力下，教师团队实现了"课堂教学＋自主学习＋互动助学"相结合的三位一体的大学英语"多元互动"教学模式。

1. 课堂教学

高职英语教学中最核心的部分就是教师对一堂课的设计，这也是本堂课是否能够顺利进行，并且有所成效的重要保障。在数字技术的强大支持下，教师可以把课堂设计主要分为教学内容设计、教学过程设计以及课后测试设计三个部分。

（1）教学内容的设计

高职英语教师应充分利用《新视野大学英语》提供的配套"教学平台""资源平台"来更好地组织课堂教学。另外，由于目前网络资源太过繁复，教师在课前必须对上课需要的网络资源进行认真筛选和整理，做好导航图，让学生能够对学习内容一目了然，帮助学生提高课堂学习效率。

（2）教学过程的设计

高职英语教师通过"教学平台"的超链接和投影仪，可以把原来冗长乏味的课文相关背景知识生动形象地展现在学生面前，辅以启发式提问，引导学生积极思索；在解释语言部分时，根据班级学生情况，可以综合使用诵读、复述、释疑等方式，通过"多元互动"调动学生的学习积极性。

（3）课后测试的设计

在一节课完成以后，教师还要通过不同形式的测试来了解学生的自主学习情况，帮助学生对自己的学习成果进行客观的评价。这虽然与传统的考试形式目的相同，但是却赋予了学生更多的主动性和选择性。

2. 自主学习

自主学习是针对学生个人的一种学习方式，其特点必然是个性化，是学生根据自身的情况选择的。大学英语的自主学习主要是指学生在课堂以外的时间，利用《新视野大学英语》配套网络系统的各种平台来自主进行学习，学习速度、内容、方式方法因人而异。高职英语教师也可以在网络平台上上传各种学习资源，以供学生自取。

比如，电子教案可以让学有余力的学生在课堂以外更多地了解有关课本的细节。学生也可以利用教师上传的视听资源来更生动形象地了解所学知识。教师还可以上传一些时代感强、文体多样的阅读材料，引导学生开拓自己的英语视野，拓展词汇量，提高阅读的兴趣和技巧。

3. 互动助学

互动助学是指师生、生生之间的互助。教师帮助学生主要是指在下课后，教师对学生进行个别化辅导，实现教师与学生之间的充分互动，这是传统教学模式难以实现的功能。学生与学生之间的互助主要体现在合作上。高职院校利用《新视野大学英语》数字化网络教学平台的交互性特点，为学生提供了一个英语学习的广阔空间，在这里他们可以做练习、参加测试、向教师提问题并实现与其他学生的交流。与此同时，教师也在平台上对学生的问题给予答复。这种方式能够有效弥补课堂时间有限、无法充分互动的不足，从而有效提高学生英语学习的成效。

（三）灵活运用信息技术

在高职英语课堂活动中，教师可以引进信息技术，建立信息平台，从而实现人人、人机互动。大学生作为接触新事物的主体，信息学习平台的建立，符合学生的身心发展需求，同时可以提升学生学习的主动性。在教学工作中，教师可以通过信息技术的运用，实现教学情境构建，为学生营造生动有趣的学习氛围，让学生主动交流，分享自己的学习经验与想法，以此实现高效率教学。

以雨课堂为例，该软件将课前、课上、课后教学环节有机联系在一起，实现了教与学的结合，促使教育改革。高职英语课堂活动中，可以引入信息教学技术，将雨课堂运用到课堂活动中，将课外预习、课堂教学沟通有机联系在一起，使学生在微信或者 Powerpoint 中了解学习内容，并做好线上学习活动。雨课堂教学中，教师可以将 MOOC 视频、习题、语音的课前预习课件推送到学生的手机上，引导学生动态学习。这一教学软件的运用，可增加师生互动的频率，为课堂教学活动的开展提供技术支持。

此外，在课堂教学中，教师可以利用多媒体为学生播放一些视频或者英文电影，将其作为互动学习的素材，为学生营造动态学习情境，并与学生交流视频中的内容，以及对相关人物的看法。通过多媒体视频的运用，增强教学的直观性，让学生在互动学习中形成敢于表达自我的意识，并不断优化自身学习过程。

（四）建立丰富的学习资料库

高职英语多元互动教学模式的建立需要丰富的学习资料作为基础。在传统英语教学中，教学资源相对匮乏，并且学习时间与空间上的限制导致学生难以及时地建立起完善的知识储备和知识体系。在多元互动的教学模式下，各高校可以为学生建立更加丰富的学习资料库，各大高校可以通过合作来实现教学资料的共享，进一步营造学术共享氛围。

（五）促进教师对学生的引导

在日常的高职英语教学中，教师必须积极培养学生的人文精神。这就需要教师起到良好的榜样作用，在教学过程中公平对待每一个学生，与学生建立良好的信任关系。在此基础上，教师不仅要关注学生的日常学习状况，而且还需要不断鼓舞、激励学生，在教学过程中强化对学生的引导，进一步激发学生对于英语学习的兴趣，使其更加主动地投入多元互动的英语教学环境当中。而且，教师还可以在日常的教学当中增加人文艺术性的英语文章赏析，让学生在人文思考当中培养自身的多元化思维。

（六）强化教师的多元互动教学理念

为了在高职英语教学中更好地开展多元互动教学模式，各高校需要全面强化教师的多元互动教学理念。教师作为教育过程中的引导者与传播者，必须对多元互动教学理念认可，能够快速地接受教学模式的转型。高职院校在宣传多元互动教学理念时，需要通过各种措施深化教师对该理念的认识，并提升教师自身的教学素养。在正式开展教学活动之前，各高校可以在教师团队当中抽选优秀教师进行课程试讲，并组织其他教师旁听，让更多的教师能够意识到多元互动教育的优势，从而使教师能够自发地将这种理念应用到日常的教学活动中。

教师需要积极转变以往只重视课堂教学的传统思维，教师可以充分利用现代化的网络媒体设备，包括微信、QQ等网络社交媒体与学生进行及时沟通，实时解决学生在学习过程中遇到的难题。

在多元互动教学模式中，教师可以利用智慧树、学习通等学习类软件，对学生的阶段性学习情况进行跟踪回访，从而及时地掌握学生的学习动向。对于自控能力较差的学生，教师可以通过社交软件对学生进行督促沟通，提醒学生按时完成学习任务，提升学生的自主学习意识，最终有效提升他们的英语学习水平。

（七）关注多元互动教学环境需求

首先，教师要关注对计算机教学设备的应用。在当前的高等教育中，学生可以交流互动的对象有所增加，最为重要的就是通过互联网与计算机进行人机交互，同时互联网与计算机可以作为一种沟通的渠道，连接学生与其他的互动主体。为此，需要对现阶段的多元互动教学环境需求进行关注，实现教学设备的更新。高职院校普遍设有语言学习教室，在语言学习教室中，教师可以通过语言教学设备与学生进行交流互动，这种互动的方式仍旧是主要以教师为主导，学生的主体性难以得到有效的体现。许多学校存在计算机老旧、网络速度不佳等问题，需要对此进行改善，进行设备与网络的更新优化。

为了满足学生学习的主体性需求，教师需要尝试应用更多的学生学习软件，并且在课堂中介绍这些学习软件，引导学生学习，要求学生应用学习软件进行英语学习。如可以通过学习软件，进行口语的练习，并且获得相应的练习分数。在学生熟悉了这些学习软件之后，可以将其应用于课后学习中。

其次，教师需要为学生构建多元互动的资源库。最为主要的是构建网络学习资料资源库，教师可以收集语言学习的视频资料，提供资料下载与资料传导的方式。如应用公共云盘进行资料的分享，通过网络社交群分享学习资料等。

另外，在条件允许的情况下，教师还可以为学生构建更接近现实语言应用需求的语言交流环境。如可以联合大学校园中的英语母语应用者，定期安排学生与母语应用者进行交流。许多大学会通过应用英语外教的方式，实现与母语学习者进行沟通的目的，在普通课堂中的沟通深度与针对性是有限的，需要借助网络学习环境，搭建新的交流课堂，也可以邀请留学生参与。

第五章　高职英语的多元互动教学模式

（八）强化硬件与软件教学水平

良好的硬件教学环境是高职院校开展多元互动教学模式的基础。因此，各高职院校需要配备先进的、现代化的教学仪器，如各类多媒体设备等。另外，基于英语教学的特殊性，高职院校需要为英语课程设置专门的语音教室，从而更好地锻炼学生的口语能力。

在网络技术的支撑之下，学校需要为学生提供更加丰富的教学软件，如在学生进行口语课程练习时，英语教师可以在机房电脑上安装 myET 软件，让学生在软件中进行自主口语对话与听力练习。除此之外，教师还可以安装"超星""尔雅"等视频学习软件，让学生在更加丰富的教学环境中开阔视野，提升知识储备，强化自身的综合英语水平。

（九）加强多元互动教学模式的实施

1. 师生间课堂互动

师生间课堂互动根据教学内容和能力培养的侧重点也会产生较大的差异。在训练学生的英语听力和口语表达能力时可用英语向学生提问，要求学生用相同的方式回答问题，有时候学生表达出来的句子在用词或者语法上存在错误，此时教师要及时指出并加以纠正。在培养学生的英语翻译能力时可要求学生翻译指定的课文内容或者其他具有教学价值的素材，教师根据学生口译的结果做出适当的点评，指出问题，告知学生翻译要点。在塑造学生的英语文化品质时可在课前布置一些资料收集的任务。在塑造学生的英语思维模式时可借助校园影视教学法来提升效果，英语环境的缺失、文化体系的差异、社会发展模式的不同等导致国内学生难以理解西方国家的思维模式，这一点会制约学生的英语能力发展，教师可将西方主流媒体的电视新闻片段、大学公开课片段等作为教学素材，和学生一起分析西方国家对某一问题的看法，邀请学生分析中西方在思维模式上的区别。

2. 学生间课堂互动

学生始终是教学的主体，在多元互动式英语教学中要为学生们创造充分的互动空间，根据多种形式、多种维度、多种能力素质的要求，全面提升大学生的英语核心素养，在课堂上组织一些趣味性强、互动性强的活动，提高学生参与课堂教学的积极性。如将英语经典影视剧作为素材，组织学生在课堂开展角色扮演的活动，锻炼学生的英语口语表达能力，提升英语文化素养，也可将一些经典的英语电影片段作为学生模仿练习的素材,设置多个角色之间的对话练习;还可将生活中的小场景作为练习的主题,然后邀请学生展开模拟对话。当然,在这一过程中要提升练习的质量,必须求学生们认真对待,避免出现语法错误。

3. 线上互动

信息技术在大学教育中的全面发展和普及为高职英语教学提供了更为广阔的发展空间。现阶段,校内教学网站、微课教学、在线直播教学等都发挥着非常重要的作用,在教学工具方面可使用微信群、微信公众号、钉钉以及其他各种类型的专业教学软件。这些信息化的教学工具为师生之间的互动和交流提供了非常便利的条件。有些教学软件还能支持在线直播的教学模式,通常这种线上教学的模式为教师和学生留出了很大的自由空间,时间和地点的限制也比较小。教师在制作视频素材或者拍摄微课的过程中也需要学生的辅助,这些都能增加互动的层次和范围。

4. 课外交流互动

课堂教学和线上教学大多集中于培养学生的语言能力、提高英语积累和应用能力,总体目标是要完成规定的教学任务,难以完全满足学生的兴趣爱好需求。因此,在正式的教学课程外还应组织丰富多彩的英语文化活动,营造英语学习的氛围。例如,可组建英语合唱团、英语话剧社、开办校园英语文化节、拍摄英语微电影。这些教学互动更加符合学生的兴趣爱好,活动由专业的英语教师指导,提高各种英语文化交流活动的质量和效果。

(十)进行多元化的学习评价

在多元互动式英语教学中,教师对学生的了解、学生对教师以及其他同学的了解都会有所增加。为此,教师可以改变原有的教学评价方式,采取多元的学习评价方式。

首先,原有的教师评价以及考试成绩评价仍旧会发挥作用,教师可以适当调整考试在总体成绩评价中所占据的比例,关注学生的平时成绩。为了提升学生的平时成绩,教师要公布平时成绩的评价标准。

其次,学生的自我评价以及小组评价,需要综合到平时成绩中。为此,教师要引导学生构建长期英语合作学习小组,在必要的情况下也可以采取小组互评的方式。

另外,在课堂中人机互动的结果,如学生应用语言交互软件所获得的成绩,或者用微信和 QQ 语音识别评价学生口语等,也可以作为平时成绩的一部分。

第六章　高职英语的模块化教学模式

模块化教学注重学生的体验实践，具有寓教于乐、虚实结合和为用而学的特点。这种教学模式能够让学生成为真正的教学主体，让学生在实际运用中掌握英语知识。本章分为模块化教学模式的内涵、高职英语模块化教学模式的手段、高职英语模块化教学模式的实践三部分，主要包括教学内容的变革、教学方法的变革等内容。

第一节　模块化教学模式的内涵

一、基本概念

（一）模块

"模块"主要包含三种含义，一是泛指工业中标准尺寸的零部件；二是指计算机硬件中专门用来组合和替换的硬件；三是指软件系统中具有独立功能的一个部分。总结来看，"模块"可被理解为"可以独立于整体存在的一个部分"，具有独立性及自足性。独立性是指每一个模块虽然都是整体的一个构成因素，但其自身完全可以独立存在；自足性是指模块在离开整体后，仍能够存在并发挥作用，其自身也是一个独立的整体。

（二）模块化教学

模块化教学是指将许多独立的教学模块组合而成的一种教学模式，具有自治性、独立性、层级性等基本特征。自治性是指每个教学模块都拥有完备的教学内容和组合规律，这是与传统学科教学依据学科体系组织教学的根本区别。模块化教学以培养和提高学生的能力为核心，依照特定主题的层次结构或问题的解决过程来实施课程教学。自治性为独立性提供基础条件，每个教学模块都是独立的教学单位，必须包含一切教学要素，如教学重难点、教学内容、教学方式、教学软硬件资源等，才可以独立地完成一定的课堂和教学任务。尽管教学模块具有独立性，但也可以把有关联的教学模块组合在一起。层级性指可将多个模块按逻辑递进的形式组合为更高级的模块。

模块化教学虽是基于"主题"形式的，但实际上是"以学生为中心"的。一方面，模块化教学根据学生的基础水平和学习需求将知识分为小模块，然后根据能力需求将它们整合在一起，将学生能力培养这一主旨贯彻在确定主题与目标、选择与组合模块内容、配备教学资源之中；另一方面，模块化教学起源于个性化的学习包，随后慢慢发展形成一种体系化的成熟教学模式。所以，模块化教学的根本特征是以学生为主体。

模块化教学存在广义和狭义的区别：前者是指以模块化的形式设计某一专业所有课程的教学结构，即将某几门课程整合为一个大教学模块，然后把多个这样的大教学模块整合形成某一专业的课程计划；后者是指将一个课程的某几个方面知识作为教学模块，每个模块都需要完成其对应的教学目标。

目前，模块化教学模式以 MES（Modules of Employable Skills）和 CBE（Competency Based Education）为代表。

MES 是 20 世纪 70 年代末 80 年代初由国际劳工组织研究开发的以现场教学为主、以技能培训为核心的教学模式。MES 的特征是以就业岗位所需的技能为导向，将教学内容划分为不同的模块，强调学生的自主学习和终点考核。CBE 是由加拿大荷兰学院等高校最早提出的以能力为本位的教育模式。

CBE 的特征是以从事某种职业所应具备的能力为出发点，设计教育内容、方法和过程，评估教学效果。

MES 和 CBE 均是以实践应用为导向，MES 强调以岗位能力为主，侧重教学内容的实用性。CBE 强调以职业能力为主，侧重职业素养能力的培养。总的来讲，模块化是指把整个程序划分成独立命名、可独立访问的区域，每个区域完成各自的功能，把这些区域组合起来，构成一个整体，去实现特定的功能，是一种把复杂系统拆分为更利于管理及目标实现的行为方式。表述模块化用来分割、组织，每个模块完成一个特定的子功能，所有的模块按某种方法组装起来，成为一个整体，完成整个系统所要求的功能。

二、主要特点

（一）由多目标共同组成的教学目标

由于模块化教学的过程允许将学科拆分成多个知识点，所以每个子模块均具备独立的小目标，由所有小目标汇集成学科的终极目标。各个子模块为了实现这一大目标而相互联系共同协作，将不同的教学内容按实际需要进行整合。在开展模块化教学的过程中，教师可根据实际需求对教学模块进行灵活组建，一个模块要不仅能够整合一个单元的知识，同时也要能够综合多个单元的知识，甚至可以将整本书的内容整合在一起。从教学组织形式上来看，教师要立足于实际，依照教学模块的需求，开展形式多样、内容丰富的教学活动。

（二）各小模块互相依存、相互关联

在模块化教学中，在特定的教学目标下各模块内容既是相对独立又是相互关联的。每个小模块拥有独立的教学内容和特定的学习目标以及差异化的教学方法，但各个模块之间同时呈现递进的关系，学生在完成前一个模块的学习之后，需要继续完成下一个更高级别的模块学习，为了完成特定的学科目标，各个模块之间要互相依托、协调配合。

（三）各模块教学内容呈动态发展

学生是学习的主体，根据尤尔（George Yule）的观点，在开展语言教学及学习时，必须将语言的学习者作为关键点，从语言学习者的角度出发，在切实了解他们的需求后想方设法满足其需求。开展学习的整个过程，学习者必须积极地参与进来。同时，教师可以根据学生的动态学习情况随时调整教学内容和教学策略，以各个小的教学目标为导向，将零散的语言知识与语言能力提高相衔接，以重新整合的课程内容为教学依托，采取多种教学方法，如翻转课堂、微课、线上学习等，循序渐进地增强学生的语言能力。

三、教学理论

（一）能力本位教育理论

能力本位教育以培养学生职业岗位能力为根本目标，将工作岗位所需符合的

理论基础、实操技能和工作能力要求贯穿在课程教学中。它以实际工作岗位要求的能力为基础去设计目标,将岗位具体工作内容涵盖到教学模块中,进行教学评价时将企业岗位要求引入到教学评价中,让学生在课上始终能以企业员工的标准要求自己。能力本位教育在教学中应用非常灵活,不同的岗位能设置不同的教学内容和评价标准,争取最大程度为对口企业培养合格的技术工人。在这过程中,每位学生都能发挥他们的最大潜能并且最后达到未来工作岗位的基本需求。

能力本位教育理论对于学生在学习过程中的地位尤其强调,它的最终目的就是让学生能够达到此职业岗位的要求。它以每个人从事特殊专业时所需要的能力作为出发点,根据专业或者课程,确定其培养目标、教学内容、教学使用的手段与教学应用的方法,以及最终的教学效果等。确立整个教学目标是能力本位教育最大的特色,分析学生需要具备的岗位职业能力之后确定教学目标,这样的教学目标具有很强的专业针对性。应用模块化教学法是为了改善目前该课程实践项目与企业需求存在偏差的问题,模块化教学法在划分教学模块时都要根据企业岗位需求来进行针对性的设计。其次,能力本位教育更侧重职业资格证书的获取,这与模块化教学法不谋而合。

(二)多元智能理论

多元智能理论就是认为任何人身上展现的智能都涉及很多领域,如数学计算、身体柔韧度、唱歌、运动、设计、语言等多方面。在多元智能理论提出之前,大家普遍认为成绩好的人智能水平高,成绩低的人智能水平低,这样的判断方式过于狭隘,如果一个体育健将的成绩不好,在传统观念就会认为他的智能水平不高,这样就忽略了他在其他方面的智能体现,采用传统观念很难去客观地评价一个人的能力水平。

多元智能理论提出智能可以表现一个人的特殊性,其可以用某方面的智能为社会做出贡献,并且多元智能理论不是狭隘地规定哪些方面是智能体现,一个人到底有哪些智能是需要一直去探索的,人的潜力是无穷的,因此人对智能的探索也是无穷尽的。

多元智能理论认为不同的人在同一种智能上的体现也是不同的,这样就不能用统一的评价标准去评价相同的智能。因此,也很难去评价一个人的智能水平。在教学过程中应用多元智能理论就要平等地对待每一位学生,针对每一位学生的个体特点和差异性进行因材施教,另外在对每一位学生的成绩进行评估时也需要为他们作出一些个性化的评价,以此来促进学生的发展。

同济大学徐朔认为，可以将学生的智力划分为抽象思维和形象思维两种，抽象思维的学生适合研究学术，形象思维的学生更适合钻研技术。培养劳动一线的技术型人才，正是当前我国为高职教育设定的培养目标。

应用模块化教学法授课时，应该更多地从学生的学习过程进行评价，将评价手段从试卷成绩转变为过程性评价，通过每节课对学生的知识掌握、技能熟练和职业素养三个方面进行多元评价，评价的对象也不再局限于教师，将学生本人、小组成员、其他小组等作为多元评价对象，最终获得相对客观的学生评价。

（三）建构主义学习理论

瑞士儿童心理学家皮亚杰基于对儿童心理发展的研究提出了建构主义，他创立了日内瓦学派，并且在多年的研究中发现，儿童主要是通过"同化""顺应"过程与外部环境进行相互作用，从而不断地完成对意义及知识的建构，实现自身认知的发展。

此后，其他心理学家在皮亚杰理论的基础上做了进一步的拓展研究：科尔伯格（Lawrence Kohlberg）对认知结构的性质与发展要求等方面进行了相关研究；斯腾伯格（Sternberg）等人认为，个体的能动性对认知的建构具有重要作用，因此对个体怎样在认知中提高能动性进行了相关探究；维果茨基认为，学习者面对的社会文化及历史背景对个体的认知过程具有重要作用，因此创立了文化历史发展理论。这些研究使建构主义的理论内容得到拓展，为其在教学中的实际应用奠定了扎实的理论基础。

建构主义学习理论是在儿童的认知发展理论基础上提出来的，因为对于个体来说，学习与认知发展之间是息息相关的，所以建构主义学习理论能够对个体学习过程的认知发展规律、意义及知识建构、概念形成、学习环境构建等方面做出较好的阐释。建构主义学习理论认为，知识是在特定的环境中，学习者在他人的协助下，通过主动建构而习得的，所以在这一过程中，学生成为课堂的主角，教师是帮助其进行意义建构的引路人，而不是知识的灌输者，其职责就是引导学生用更高效的方法，对问题和所学知识进行思考与交流，同时还要营造利于学生反思、实践、自主创新的课堂教学氛围，充分激发其潜能，培养其成为真正具有相应职业能力和素养的英语人才。

模块化教学观按照建构主义学习理论，强调了学生在课堂教学中的中心地位，让学生对知识进行主动构建，自主学习探索，发现、分析并解决问题；与此同时，在模块化教学中，教师应为课程收集、筛选准备充足的教学资源，创设真实的学习环境，适时地与学生进行交流和互动，采用多元化的教学方法，调动学生学习的积极性和创造性，提高教学质量。

（四）实用主义教育理论

杜威作为20世纪美国实用主义教育学的开创者，其实用主义教育理论指出教育即生活，教育即在生活中进行学习，教育即儿童的生活过程，从实践中获得经验，因而教育需要通过人与社会等各种力量的配合来确保儿童的健康成长，所以他认为教育过程即为教育目的。

此外，杜威还提出"学校即社会"，校内学习需与校外学习衔接起来。他批判了以"课堂""教材"和"教师"为中心的传统教育，提出教学应"从做中学"，提倡开设活动性课程，让儿童从实践中学习经验，使知识的习得与生活中的真实活动相融合，以"儿童""活动"和"经验"为中心，也就是说，在课堂中，要围绕儿童推动课堂教学，通过各种实践性活动组织知识内容，将获得实际经验作为学习目的。

实用主义教育理论使学校与社会不再分割，为高职英语教学奠定了思想和理论基础。教学课程需要学生掌握与将来职业岗位直接相关的知识及技能，因此在进行实践教学时，应严格依照"从做中学"的原则，以学生为中心协调课堂关系，通过实操性活动组织教学内容，围绕实际经验来开展实践活动，让学生在实践中积累经验、发现问题，进而通过所学知识寻找解决问题的途径，最终解决问题，达成学习目的。

（五）自主学习理论

早在很多年前就有了关于自主学习的研究，在2000多年前的古希腊，著名的大教育家苏格拉底（Socrates）创立了"产婆术"理论并进行了推广，而我国在先秦时期的《学记》中也有许多内容是关于自主学习的。然而事实上，自主学习概念从被正式提出到目前为止只有一百年的时间，并且在最近的三四十年之前人们才开始深入地探究自主学习。

关于自主学习的术语，不同的理论存在不同的侧重点，因此到目前为止还没有一个统一的观点，有的理论认为自主学习就是自我计划的学习（Self-planned Learning），有的理论则认为是自我定向的学习（Self-directed Learning），还有的理论认为是自我调节学习（Self-regulated Learning）以及自律的学习（Autonomous Learning）等。

尽管理论术语比较多样化，但从本质上讲，它们对自主学习的界定大都是根据学习的社会性、学习动机、学习过程、学习内容、学习结果、学习时间、学习环境以及学习方法这八个维度来进行的。

四、教学原则

（一）合理划分、灵活组合原则

在划分模块时要遵循教学大纲的要求，参考企业岗位要求合理地划分教学内容模块。以企业岗位的用工需求作为参照时，要注意高职学情以及学时的安排，合理地选择几项主要的并且与本门课程息息相关的要求融入模块划分标准中。只有这样划分模块，才能让学生充分地掌握各个模块的内容。划分后的模块必须涵盖本课程的教学大纲中要求学生掌握的全部知识点。

另外，模块的划分是为了更好地去组合项目，因此在划分模块时要坚持灵活组合原则，不能仅针对一个或两个项目去划分模块，要让划分之后的模块灵活组合并与项目匹配。

（二）以项目为主线原则

模块化教学法的特点是将课程教学大纲的内容以诸多的单元模块呈现，在教学课程中应用模块化教学法则是要始终保持以项目为主线，通过项目将零散模块重新组合，在不同的项目中既有不同的模块也有相同的模块，这样可保证学生通过完成项目熟练掌握模块内容，而不是做完一个项目之后就不再学习相关的内容。

模块化教学法最大的特点就是让学生在完成项目过程中反复练习，在上一个项目中没有掌握好的模块在下一个项目中还能继续练习，通过几个项目练习之后，学生可以达到与之匹配的岗位要求。

另外，模块化教学法以本课程教学大纲中要求学生掌握的理论知识为基础，在此基础上根据企业需求以及学生能力水平选择合适的工程项目，确保学生在实际操作时既可以掌握知识又能锻炼实操能力。

（三）培养综合能力原则

模块化教学法通过将教材内容划分知识模块，利用实际工程项目将涉及的知识模块重新组合，让学生通过参与项目，从中掌握运用到的理论知识，同时提高操作技能的熟练度并且培养职业素养。

在划分模块时需参考企业岗位要求，使学生在完成项目时既能完成学习知识模块，还能锻炼实践技能。在完成工程项目的过程中，团结协作，共同解决实际问题；在完成本门课程的学习之后，熟练掌握英语基础知识、正确使用专用工具，并且形成严谨的工作态度。

（四）多元动态评价原则

传统的教学往往以考试成绩以及课堂纪律去评价学生。针对高职学生的具体情况，在评价时应改进传统评价方式。模块化教学法应采用多元的动态化评价，教师在教学过程中，需对学生从操作规范、团结协作、独立思考、创新能力等多方面进行考核。学生不仅可以根据小组合作的表现对自己的组员进行评价，而且还可以依据自己的学习情况、在组内的工作质量等方面进行自评。在课堂上应用多元的评价方法，可以使学生不再因为成绩不理想就丧失学习兴趣，而是通过及时动态评价让学生收获成就感。

五、重要优势

（一）有利于整合教学资源

将分散的知识整合成模块，在实际教学中系统性地分模块进行教授，可以使学生全面地掌握某一知识。高职院校侧重培养学生的岗位技能，或者说专业操作技能，但是人才的培养需要进行综合考量，抓好基础文化教育是关键。为此，对高职英语课程体系的优化是至关重要的，只有这样才能为社会输出专业技能强、文化水平高、理念前沿性强的综合人才。

（二）有利于培养学生学习兴趣

模块化教学实施后，学生的学习兴趣有了明显的提高。在模块化教学中，运用模拟场景的方式，让学生体验真实工作中的环境，比枯燥的书面知识授予更能激发学生的兴趣。同时，学生的学习不再是孤立的个体学习，而是小组合作学习，学生在学习过程中可以选择自己喜欢的角色，这也能够激发学生参与的兴趣。

第六章　高职英语的模块化教学模式

（三）有利于改善学生学习方法

模块化教学给学生带来了一种新的尝试，让学生的知识体系得到了完善，在潜移默化中，让学生从中总结出新的学习方法，如小组合作、自主学习等方法，从而找到更多的学习途径。

（四）有利于提高学生掌握知识程度

在传统教学中，学生对本课程知识的掌握程度可以达到50%，大部分学生对简单的知识掌握较好，对复杂的知识接受起来较为困难。模块化教学法将教学内容重新划分并且利用项目进行组合，这样的教学方式既可以让学生在动手的过程中学习新知识，也能让学生在不同的项目中复习之前学过的知识。另外，教师可以根据学生对该项目中模块知识的掌握程度，对下一个项目中的模块进行动态调整，保证学生通过完成项目达到掌握知识和熟练技能的教学目标。

（五）有利于提升学生职业素养水平

在传统的教学方法中，课堂以教师为主导，教师在课堂授课时以讲授为主，在将知识与职业素养结合时较为生硬，这导致学生虽然掌握了知识，但是普遍职业素养水平不高。模块化教学法利用项目引领的方式，为学生营造真实的工作情境，因为模块化教学中的工程项目都是与学生未来岗位工作息息相关的，学生在完成项目的过程中可以将本项目涵盖的职业素养进行掌握，随着完成项目数量的累加，学生的职业素养水平也可以实现质的飞跃。

第二节　高职英语模块化教学模式的手段

一、教学内容改革

基于学生在第一学年进行的英语语言基础巩固和专业知识学习的前提下，结合"最近发展区"和建构主义理论，可以以职业场景为主题和内容来源，集中设计一系列新颖、实用性强的活动，并结合专业特点，按照学生的认知规律和任务的难易程度对教材进行整合。

由于高职院校的英语教材普遍都是不分专业的，因此原教材在内容设置上没有很强的专业针对性，主要还是以训练词汇、语法等为主。以高职院校的酒店服务与管理专业为例，在教材中选取与该专业相关的内容进行整合，从而设置成按场景分类，并具有很强专业特色的模块进行教学。以下为原有教材单元设置及整合后的单元设置。

（一）教材模块整合

原教材单元安排如下。

Unit 1 I'm a New Intern

Unit 2 Health and Safety Rules

Unit 3 May I help You?

Unit 4 You Receive a Complaint

Unit 5 Teamwork

Unit 6 Plan Your Work, Work Your Plan

Unit 7 Safety is Everyone's Responsibility

Unit 8 Job Hunting

从以上单元课题可以看出，这八个单元在内容设置上，与所选择的酒店服务与管理专业有一定联系，但没有明确的专业针对性。

模块化教学模式是将教学内容按照一定标准或规则进行分解，使其成为多个相对独立的教学模块，且各教学模块之间可以按照一定的规则有选择性地重新组合。其核心是改变传统的以知识输入为导向的教学观，取而代之的是以知识输出和实践能力培养为导向的先进教学理念。现将其按任务模块（MES）分类，将教材整合成教学内容与酒店服务与管理专业相关的八个单元，具体如下。

Unit 1 Book a Room

Unit 2 Airport Pickup

Unit 3 Check in

Unit 4 Check out

Unit 5 Take the Order

Unit 6 Room Service

Unit 7 Payment

Unit 8 Hotel Facilities

（二）单元内部语言教学

设置导入模块、听说模块、读写模块、生活技能模块、拓展阅读模块和总结模块，使学生在真实性的专业情境当中，应用英语语言完成相应的任务，突出"有用"这一基本原则。

导入（Warm-up）：单元开篇，内容生动有趣，形式多样，以激活学生的认知图式为目标。

听说（Listening and Speaking）：以对话和独白的形式呈现，整合听和说两项活动，包括语言知识、技能和职业能力培养两方面的内容。

读写（Reading and Writing）：阅读与写作能力组合在一起设计，先读后写。语言技能以实用、够用为原则，嵌入学生必需的语言系统知识。

生活技能（Real Life Skills）：结合单元主题设计的生活或职业场景，需要学生综合运用本单元学到的听、说、读、写等技能去完成各项有趣的任务。

拓展阅读（Further Reading）：本版块包含一篇稍有难度的阅读文章及相应练习旨在丰富与学生的职业能力并形成密切相关的语言知识，同时提升其职业素养。

总结（Wrap-up）：评价板块，简要回顾本单元知识点，方便学生自我总结。

二、教学方法改革

现代教育提倡学科本位、知识本位的思想，要求教育者关注每个学生的发展与转变，实现应试教育向素质教育的转轨。教师在更新教学理念、努力实践新课标和教学中取得了许多成功的经验，也遇到了不少的困难，尤其是如何在新课程理念下实现教学方式的转变，一直困扰着许多英语教师。为了提高模块化教学质量，很多教育者在教学方法的变革方面进行积极探索，总结出来以下几种有效的教学方法。

（一）听说法

1.听说法的内涵

听说法是一种以反复操练来培养听说能力的教学方法。它产生于19世纪40年代的美国，主张在高职英语教学中注重学生口语能力的培养，遵循"听说领先，读写跟上"的原则，经过反复的句型操练，最终使学习者能够灵活地运用所学语言材料进行交际。

听说法的语言学理论基础是主张对语言进行仔细的描写分析，并在不同语言间进行结构对比的美国结构主义语言学。因而该教学法强调第二语言教学要从口语开始、从教说话开始，通过掌握语言结构学会目的语。听说法的心理学理论基础是把人和动物的行为都纳入"刺激—反应"轨道之中的行为主义心理学，尤其是斯金纳（Skinner）的操作行为主义，认为语言行为是通过刺激与反应的链接，并加以强化而形成的习惯，他强调第二语言要通过大量的模仿和反复操练养成新的语言习惯，以此来学习目的语。

2. 听说法在教学实践中的特点

听说法教学理论特点是听说领先，读写跟上，教学注重句子机械地重复模拟等，但在教学实践中听说法教学的特点具体体现在听说法在实践教学中的优势和劣势两方面。

（1）听说法在教学实践中的优势

①听说法应用的广泛性。听说法又称为军队教学法，最初是美国军队为在短期内培养大批掌握外语口语能力的军人，而采取听说训练强化士兵的口语能力，听说法便应运而生。听说法的教学过程分为认知、模仿、重复、变换、选择，这可广泛运用于各个类别语言的学习，教学过程的学习规律不变，学习语言的种类也无限制。同时通过听说法的诸多实践案例可以发现听说法对学习环境、教学对象、学习者英语水平、教师语言水平等因素具有强大包容性，这也是其他教学法无法比拟的。如翻译法对教师母语和目的语水平要求较高，交际法对学习者英语水平要求较高，情景法对教师和学生的语言水平均有相应要求等。

②听说法教学的适用性。近年来所提倡的听说法按照听、读、说、写的教学次序，完全符合语言"输入—接收—转换—输出"的内在语言学习规律，这使得听说法具备了较强的适用性，它可以交叉应用于初级、中级、高级阶段的学习。在初级阶段，听说法帮助学生快速建立英语学习成就感。在中级阶段，听说法通过大量的输出训练培养学生的英语学习兴趣。在高级阶段，听读说写并进的语言交流作用于英语交际的始末，以供学生在英语各个阶段的学习过程中通过听读的大量输入快速获得说写输出的成就感，进而提高学生的英语学习兴趣。

③听说法应用的可持续性。近年来各种教学法盛行，但听说法却能在英语教学实践中始终占有一席之地，这就需要从教学法的综合应用来探究缘由。听说法是英语教学必不可少的方法，它也可以和多种教学方法相结合，贯穿于英语教学过程的始末。听说法是基础，以听说法为主，融合游戏法、语法翻译法、交际法

第六章　高职英语的模块化教学模式

等方法是未来听说法发展的必然趋势。所以在高职英语教学中，各教学流派需要抛弃门户之见，相互学习并取长补短，摒弃其片面的、极端的做法，不拘一格走一条综合化的路子。

（2）听说法在教学实践中的劣势

①强调听说，忽视读写。听、说、读、写四项基本技能是学习语言过程中必不可少，缺一不可的。听说法教学虽主张以听说训练为主，读写为辅，但在真实课堂中，教师还是以听说训练为主，读写训练基本放在课余留给学生自主完成。如果我们在课堂教学中把注意力只放在听说上，而不去挖掘读写对听说的积极辅助作用，学生的读写能力就只会停留在依赖听说材料的习惯上，一旦材料发生变化，读写能力就跟不上。

教师可以在听说材料中有意识地引导学生朗读材料，带拼音读，去掉拼音读，看着翻译对应读等，多种阅读方法结合，引导学生针对性学习词汇、句子，了解材料大意。同时也可以提取重点词句，进行书写训练和写作技巧分析。这样学生不仅能在英语听说训练中逐渐触类旁通分析材料，而且也能在听说训练中举一反三地应用读写能力。

②注重机械操练，缺乏灵活性。听说教学法根据结构主义理论主张，把85%的时间运用在反复模仿、记忆、重复、交谈等实践练习上。其结果如下。

一是听说法培养出来的学生只会机械照搬，在使用语言时缺乏灵活性。

二是机械的模仿操练一开始学生还可以获得语言学习的成就感，但随着学习时间的增加，学生便觉得乏味无聊、对所学内容提不起兴趣，甚至还会对英语学习产生强烈的厌学情绪。

对此，应该注意语言学习既要重视操练的必要性，同时也不能丧失语言运用的灵活性和语言学习的乐趣。

③忽略母语、媒介语在教学中的积极作用。听说法所依赖的两种理论都主张绝对排斥母语、媒介语，而将目的语思维放在首要位置。这种观点过分强调母语、媒介语对目的语的负迁移。

在实际教学中，我们面对的教学对象是外国人，他们头脑中的母语思维、母语都不会因为我们的刻意回避而消失。在教学课堂上，如果能辅助以少量母语或媒介语解释，学生会更容易理解，教学效率也会大大提高。如在讲解某些复杂语法点时，可以利用母语和目的语进行对比分析，更能让学生理解知识点，对其产生深刻印象。

在教学过程中，师生双方双向学习对方语言，不仅可以调动学生的积极性，而且可以提高教师的英语运用能力。在日常交流中，适当使用母语或媒介语，能拉近师生关系，更好地互动交流。

（二）实习作业法

实习作业法是学生在教师的指导下，依据教学大纲的要求，在校内外一定场地运用已有知识进行实际操作或其他实践活动，以获得一定知识和技能的方法。实习作业法的特点是具有实践性、独立性、创造性、综合性，能使学生学到书本上学不到的知识。

实习作业法的基本要求：①做好实习的准备，教师要制定详细的实习计划，并明确提出具体可操作的步骤和要求，准备好实习器具，组织好实习小组；②操作过程中加强集体和个别指导，使学生明了操作方法及有关注意事项，在必要时教师先给以示范，同时要求学生独立操作，及时总结各步骤的操作情况，及时检查阶段性结果；③做好总结，实习结束后，做好总结评定，并写出实习工作总结，以巩固操作的收获，养成学生良好的实习习惯，培养实事求是的科学精神。

在高职英语教学中，实习作业法注重学生的课堂学习习惯的养成教育，构建"主动—探究"式教学模式，探究以学生为本的教育，突出体现对人的教育，通过教学实践、能力培养，在确立到达成学习目标的过程中提高学生的主体意识，让学生从为了考试而学，到为了兴趣而学，进而构建一种全面的、完善的、重过程、重创新的高职英语教学方法体系。

（三）演示教学法

1. 演示教学法的含义

演示教学法是指教师在课堂教学中，运用特殊的教具或其他教学仪器进行示范性操作，利用现有的样品、标本、模型等真实的物体和各种悬挂物件、视听影像等资料向学生提供感性的资料，并通过这些材料来指导学生进行观察、分析、总结以获得知识的教学方法。

2. 演示教学法的分类

（1）从演示手段进行分类

直观演示：本书中所指的演示材料包括纸质和电子结构图、挂图、板图。直观演示法是教师在教学过程中将语法知识图等以电子图和纸质图示的形式进行展示,将英语原理以结构图、简易图等形式进行呈现,帮助学生理解,让学生掌握英语应用技能的教学方式。

教具演示教学:教具在现代汉语词典中的解释为用来讲解某事物的图片、实物、模型、幻灯片的总称。本书对教具的定义为能协助教师形象地展示教学内容的用具,如随手拿来的书本,教师的肢体语言等。教具演示法是指教师在教学过程中借助可以轻松获得的实物,通过演示帮助学生理解英语文化及相关事物的教学方法。

实验演示教学:实验演示法是在英语教学过程中借助器材和设备,教师自身或组织学生进行模拟实验,演示英语语法原理,从而更加深刻形象地观察理解西方文化及现象。实验演示又分为课内实验、课外实践性实验和想象实验。课内实验演示是利用实验器材,通过演示、讲解使学生获得对英文知识直观认识的教学方式。课外实践性实验是由于课堂时间有限,在课余时间学生自主或师生协作进行实验,获得对相关文化、事物的亲身感受的教学方式。想象实验是指学校因缺乏实验器材和实验场地,通过教师的语言创设情境,让学生掌握英语知识的教学方式。

多媒体课件演示教学:多媒体课件演示是教师根据教学内容,查阅收集相关的文字、图片、视频插入到课件中,通过多媒体课件的内容带领学生学习的教学方式。它弥补了传统教学中的缺陷,从视觉、听觉、感觉中丰富了课堂教学。多媒体课件可以分为图片图像与文字结合类、视频类、资源补充类、知识总结复习类。

基于英语信息技术的演示教学:语法知识、西方国家文化等问题与日常生活密切相关,对于这些事物的观测离不开信息技术。对信息技术的应用可以提升教师的技能,也能培养学生的兴趣与英语技能。利用信息技术演示教学即教师在教授学生英语信息技术理论知识后对学生进行操作培训,通过解决现实生活中的问题,使学生了解知识和掌握技能。

基于语言描述的虚拟演示教学:教学条件的差异性导致教学条件落后地区的学校教师无法采用仪器支撑教学。另外,考虑教学时间有限和学生的能力问题,当缺乏演示教学的仪器设备、材料时,缺乏带领学生走进企业、进行实践的现实条件时,教师可以采用生动的语言进行描述实验,可以创设情境带领学生在模拟的情境中学习英语。

(2)从演示主体进行分类

以教师为主体的演示教学:以教师为主体的演示教学是教师分析演示教学

内容，合理安排教学过程，准备好多媒体课件，或准备好实验器材在课堂进行演示；又或者在缺乏实验器材、教师多媒体技能缺乏的前提下，教师通过肢体进行演示，甚至通过生动的语言让学生了解和掌握英语知识、文化以及相关事物。在以教师为主体的演示教学中，学生扮演观众的角色。这种教学方式，不利于学生真正理解英语知识和语法原理，更不利于培养学生的英语运用能力。

以学生为主体的演示教学：以学生为主体的演示教学是在教学过程中，教师起到指导和引导的作用，把课堂交给学生，学生讲、演、练、展。在演示教学时，教师只需强调注意事项，在旁观察学生的英语运用情况，必要时进行记录。学生自己动手写出演讲稿或英文剧本，结合相关道具进行自主学习，在课堂上积极主动地表达自己的意见与想法。

师生互动的演示教学：师生互动的演示教学要在学生和教师共同参与到课堂教学中，不强调主体之分，教师和学生之间是协助的关系，例如，教师在演示某个具体情境或进行较为复杂的演示时可以请学生协助，共同完成教学内容。教师要灵活地在教学内容中设计角色扮演的环节，让学生积极参与。

3. 演示教学法的应用原则

（1）直观性原则

它是指在教学中教师通过让学生观察所学事物或代替它的模型，使学生获得直观的表象，形成清晰的感性认识。古代教育家荀况曾说："闻之而不见，虽博必谬"，他指出，在学习过程中要"闻"知识，知道事物的具体内容是什么；还要"见"知识，知道事物的真实样貌。闻之辅以见之，才能对事物有深刻的印象，才能做到博而不谬。

中世纪捷克教育家夸美纽斯指出，"应该尽可能地把事物本身或代替它的图像放在面前，让学生去看看、摸摸、听听、闻闻等等"，他同样强调了应尽可能地让学生去亲自感受，通过多种感官的配合，获得直观感知。俄国教育家乌申斯基（Konstantin Dmitrievich Ushinski）指出，"一般来说，儿童是依靠形式、颜色、声音和感觉进行思维，逻辑不是别的东西，而是自然界的事物和现象的联系在我们头脑中的反映"，他从儿童的思维方式上，指明学生的学习是需要直观的材料做支撑的，要重视对于直观性原则的运用，帮助学生获得知识。

直观性原则在高职英语教学中有着重要的作用，将直观性原则落实到教学方法上，就是要合理地运用演示法进行英语教学。在高职英语教学中，教师可以通过对实物、模型、图片和实验等的演示，让学生进行观察并参与到教学活动当

第六章　高职英语的模块化教学模式

中，获得对事物具体直观的感受，以及对事物的本质、产生与发展过程的感性认识，从而提高学习的积极性和主动性，使学习更加轻松有效。

（2）科学性与准确性原则

英语学科知识涉及较多的语法知识、应用规律，其中英语知识是建立在丰富的文化知识之上，教师在采用演示法进行讲解时要保证英语教学内容的科学性，例如，在采用多媒体演示时，课件中出现的内容要保证准确无误。采用教具演示时，选用的教具要形象，要能足够体现文化以及事物的特征。采用板图演示时，板书的内容要准确，板图要清晰准确，板书的布局要均衡、对称。不论采用什么样的演示方式，演示的过程要能正确体现出本节课的主要教学内容。演示的时间要恰当，要在有限的时间内，准确地演示教学内容。

（3）参与性原则

一般情况下，教师会利用课件快速地讲解完一节课，学生扮演听众角色。演示教学方式让学生参与到课堂中，让教学体现学生的主体性、教师的引导性。例如，在讲解具体英语情境时，让学生进行角色扮演。教师的讲解只能让学生对知识有所了解，学生只有通过自身实践才能从中真正掌握知识。

（4）创新性原则

现今的英语课堂演示教学现状表现为教师普遍采用多媒体课件演示和简单的教具演示，几乎不采用实验演示，导致学生对英语学习兴趣低，学习效率低，这就需要教师创新教学方式。除了多媒体教学，要增加让学生参与的实验教学，采用互动式的教学方式。

创新对学生的评价机制，除了以往的考试成绩评定，可以根据学生的课堂参与度、表现度进行评定，根据熟练应用的能力进行评定，撰写英语短文进行评定。

（四）小组合作法

1. 小组合作法定义及实质

（1）小组合作法的定义

小组合作法以合作为基础，且合作是成员凭借其不同的技能共同完成任务并产生共同认识的一种联合行动或方式。合作学习则是一种以学生为中心的教学策略，是学生凭借与他人共同学习、活动从而有效推动自身及合作成员全面发展的活动过程。由于合作对象的不同，因此合作类型也不同，主要包括教师与学生之间的合作、教师与教师之间的合作,以及学生之间的合作和全员合作四种类型。在这其中,学生之间的合作主要的呈现方式或构成形式即为小组合作法。

伴随着时代的更迭和培养目标的拓展,小组合作法以及其核心理念,在不同时期表现出不同的侧重点,因此其定义和内涵所反映的核心意图也就不同。学者斯莱文(Slevin)认为,合作学习使得每个组员在参与小组互动期间都被印上专属于本组的责任符号,是一种在合理评价机制下融合组员能力和潜力的课堂教学技术。

美国约翰逊兄弟(David W.Johnson and Roger T.Johnson)则认为"合作学习就是学生通过共同活动,从而达到最大程度成长和发展的学习方式"。英国学者赖特(Light,P. H)与以色列学者梅瓦里克(Mevarech,Z. R)在前面学者对于合作学习内涵界定的基础上做了进一步深化,其强调"合作学习是学生在共同目标的指引下,所营造的共同学习的学习环境"。

相比之下,中国学者李利认为"合作学习是以课堂中人际关系的构建程序为载体,同时通过设计目标的有效引导,推动小组内部核心力量的形成。此外,合作学习的目标设定贯穿学生身心发展过程和品德、价值观形成过程,同时其实现目标的手段以小组间的教学活动为主,评价视角遍及活动过程和结果,简言之,合作学习是一种愉悦、高效、低耗、短时的高品质教学活动"。

合作学习研究者王坦认为,小组合作法即按照异质性原则使学生归属于不同的小组,并使其在合作、交流、互动中共同达成小组合作目标。其宗旨在于教会学生如何保持个体成长与集体互助间的平衡,提高学习和解决问题的能力以及真正体验到团结互助的重要性。

通过深刻理解诸多学者对于合作学习的定义以及新时代下的时代需求和培养目标,对合作学习定义进行总结和概括,有学者认为,小组合作法就是一种以小组成员为主体,以开发和利用课堂中人际关系为重点,以培养合作情感为主题,以目标设置为指引,以师生及组员之间的频繁互动和紧密联系为实施动力,以常规班级组织形式为前置组织机构,且组员之间凭借愉悦的心情和充实的内在动机共同进步且高效地完成小组合作目标,并以个体的努力成果和团体的合作成绩为评价指标,最终使得学生自我意识得以提升、自我效能感得到充分体验且班级社会心理氛围也能得到充分改善的一系列教学活动的统一。换言之,合作学习是被赋予多重教育理念且以学生为中心的教的方法和学的方法的统一。

(2)小组合作法的实质

维果茨基提出,学生的能力在其学习发展过程中涉及个人和社会两大领域。

第六章　高职英语的模块化教学模式

当谈及学生的能力发展，首先会涉及人际关系，其次涉及学生内部因素。换言之，学习本身就有明显的社会烙印，而作为学生发展成果之一的复杂思维和理解力，其基础便是学生与成年人和同伴的人际互动。随着个体身心的不断发展，那些在学生与周围环境、对象的互动过程中所获的技巧也将逐渐内化，随后便可以独立使用。

小组合作法所带给个体能力的提升，不仅包含个人层面，同时还包含社会层面。因为，小组合作法的整个过程不仅是填补自我认知短板、避免片面认识他人的过程，也是一个在人际关系网格中发扬优点、改正不足、携手进步的过程。学生通过小组合作法这一学习互动平台，不仅可以与教师、家长和同学一起学习生活的知识，而且还可以在交流互动中学习生存的技能，理解生命的意义。

因此，小组合作法的实质是以关爱尊重为最终目标，师生、生生在秉承合作精神的同时，从接收到接受，从起点携手出发，到终点实现共同进步。学生也将在"小组命运共同体""集体命运共同体"的团队价值观、集体价值观的指导下，互相帮助、互相促进、互相关心，进而携手取得进步和奖励。这种及时利用自己的优点，及时弥补自己不足的学习方式也将在很大程度上推动学生建立乐观积极的自我认知和自我意识，学会坦然全面地接受自己、认可自己、接受他人、适应变化、迎接考验。面对新时代的需求，小组合作法其实质及形式也将在新阶段下得以发展，但探其本质，小组合作法都将以"合"为形式，以"和"为理念，共谱和而不同，同而有新的美好旋律。

2. 小组合作法的运行方式

小组合作法的运行方式是学生以小组为单位，通常2~6人为一小组，通过分工协作，完成学习任务。其中，"分工"能够体现小组成员各自的优势，提高学生的自我效能感；"合作"能够有效地解决学生在独学情况下遇到的疑难问题，提高学习效率。合作学习不仅能够使学生发现他人的优点，取长补短，而且能够使知识点与合作时的情景建立联系，形成情景记忆，加强学生记忆知识的效果。

3. 小组合作法的影响因素

（1）价值观

简言之，在影响个体情绪反应的诸多因素中，价值观是点燃情绪的关键火种。当个体与重要群体中的成员互动时，如和家庭成员互动交流时，其个体的价值观处于被不断地塑造的过程当中。一旦个体离开亲密互动群时，个体的价值观将在与学校教育内容和社会教育成果互动融合过程中，面临被重新建构扩充乃至被改变的结果。

所以，当拥有不同文化背景和观念色彩的学生和教师一同进入课堂时，基于自身长期吸收来自不同文化养分和光照的滋养，因此，每个人身上也都将呈现出专属于自己的独特文化成果和价值观符号，价值观也就成了除学生身心发展实际等之外的又一课堂教学实施依据。如果小组成员具有相似的成长底色，那么，他们由底色所影响和熏陶的价值观往往也相似。

相似的价值观是拉近人际交往距离的重要因素，一旦价值观上出现分叉，往往会降低整个合作小组的亲密度和凝聚力，组员之间便会相互排斥。然而，在所有的小组合作中，冲突和价值观差异是不可避免的。但是，如若教师在小组合作期间采取一定的有效措施，例如，支持性的教师行为、合理目标性结构的创设、让班级成员感受到平等的社会地位，以及师生、生生之间有效的人际沟通等，都将在一定程度上对价值观差异所引起的冲突起到缓解的作用。

（2）规范

规范是约束个体行为选择和表现的显性要求和原则，是确保小组合作学习得以顺畅进行的行为标准或行为要求，它有助于个体较为及时准确地明白自身行为的合理范围及满足他人期待的行为标准，且规范存在于组织的所有水平中。例如，学校里有关于学生应该遵守的关于学习或安全等相关的行为准则。

班级里有关于尊重师长和同伴交往的要求准则，图书馆里有如何有序学习且不影响他人学习的相关准则等。以成文或不成文呈现的规范及要求无疑为日常的生活创造了一种可预测性和有序性，也在很大程度上为学生的学习及生活建设了一堵厚厚的保护墙，学生的安全感、归属感也会逐步得到增强。当然，规范对于合理行为的强调也使得学生在潜意识当中逐步形成一种知道什么是重要的思维习惯，这将使得他们在进行情境选择时保持高度的灵敏性。

此外，规范的建立将对个体乃至小组之间的互动起到情感和行为的导向和约束作用。罗伯特·福尔汉（Robert Fulham）曾说过"棍棒和石头击碎的只是人的身躯，但言语所重击到的是人的心灵"。由此可见，在小组建立、实施期间如若缺乏行为的约束和引导，任其放任自流，那么同龄学生的道德和情感就很容易向恶劣的趋势转化，变得以貌取人、以自我中心、霸道、排外甚至诋毁他人。

（3）角色

除了小组成员的价值观念以及小组合作所要遵守的规范要求，各成员所承担的角色也有助于其建立小组实体的理念。不同的角色由不同小组成员承担，而

第六章　高职英语的模块化教学模式

角色的划分不仅有利于学生明确区分自己的权利和责任，明白自己和他人的期望和行为，同时学生在担任角色期间，还能建立起积极的自我同一性意识和自我效能感，从而对于积极完成任务，达成目标也会产生一定的自信和独立的态度和情感。然而，要想合理分配小组成员的角色，不仅要结合学生的实际，同时也要挖掘学生潜在的能力。

此外，由于学生的成长环境不同，因此每个学生也就有着不一样的成长底色，所以面对多彩的世界，学生必然会对相同的事物产生不同的见解。一旦教师充分领会到底色不同所带来的优越性，且针对学生的差异性赋予其不同的角色和使命，使得不同发展区间的学生乐意说、喜欢做，那么其个体的力量也会在小组活动中得以成功展现。所以，教师在设计教学活动时，其角色的设定要灵活，要有针对性。同时，要进行合理的角色轮换，从而有助于个体和小组成员加深对自身和彼此的认识和了解，并学会认同自己和欣赏他人。如若角色设置较为固定，就会在小组合作过程中出现"边缘人""工具人"等，那么小组内部和谐也会受到重创，讨论发言的结果也会大打折扣。所以，角色的合理分配应充分考虑学生能力实际和情感需求，让每一个小组成员都有机会成为"主角"，成为带领小组走向成功的"引领者"。

4. 小组合作法的实施原则

小组合作法的实施原则有"协作学习""学生主体""面向全体学生"和"教师主导"等。"协作学习"是合作学习倡导者们的出发点，也是主要的运行方式，希望能够通过学生之间的合作交流，主动掌握知识点，并培养学生团队合作意识，提高学习效率。

"学生主体"是目前中国教育改革的主要目标，即以学生为学习的主体，教师在课堂当中扮演启发者、引导者的角色，这一理念与合作学习的运行方式相契合，合作学习的授课方式正是学生主体理念的完美体现。

"面向全体学生"是素质教育的核心，在实行合作学习的课堂教学中，要注意使教学面向全体学生，即所有学生共同参与教学活动，每一位学生都有自己相应的学习任务，然后通过小组整合达到"1+1>2"的学习效果，使小组成员一方面互相解释知识点，如已经明了这一知识点的学生向不了解这一知识点的学生讲授、解释，另一方面共同发现新的知识点，如一位学生发现某一知识点，与其他学生进行探讨并由各位学生提出不足之处，就会得到较符合正确知识点的结论，教师稍加指点或引导便可使学生掌握这节课的内容。

5.小组学习法在教学实践中的优势

具体来讲,小组学习法在教学实践中的优势体现在以下几方面。

第一,小组合作学习模式改变了原有的枯燥无味的教学方式。使用小组合作学习模式进行英语教学的课堂学习氛围非常轻松,学生对英语学习的兴趣越发浓厚。学生在组建自己小组的过程中,彼此之间增加了交流互动,使学生的沟通能力和合作能力得到了发展。

第二,小组合作学习英语的方法让原有的枯燥无味的硬性记忆方式有了巨大改变。学生的课堂讨论和课堂展示环节使课堂氛围变得轻松愉快,学生对英语学习产生了浓厚的兴趣。学生在借助字典、参考书籍完成教师制定的小组合作学习任务过程中,使学习方式进行了转变,由教师主导转变成了学生主动探究,即学生能够自觉地在教师的引导下进行自主探究学习。这种教学方式潜移默化地培养了学生自主获取知识的能力。这种技能对于高职生而言是非常有必要的,对于他们的终身学习可以起到巨大的帮助作用。

第三,在小组合作学习过程中,教师在学生组间竞争时进行的口头言语鼓励可以激发学生的竞争意识和合作意识,使学生集体变得更加团结,使学生对学习的态度变得更加积极。

第四,在学生参与作业编排时,程度弱的学生也愿意加入进来,可以使学生进一步巩固知识点,程度好的学生也可以帮助程度弱一些的学生。在小组互相配合完成编排作业中的英语练习题时,能够增强每位小组成员自身的合作意识和合作能力,营造浓厚的学习氛围。

(五)任务驱动法

1.任务驱动法的概念

任务是任务驱动法的核心,要应用好任务驱动法,首先要深入理解"任务"的内涵。"任务"一词在中国最大的综合性辞典《辞海》中的解释是"担负责任;交派工作";在我国《现代汉语词典》中的解释是"指定担任的工作;指定担任的责任"。由此归纳,"任务"就是"交派并担负起来的工作和责任"。在任务驱动法的研究领域,由于研究者的学术背景存在差异,因此对任务的认识也是多种多样的。有研究者认为任务的来源是学生的生活与学习的真实世界,因为与学生的生活息息相关的客观世界能够引起学生的共鸣和探索的欲望。

但有学者认为,虽然这一观点有一定的理论依据,在特定的教学前提下可以参考与应用，但是这却让"任务"的界定过于局限。任务的来源应当根据教与学的需要进行设定，而限定任务来源的主要依据是课程标准和教学目标。因此，在课程标准和教学目标的框架下，教师根据教与学的需要设置具体的任务内容，可以拓宽任务驱动法的应用范围，实现更多教学研究的探索与创新，促使高职教育方式推陈出新。

"驱动"在《辞海》中的解释是"驱之使动"，从字面上看有"被动、被迫、被驱赶"之意，导致人们误认为任务驱动法是通过迫使学生被动地接受和完成任务来进行学习的一种教学方式。其实并非如此，任务驱动法主要通过合适的任务来激发学生的学习动机，来驱动学生进行主动学习，对学习活动起到一种定向、引导、调节和强化的作用。

任务驱动，顾名思义，就是由任务驱使某一活动进行。任务驱动法就是通过任务来驱使教学活动得以进行的方法和策略。任务驱动法的特点包括以学生为主体、以教师为主导和以任务为主线。

首先，以学生为主体指在应用任务驱动法过程中，要充分凸显学生的主体地位，使学生的学习兴趣和学习动机得以激发，并提高学生各方面的能力。例如，在任务驱动法主导的课堂中，师生之间，尤其是生生之间能够充分地进行交流、合作，组员之间的观点交流可以激起头脑风暴，使学生在获取教材中新的知识的同时，还可以获得教材以外的知识、观点。

其次，以教师为主导，是指教师再也不是"一言堂"的主讲人，其任务从向学生单纯地灌输知识，转变为以学生设置任务，引导学生完成任务，对学生完成任务的成果进行总结、评价和调整完善。在这种情况下，教师和学生都解开了"填鸭式"、灌输式教学方式的魔咒，从"授人以鱼"变为"授人以渔"，从而获得了教与学的全新的体验。

最后，以任务为主线是指任务作为任务驱动法的核心，贯穿课堂教学的始终，作为学习活动线索引导学生逐步获得隐藏在任务背后的知识内容。以任务为主线获得新知的具体程序：创设情境，进入任务—进行任务；增知提技—检查任务；评价总结。由此就可知，学生的知识系统和技能素养是在任务的完成过程中逐步主动建构起来的。

2.任务驱动法的特点

（1）以任务为主线

在运用任务驱动法时，是用任务作为连接教学内容的纽带，因此，任务必须贯穿整个教学过程。在执行任务前,将任务根据教学目标分成若干个小任务实施;在设计任务时,要以学生为中心,考虑任务的可行性和难度以及大小等问题,确保在实施中教师得心应手,学生学起来轻松、有兴趣。

（2）以学生为主体

学生作为学习主体,是教学任务实施的主要意义所在。对于学生个人而言,自身要认清地位,将学习作为首要任务,在学习中,做到积极思考问题,不懂就问,勇于探索相关知识与技能,善于与同学团结协作;不仅如此,在人际交往方面,要学会正确处理同学之间的关系,培养和谐融洽的友谊,养成正确的三观。

（3）以教师为主导

教师在教学过程中对学生起引导和指导作用,从备课到上课,再到结束,最后进行总结,对一堂课要有全局观,对教学每个环节要有清晰的认识,从而确保在教学中能有效激发学生的内部和外部学习动机。当发现学生对某个任务表现出疑惑时,要有随机应变的能力来调节课堂气氛,使课堂充满生机活力,以达到提高教学效果的目的。

3.任务驱动法中任务的类型

（1）游戏性任务

游戏性任务是指教师根据教学任务的设计,以游戏方式创设情境,让学生的身心充分融入其中。

（2）问题性任务

问题性任务是指在教学活动开始之前,教师通过语言传递信息的方法,将事先设定的问题任务传递给学生,引发学生学习兴趣,培养小组间的合作能力和"一题多解"的发散思维,从而使学生找到问题的解决途径与方法,获得更多的基础知识和基本技能。

（3）技能性任务

技能性任务是指通过教师讲解,学生对技术动作有一定理解后,自己能够建构出便于加深技术动作肌肉记忆的一种方法。在技术动作的逐步形成中,技能性任务完成显得尤为关键,能为学生技术动作的正确性提供保障。

（4）比赛性任务

比赛性任务是指在教学活动后期,教师通过比赛的形式设置一项任务来检测学生技术动作学习情况的一种方法。经过团队的合作,在检验教学效果的同时还能增加学生比赛的相关经验。

第六章　高职英语的模块化教学模式

（5）创造性任务

创造性任务具有实践性、探索性和开放性的特点。教师设置任务，学生通过思考后举一反三，对任务进行不同角度和不同维度的分析，对学生发散思维的培养具有重大意义。

（6）作业性任务

在其他学科教学中，课后作业是课堂的延伸；英语课也需要布置课后作业来巩固技术动作，有利于学生打牢基础，为后面教学内容提供保障。

4.任务驱动法的设计要求

（1）任务设计要有趣味性

教师设计的任务要使学生对教学内容及过程产生一定的好奇心与兴趣，调动学生学习的积极主动性以达到激发学生求知欲的目的，从而使学生保持良好稳定的心理状态投入完成任务的学习过程中。

（2）任务设计要有梯度和关联性

任务的设计要遵循学生的差异性原则，学生之间存在个体差异，要根据学生的差异性设置任务以保证任务对于每个学生现有的知识技能水平都有着一定程度的建构意义。梯度是指根据学生技能水平的差异性设计得当的基本任务和有建设性的附加任务。任务和任务之间，任务中的新旧知识及技能之间要有层层递进、环环相扣的关联性。

（3）任务设计要有限制性和可扩展性

限制性是指必须按照教师的要求来布置的任务，如基本任务。可扩展性便要求教师所布置的任务不要具有太多的钳制性，在不偏离主线的基础上让学生自由发挥，设计要能促进学生思维的灵活性，培养学生的创新意识与实践能力。教师对限制性和可扩展性任务之间关系进行合理把控可提高任务设计的水平。

（4）任务设计要渗透其他学科知识

英语学科的教学中可融入数学、物理、化学等学科的知识来为英语教学服务；英语课堂中的各种人际关系可以融入心理学方面的学科知识为创造新型师生关系提供帮助。将其他学科知识渗透设计任务中不仅能提高任务的质量，而且还能更好培养学生综合分析解决问题的能力。

（5）任务设计要有可操作性和可考核性

任务驱动法要求任务是布置给学生的，学生是学习的主体，教师在教学过程中是引导者、组织者、监控者、协助者。因此，教师在布置任务时要遵循可操作性的设计原则，让学生可以根据任务了解自己该做什么、知道如何做，从而有目的地去完成任务。为保证高质量地完成教学内容，教师必须设计出具体、明确、系统、可考核的基本任务，这样有利于公平、合理地评价学生的学习效果。

5.任务驱动法的教学程序

（1）引入任务阶段

一堂能完美展现教学效果的英语课，离不开教师对课堂的精心设计。任务驱动法求要教师在教学的开始与准备阶段根据教学目标和任务类型对学生提出一系列任务，如提出问题性任务，目的是利用任务并结合教学内容为学生设计悬念和疑点，以此来引发学生思考。

（2）执行任务阶段

基础部分是教师重点把握的地方，学生经过基础部分的练习，对任务有了一定的了解，随着课堂的深入，教师有针对性地提出技能性任务和创造性任务，如技能性任务是通过其他英语语法项目中知识的表象使学生建构联系，目的是让学生在小组之间讨论分析时各自发表观点与看法，充分调动每个学生的参与积极性，各组讨论后提出总结性观点后，最后由教师有针对性地进行指导。

（3）应用总结阶段

课堂的结束部分同样不可小觑，不仅是对学习内容的总结，而且还是问题解决的关键，若学习内容难度较大，教师对难题布置作业任务，让学生在课后继续思考和练习，进一步巩固技能的熟练度，若学习效果较好，则布置下节英语课相关内容的作业，形成不间断的学习模式，养成良好的学习习惯。

（六）学案导学法

1.学案导学法的含义

（1）导学案

学案也叫作导学案，"学案"是相对于"教案"而言的概念，"教案"的编写者和实施者是教师，重点在于"教"，设计好一节课的教案是能够上好一节课的前提条件，"教案"主要针对的是教师"讲什么""怎样讲"的问题。与此相反，"学案"的着眼点在于学生作为学习主体"学什么""怎样学"的问题。

学案导学法中的"学案"是指由教师通过集体备课和个人备课相结合，紧紧贴合素质教育的目标，在分析课程标准及教材内容的基础上，根据学生的身心发展规律、知识水平，来指导学生进行自主知识建构而设计编写的在教学中供学生使用的学习方案。学案的内容一般包括本课的标题、学习目标、学习重难点、课前自主预习部分、课上师生合作探究部分、课下巩固训练部分、知识拓展部分等。学案以学生为本，以"知识目标、能力目标、情感态度与价值观目标"的达成为出发点和落脚点，再配以任课教师的科学指导与评价，是新课改背景下培养学生学会学习、学会创新、学会参与、学会合作、自主发展的路线图。

（2）学案导学法

在教学中，学案导学法的"导"即要以学案为载体，引导学生自主学习基础知识，引导学生掌握学习方法，引导学生解决问题，引导学生知识迁移，引导学生思想升华。这样在引导过程中，逐渐实现帮助学生获取知识、掌握方法、培养能力、落实情感的目的，即实现由"学会（学会知识）"到"会学（学会学习）"的转变。因此，在"学案导学"教学中的重点就在于如何发挥教师的"导"来促进学生的"学"。正是"学案"与"导学"巧妙结合，转变了传统的接受式灌输教学，促成了现今学生积极参与的"自主学"。基于此，学案导学法就是以导学案为载体，课前学生自主学习，课中教师指导学生自主学习、合作探究、促进学生自我发展、自我提高，优化教学结构，提高教学效率的一种教学方法。

2.学案导学法的特点

学案导学法具有极其鲜明的特点，即教师的主导与学生的主体并存。这种教学方法强调学生的主体作用，教师作为引导者和组织者与学生在互动中共同学习。这就使得传统教学法中学生被动学习的局面得以打破，学生学习的积极性和主动性也得到了很大提升。在学案导学法中，教师作为主导方，不仅仅只专注传授学生专业知识，更注重培养学生的创新思维能力、独立思考能力以及合作交流的能力，更注重观察学生学习知识的方法，做到在授之以鱼的同时也授之以渔；注重提高教师的专业素质，"学案导学法"应用对教师专业素质的要求非常高。教师不仅要掌握教材和专业知识，而且还要具备一定的科研能力。教师更要完全了解每一位学生的基本情况，因为这些都是将学案导学法运用到高职英语课堂的基础。

3.学案导学法的运用价值

落实学生的主体地位，提升教师的主导地位是对学生进行素质教育的重要条件。学案导学法是课堂教学改革的有效成果，这种新型的教学方法在凸显学生的主体作用，提高合作探究能力，提高课堂教学效率，促进师生双方教学相长，丰富教学资源等方面具有一定的运用价值。

（1）将学习中心前置，体现学生主体作用

学案中的"自主学习"环节将学习中心前置，能够充分引导学生"先学"。这种先学并非漫无目地让学生看书完成预习，而是要求学生根据学案中的内容，如学习目标、导学问题、学习方法等，自主学习教材并完成相应的课堂练习，尝试用自己原有的知识经验去理解和同化教材的基础知识，通过"自奋其力"达到"自致其知"。这一过程属于思维的最佳状态，不仅能激发学生对学习的积极性，还能潜移默化地培养学生独立思考问题和整合信息资源解决问题的能力。

学案导学法的应用让学生学习的方式由被动灌输转变为主动学习探索，让教师充分发挥在课堂中的指导作用，使教师成为"授渔"之人而非"授鱼"之人，凸显学生课堂主体的地位，符合新课程改革中以学生为主体的原则。

学案导学法使学生在课前自主预习中，发挥主体作用主动去探索知识、发现问题和解决问题，学生在学习过程可以逐步感受到掌握知识的自豪感和成就感，从而促进学生更加积极地投入后续学习中去，对于培养学生自主学习能力，凸显学生主体地位具有重要的意义。

（2）课上小组共同探究，提高学生合作能力

课堂上学生会根据教师指导通过小组合作的方式进行探究学习，这部分内容一般都是本节课的需要突破的重点和难点，所以这部分内容导学案会设计成探究活动，让小组成员共同合作去探究。

首先，在高职英语课上，教师会根据课标、教材等相关内容提前预设课堂问题或者由各个学习小组在课堂中依据学案结合对书本知识的理解提出质疑的问题；然后由教师合理地分配任务，各个小组分工协作根据问题或者质疑探究结果；再次，各个学习小组派出小组代表上台展示并陈述本小组的探究结果，在这个过程当中，其他各个小组的学生也可以充分听取其探究结果，教师和各个小组的成员可以对其探究结果进行质疑提出问题，教师也可以继续追问来引导学生继续思考；最后由教师引导学生对探究的内容进行总结并达成对该探究结果的共识。

在整个探究活动中不仅充分发挥了学生在课堂中的能动性、主体性，而且还凸显了教师在课堂中的主导作用，更重要的是在此探究活动过程中锻炼了学生发现问题、解决问题的能力，促进学生团体合作和分工协作的能力的发展，有利于小组成员之间取长补短，在合作交流中成就对方。

（3）优化课堂结构，提高教学效率

传统教学方法的课堂结构是一般分为五个环节，分别是复习导入、新课讲

授、习题巩固、课堂小结、课下作业。在传统授课方式中,新课讲授环节会占据大部分的课堂时间,此时教师作为课堂的主角进行单方面地讲授,学生参与感低,只能被动地接受教师的知识灌输。特别是高职英语课程内容相对较难,可能会让课堂更加枯燥无聊,课堂氛围呆板无趣,不仅很难引起学生兴趣、调动学生积极性,而且学生是在教师的"权威"下进行学习的,课堂效果无法保证。

学案导学法的课堂结构首先会在导学案上呈现学习目标,学生依据学习目标进行自主学习,消化一些简单的基础知识,然后课堂上学生要根据教师给出的问题或者根据导学案上设置的问题进行探究活动并展示本学习小组的成果,接着教师会针对其探究结果对学生产生的疑问进行精讲解疑,最后由教师或者学生对知识进行课堂总结。整个学案导学法的运用过程,实质上是以学生为主的课堂而不是以教师为主的课堂,教师在课堂中扮演"引导者"的角色。

相比起传统教学的课堂结构来讲,学案导学法的运用无疑优化了课堂结构,使课堂结构更加趋向于符合以学生为主体的原则,与此同时,可以大大提高学生在课堂中的参与度,使其主动去融入课堂,很好地锻炼了学生自主学习、独立思考、合作探究、知识建构的能力,更容易调动学生学习的积极性,从而大大提升课堂的教学效果。

(4)师生教学互动,促进教学相长

在传统课堂中,教师通常扮演"主讲人"的角色,常态课中几乎较少进行师生互动、生生互动,仅仅在某些公开课、展示课上会设置一些学生活动,但教师与学生的交流互动仍旧相对较少。学案导学法在运用的过程中,课堂始终要把握住学生主体性的原则和地位,整个教学活动围绕的不在于教师的"教",而是在于学生的"学",在学案导学法各个环节中,"质疑"无时不在,既有学生的质疑也有教师的追问学生的质疑,同时有学生的解答以及教师的讲解。所以在教学中师生互动、生生互动较多,有利于教师贴近学生,倾听学生的想法,并且能够在师生互动之中形成良好的学习氛围。

学案导学的过程促进教师的"教"和学生的"学"双方高效互动,有利于师生双方构建传递丰富教学信息的渠道,有利于促进师生双方共同发展、实现教学相长。

(5)静态教材动态化开发,丰富教学资源

学案导学法的核心在于导学案的科学高效应用。导学案的编制将静态的教材内容进行动态化的开发利用。导学案的编制按照学生的认知水平,根据英语学科知识的逻辑把教材内容进行情景化、生活化、问题化设计和个性化加工,将英语课教材中抽象的知识细化为一个个学生能解决的具体问题，将学生的学习过程前置，提前呈现给学生导学案，利用导学案引导学生在解决一系列问题的过程中贴近生活、走进教材，初步理解教材的知识内容，在脑海中对相关知识有大致的了解和把握，帮助学生在学习新课之前对所要学习的重点和难点知识做好充分的思想准备。导学案是链接学生新旧知识的关键节点，学案导学法的运用将教材进行动态化、个性化、创造性地加工，丰富英语教育教学资源。

4.学案导学法应用的基本要求

（1）坚持"以生为本"

学生是学习的主体也是教师教学的中心，教师要坚持做到"以生为本"，就是要做到整个教学活动都是围绕学生展开。在上课前提前把学案发放给学生，让学生自己根据学习目标和预习问题独立思考，教师不能提前要求学生在书上画出重点，然后把重点内容机械地摘抄到学案中。要让学生自己动脑思考，产生困惑时就及时在学案上做好记录，这是从预习环节培养学生的主动性。在课堂上教师也只是作为引导者和组织者存在，只需要根据精心设计的导学案，营造出良好的学习氛围，引导学生主动学习。课后作业布置要尊重学生的主体地位，安排学生绘制思维导图就是引导学生形成良好学习习惯和思维习惯的良好方法。总之，在学案导学法实施的整个过程中都要时刻坚持"以生为本"。

（2）加强生生合作

运用学案导学法的课堂，有许多环节都需要学生与学生之间相互合作交流。自主预习时学生遗留的问题，教师可以在课堂上给学生相应的时间，让他们表达自己的看法和观点，有许多问题就会在思维的碰撞中迎刃而解。在小组合作交流环节中，要注重引导每一个学生大胆地说出自己的看法，交流合作是发挥集体智慧的时候，不能只关注某几个善于表达的学生。在开展大组合作辩论时，要能够充分激发学生的学习热情，此时也要注重培养学生的集体荣誉感。只有加强合作，整个团队才能获得最终的胜利，教师应时刻引导学生学会倾听自己小组和其他小组的发言，学会总结自己的优势和劣势，让学生懂得集体合作的力量是巨大的。

（3）注重启发学生

学案导学法不仅仅关注学生的主体性，同同时注重教师的引导，即如何启发学生。启发式教学已经不是一种教学方法，而是每一种教学法都应该遵循的基本原则。当然，在学案导学法中教师的引导和启发也要注意时机。当学生们相互交流完自主预习的问题后,剩下学生自己不能完全解决的问题就需要教师及时地给予引导和启发,当学生表达完自己的观点后,教师及时地总结归纳也是另一种启发方式。当学生对于某个问题持反对意见时,教师不妨站在他们的角度,逐步反推到正确答案上。学案导学法在英语教学中的应用,需要教师在引导时结合学生身边具体的西方文化现象或者文化活动,贴近学生生活的引导才最为有效。

(4)及时做好评价

应用学案导学法要及时地做好评价,包括教师对学生学习效果的评价以及教师对课堂效果的自我评价。教师如何对学生及时地进行评价,其中最简单的方式就是检查学生课堂检测题的完成情况。通过课堂检测,教师了解了学生对知识的掌握情况,才能更好地安排下一阶段的学习任务。教师通过教学反思,及时地对自己应用学案导学法的效果进行自评,这有助于教师进一步研究学案导学法,从而改进自己的教学方式。

(5)重视探究性学习

探究性学习其重点是学生的学习过程。教师应增设多样化的教学手段,如合作探究、角色扮演、制作模型等方式,让学生获取知识经验。在教学过程中,教师应多加引导学生主动探究,通过设置探究性问题并分配给不同的小组,各小组先组内思考再进行组与组间的合作探究,让学生相互讨教、相互学习,鼓励学生积极主动参与到"自主、合作、探究"的学习过程中。

5.学案导学法应用的教学设计

(1)教学前的准备

教学效果的好坏与课前准备的程度息息相关。实施学案导学法课前准备需要备学生、备教材、备学案,目的是要求教师在课前做到"三明确":明确教材和堂课教学内容;明确运用何种方法,怎样进行教学;明确教学环节,预期教学效果。

第一,备学生,主要包括以下几方面的内容。

①备学生经验。每一名学生都是带着自己的经验走进课堂的,他们有自我经验,有生活经验,也有以往在课堂学习的学习经验。只有充分了解学生们的已有基础之后,才能够有的放矢,设计出真正适合学生的导学案。因此,教师应该通过各种渠道加深对学生的了解,的对班级整体学生的思想情况进行了解,在平时的学习生活中对学生进行观察,观察其生活态度、学习状态以及学习成绩。因为学生们的生活态度能够反映他们的心理状态。对待生活积极乐观的孩子,通常在

面对学习上的困难时也会迎难而上。反之，对待生活总是萎靡消沉的孩子，面对困难经常会选择逃避，教师要对这样的孩子加强引导和帮助。

②备学生特点。学案导学法最大的特点就是借助导学案，充分发挥学生主体、教师主导的作用。要充分发挥学生的主体作用就必须掌握每一个学生的特点，做到因材施教。一般情况下，在设计导学案时，很多环节都需要学生合作探究完成，因此学习小组的建立很重要。在建立学习小组时要充分考虑各种因素以及学生的实际情况。

其一，组内人数适宜。一般情况下学习小组的人数控制在4~6个为最佳，这样既能保证任务分配到具体学生，又能避免人数过多造成不必要的人力资源浪费。每位学生都感受到自己被需要，都竭尽全力去思考完成学习任务，才能使整个班级发挥出超常的学习水平。

其二，学习能力均衡分配。每个学习小组都应该按照学生的特长均匀搭配，才能使每个孩子在组内发挥其特有的价值。

其三，按照性格差异进行组合。组内既要有性格开朗、善于表达的学生。也要安排性格内敛的学生，让他们在幕后出谋划策，也能有机会充分表达自己的想法。

其四，确立最佳小组长人选，学习小组的组长是教师与学生沟通的桥梁，也是整个小组的核心力量。组长必须具备良好的素质，有责任心、组织能力强、性格好、人缘佳并且对英语学科充满兴趣。选择既喜欢英语学科又兼备责任心和组织能力的学生担任组长，会使得英语课堂教学更轻松、更有活力。

③备学生兴趣。随着时代的发展、社会的变迁，每一代学生都有其自身的特点和喜好，教师要看到当下的孩子们喜欢什么，教师在准备一节课所需的材料之前，一定要事先调查学生的兴趣点。他们喜欢的明星、课外活动、交友方式以及他们平时关注的热点。教师只有在了解学生的基础之上才能开始准备资料。如果你提及的人物、表述的案例都是学生不关心也不喜欢的，就很难引起学生的共鸣。

听懂学生的语言，就要跟上时代的潮流，了解一些流行用语和网络用语，这样才能够拉近教师与学生之间的距离。看到学生的世界，要设身处地地了解孩子们眼中的世界，就必须做到"假如我是孩子，假如是我的孩子"。虽然人们常说没有真正的感同身受，但毕竟教师也是从学生时代慢慢成长的，即使年代不同，所处的环境也不完全相同，但每个年龄阶段的需求基本都有其规律可循。

因此，教师要遵循学生的身心发展规律，从客观规律出发来看待每一位学生，这样就能在很大程度上减少教师根据自己的主观喜好来判断一个学生的优劣的行为。教师要洞察学生的思想，从一个人的思想可以知道其行为。教师在备课时就要时刻注意引导学生，不能让他们在思想和价值观上出现偏差。

第二，备教材。教师教学的依据就是教材，在开展教学之前，教师要将教材进行梳理，熟悉教材的内容和结构。教师还要把握教材的编写意图、章节之间的内在联系，吃透每一框的内容。具体来讲，主要包括以下几方面的要求。

①研究教材，把握教材精髓。教材是学生学习的第一手文本资料也是教师教学的根本依据，教师必须熟练掌握教材内容，把握教材的编写意图和内在逻辑关系。高职英语教材的编写依据是课程标准，是对学生进行英语知识的教育，是体现英语课程性质的根本要求。

②根据学情，找出重难点。教学难点，不仅仅指的是内容本身比较难，还应该是根据不同班级不同学生的具体情况来确立难易程度。普遍意义上的难点有可能对某个班级的大多数人来说是容易理解的，而通常认为内容简单的学生也有理解不透彻的现象出现。因此，教师在确立重难点时，必须根据实际情况，具体问题具体分析。教师不能以自己的意志和思维来理解学生，把自己所认为的重难点强加于学生。准确地确立一堂课的重点，不仅有利于调动学生的学习主动性，更有利于教师对教学时间进行分配，更好地引导学生，把控课堂氛围和秩序。

③开发教学资源，重组教材。教师在开发教学资源时可以有很多方式，具体来讲，包括以下几方面。

其一，教师可以将教材原本内容进行重组，根据教师和学生的实际情况，调换栏目顺序或者把教材内容整合成专题进行讲解。

其二，教师要学会有选择性地运用身边的教学资源，比如自己看到的文化现象，或者观察到的文化行为和活动。这些素材都可以积累起来，再结合课程主题恰当地运用。

其三，教师要充分利用网络信息资源。每节课选择适量的图片或者视频，更能够激发学生的学习兴趣，活跃课堂气氛。但是视频的选择不可过长、过多，否则就会显得主次不分，转移学生的注意力。

④最重要的一点是，教师要充分挖掘学生的内在潜能，鼓励学生大胆地自我开发，从而使课堂教学内容更加丰富，使课堂教学充满活力与生机。

第三，备学案。学案导学法的实质就是以学案为载体，连接教师的"导"与学生的"学"，所以导学案的质量会直接影响高职英语教师的教学效果和学生的学习成果。因此，备学案就显得尤为重要。

教学改革背景下高职英语教学模式研究

学案的设计主要包括学习目标、课前预习、新课探索、课堂小结和巩固提升五个模块。学习目标模块主要是帮助学生梳理核心概念，形成生命观念。课前预习模块主要是打破传统学案练习题模式，通过联系生产生活设计生活情境，融入外语文化史即学习情境，引导学生主动探究。新课探索模块主要是通过创设情境、设置探究性问题，融入角色扮演、模型制作、小组合作等探究活动，培养学生理性思维、科学探究能力，在该模块中增设学以致用环节，促使学生关注英语议题、宣传英语知识。

（2）教学基本环节的设计

学案导学法教学基本环节的设计主要由课程标题、学习目标、自主预习、合作探究、习题检测、思维导图、能力拓展七部分组成。

①课程标题。课程标题的设计要做到简洁清晰明了，课程标题需要标注第几届学生哪一本书以及第几单元第几课第几框。

②学习目标。学习目标是学案设计的起点和终点。英语课程标准明确提出以培养学生核心素养为宗旨，学习目标的设计是四维教学目标的具体化设计。通过梳理核心概念，帮助学生形成系统的英语知识构架，在理解核心概念基础上探讨英语知识和相关文化现象；能够运用演绎推理、归纳概括等理性思维能力对英语议题进行思考讨论；通过分析探究实验掌握英语探究的一般步骤和方法；通过联系生活实际培养积极关注英语方面的相关议题、主动宣传英语中包含的文化知识，为以后的学习和生活奠定基础。

③自主预习。该环节是要求学生通过自主预习，回答一些主观性问题。此设计主要想锻炼学生的独立思考能力，并且通过一系列相关问题的设计让学生快速地知道重难点内容，和本节课学习的一个整体思路。学生可以结合课本的知识内容，也可以只是凭借自己的知识和生活经验做一个简单的回答。对于不同的课程内容，自主预习的题目也可以有多种类型。根据所学内容，可以设计有关理想和价值观的题目发挥英语学科的育人功能；为了让学生学会对所预习内容进行及时的整理，导学案中可设计分类归纳的表格；结合相关课本知识，设计列举题，可以比较灵活地反映学生对于预习知识的理解和掌握程度。

④合作探究。为了培养学生的创新意识和交流合作的能力，可以有针对性地设计几个值得探究的问题，通过小组讨论和大组辩论的方式，引导学生发现新的问题。教师在设计学案时，栏目的问题选择极为关键。关于问题的答案，教师也应该提前进行预设，但是不能一成不变。因为在交流探讨的过程中，学生的智慧很有可能远远地超过教师的预期。所以，教师应该在引导学生的同时和学生共同

思考，通过激烈的讨论，提高学生的学习兴趣，使讨论活动不再流于形式，真正地激发学生自我表达的欲望。

在设计讨论问题以及辩论主题时，首先应该结合课程标准和学习目标的要求，任何时候都不能偏离主题，否则此环节容易将学生的注意力转移，打乱课堂节奏。

其次，要将知识点和学生感兴趣的内容结合起来设问。单纯的知识点讨论易脱离学生的生活实际，这样会限制他们的思路，使学生不敢大胆地表达自己的观点。

最后，教师要对问题给出一个相对合理的答案，并且注意对学生的三观进行正确引导，毕竟在过于活跃的辩论氛围中，学生有可能会说出一些不太严谨的话语。教师要确保问题的设置是不存在任何价值观问题的，并且能够通过教师的引导给学生带来一些启发。

⑤课堂检测。无论应用何种教学方法，其中的一个目的都是为了提高教学效果。课堂检测的设计是检验学生学习效果，进行课堂评价的重要手段。教师只有及时收到学生的反馈才能做到心中有数，根据学生的实际情况调整教学方式方法。对于大多数同学都有疑惑的知识点，在以后的练习或考试中要重点训练。

课堂检测题目的选择应该贴近学生的生活实际，要体现出能级差别。可以采用英语学科中常用的选择题、简答题等。在设计选择题时，尽量做到涵盖本节课的每一个知识点。因为学生刚刚接触新的知识，所以题干和选项一定要明确。此阶段不适合选争议较大的题目。与此相反，作文题和思考题的选择就应活跃一些，锻炼学生的发散性思维和辨析能力。

⑥思维导图。对于高职英语教学来说，教师严谨的思维方式和清晰的结构脉络至关重要。要想学好英语学科，学生应该在教师的引导下也具备这一基本素养。此环节教师可以做个示范，把自己设计好的思维导图呈现给学生，帮助他们构建知识体系。

要鼓励学生循序渐进地绘制属于他们自己的思维导图，可以先绘制一节课一个框题的内容，尽可能地将知识点细化，按照自己的逻辑思维方式呈现。这样才能够加深学生对知识的理解和记忆。之后引导学生采用独特的、个性化的方式把单元和章节知识绘制成一章大的思维导图。通过绘制思维导图促进学生养成良好的学习习惯，还能节约时间、提高学习效率。

⑦能力拓展。能力拓展是教学的补充的延伸，属于教学活动中一个重要环

节。根据维果斯基的最近的发展区理论，教师应该设置此环节，让"学生跳一跳都能够得到"。此环节可以安排与本节课内容相关的拓展阅读，开阔学生的眼界。

阅读材料要根据学生的年龄和性格特征来选择，也可以用一段材料或者某句名言作为引导，启发学生说出自己的观点，或者让学生畅所欲言，对教师说出自己内心对英语学科、对教师和同学最真实的看法，这样教师能了解学生的心声，拉近和学生的情感距离。

三、教学评价改革

模块化教学突出教学的灵活性和开放性，鼓励教师对课程进行二次开发，允许教师根据教学实际情况，对教材做出改组甚至自行选择并组织教学内容，以便使得教学更具针对性，但也存在偏离最初教学目标的危险。要使得教学不偏离方向，并使得教学满足学生学习的需要，充分发挥教学评价的功能，使模块化教学有效落实保障。

评价就是参照一定的标准，根据收集到的信息对事物进行价值判断的过程。黄牧航总结出评价的六种功能：鉴定功能、导向功能、激励功能、诊断功能、反馈功能和选拔功能。长期以来，选拔功能最受人们推崇，成了评价的最主要形式，甚至存在部分人把选拔功能等同于评价功能的情况。学生的考试成绩成为家长、学生、教师、甚至是有些地方教育主管部门评价老师、学校教学质量的最主要标准，于是教师在教学过程中，重点关注考试成绩，以至于忽视了评价的其他功能。

这显然背离了评价的初衷，违背了教育的本质，不利于教学的开展与学生的成长。要运用好模块化教学，更要发挥评价其他方面的功能。要保证模块化教学的有效开展，充分发挥评价的功能，需做好以下几点。

（一）设定恰当的评价标准

有标准，教学活动才不容易偏离方向。评价的英文是 evaluation，词根是 value，突出的是价值判断。要进行价值判断，首先必须有标准，同样的事物，在不同的标准之下，可能得出完全不一样的结论，所以，设定标准是做出判断的前提。

新的课程标准明确指出，"以发展学生英语学科核心素养为纲"，这为我们的教学评价指明了方向。有了明确的方向，学生也就有了努力的目标，教学也就有了灵魂，评价的导向功能也就体现出来了。标准除了要明确方向，还应该是具体的。学科核心素养只是一个抽象的概念，要使其落地，还需回答学生学到何种知识，达到何种程度的问题。

新的课程标准根据英语学科核心素养，确定了学业质量水平标准，并对学业质量水平做了进一步细分，划分为四个层次，使得评价更具可操作性。这为评价发挥鉴定功能提供了很好的支持。除了课程标准提供的学业质量水平作为评价的依据以外，根据不同的教学情景的需要，也可以采用其他的量化标准，比如布鲁姆（Benjamin Bloom）的分类表，SOLO分层理论等。

（二）丰富评价的维度

传统的评价方式中，考试成为最主要甚至是唯一的评价标准，这显然不利于学生的全面发展。模块化教学提倡通过多维度的评价方式，开展教学活动。

首先，过程性评价与终结性评价并重。过程性评价是在教学活动中对学生学习的各类信息加以即时、动态的解释，以揭示、判断和生成教学价值的活动。

模块化教学提倡一种开放性的教学方式，学生对模块的掌握程度以及不同理解，或对模块之间的组合排列方式、模块之间关系的不同认识都可能影响教学活动的开展，教师必须时刻保持对课堂的敏感性，并能对学情做出即时的判断，以便做出相应的教学对策。

使用好过程性评价，可以起到诊断作用，并向学生及时反馈信息，以促使学生调整学习方式，同时还能激发学生的学习动机。所以，过程性评价对促进模块化教学的有序开展起着相当重要的作用。虽然我们注重过程性评价，但不意味着终结性评价不重要，我们反对仅依靠考试作为唯一的评价标准，但不意味着反对采用考试的形式来对学生进行评价。终结性评价是指在某项教育活动告一段落的时候，对活动结果进行的评价。通过终结性评价活动，可以帮助教师与学生了解该段教学和学习活动所达到的效果，为下一阶段的教学与学习活动的展开提供依据。总之，过程性评价与终结性评价之间不存在孰优孰劣的区分，其最终目的都是有效促进学生的学习。

其次，注重量化评价与质性评价的结合。量化评价具有客观、简便、可操作性强的特点。特别在发挥评价的选拔性功能方面有其明显的优势。但如果仅用数据来衡量教育的成果，则很可能会脱离教育的实际情况。

教学活动是真实而具体的，学生之间的差异是真实存在的，如果用统一的标准去衡量所有的学生，对于相当一部分的学生而言，是不公平的。如果仅用成绩的高低来衡量学生的努力程度，显然对于基础薄弱的学生而言，是不公平的。采用质性评价的方式，采用多元的评价标准，让每个学生能获得成功的体验，增强学生学习英语的信心和兴趣，对提高教学的效果是有益的。

同时，实现评价主体的多元化，除了老师，让更多学生参与其中，可以使得评价更加全面准确，而学生本人的自评还能帮助其自身获得更多的元认知，从而改进学习的方式。当然，强调质性评价，并非对量化评价的否定。量化评价与质性评价的相互结合，才能更好地促进教学活动的开展。

具体到高职英语教学来讲，由于高职英语课堂既采用基础英语模块培养学生的英语基础知识，同时又采用阅读、听力写作、翻译等模块培养学生的语言实践及英语四六级应试技能，因此不能仅仅使用传统教学模式下的以期末测试为主的终结性评价手段对学生语言实践技能的掌握程度做出单一的评价，而应重新确定相应模块化教学的评价方式。

针对学生不同模块语言技能的运用和掌握情况采用阶段形成性评价和终结性评价相结合手段，以此判断学生是否符合进阶下一模块学习的条件。比如，在词汇模块学习中，评价标准就应该是读音和拼写相结合，对于某些高频词，除了要求学生会正确发音，正确拼写之外，还要求其会正确运用，那么传统的期末考试（笔试）就无法全面检测和评价学生的学习情况，因此需要改革。

第三节　高职英语模块化教学模式的实践

一、高职英语模块化教学模式应用的目的

（一）提升学生的学习体验，增强学习英语的动机

学习动机是激发个体进行学习活动、维持已引起的学习活动，并致使个体的学习活动朝向一定的学习目标的一种内部启动机制，学习者一旦形成学习动机，就会贯穿在整个学习活动中。学习动机的强弱，对学生的学习效果起着重要的影响作用。学习动机可分为外部动机和内部动机，外部动机把学习活动当成是实现某种目的的手段，如获得奖励或避免惩罚等，内部动机则是对学习活动本身感兴趣的内部需求，内部动机对学习的影响比外部动机更有效。

模块化教学有助于增强学生的内部动机。通过外部强加的力量无法促使学生

内部动机的生成，但通过教学设计使学生获得良好的学习体验可以帮助学生内部动机的获得。

首先，难度适中，带有挑战性的学习目标有助于激起学生的学习兴趣。模块化的教学设计具有较强的灵活性，可以根据学生的学习水平做出相应的调整，使教学内容及活动长期处于学生的最近发展区之内，从而激发学生的学习动机。例如，当发现学生已经能够轻松掌握单个模块的内容的时候，可以引入另一个或多个模块与之进行对比或找出相关的联系，进而生成一个更富有挑战性的学习内容；而当发现学生在某一模块的学习中遇到了困难，教师可以帮学生把复杂问题分解成学生可以理解的子模块，去降低问题的难度，从而使学生可以经过努力完成。帮助学生完成富有挑战性的任务，可以帮助学生对自己胜任能力进行感知，随着学生感受到胜任力的不断提高，可以增强学生的内部动力，激发学习的兴趣。

其次，加深学生对学习任务的理解，有助于增强其学习的内部动机。期望价值理论告诉我们，"人们参与一项活动的动力取决于他们认为自己在何种程度上能够取得成功乘以他们赋予成功的价值"。模块化教学采用主题式教学，把复杂的问题拆解成独立子问题的方式，有助于学生对问题的理解，同时可以增强学生完成任务的信心，也有助于学生感知内容的价值，进而增强学生参与教学活动的动力。

最后，当学习者对学习任务产生高度的自主感时，即自我决定的程度高，能够自由自主地选择学习内容和学习任务，学习动机水平较高，学习效果会更好。采用模块化教学，可以使学生进一步厘清史实与观点的区别，明白不同的史学观点源于不同史实的排列组合方式的差异，学生能形成自己的观点并做到逻辑自清，在高职英语教学中，这属于被鼓励的行为。当学生积累足够的实践经验，并被允许生产自己的观点时，学生的自主性将得到激发，学习的积极性和主动性将得到进一步的提升。

（二）提升学生运用已有知识分析问题及解决问题的能力

在有的学者的教学实践中，发现有相当部分的学生可以回忆教学内容要求掌握的知识点，但在新的情境下却不能有效地将其提取并运用于问题解决的过程中。

美国学者大卫·珀金斯（David Perkins）提出了三种值得引起注意的有关知识的问题：惰性知识、幼稚知识和模式化知识。惰性知识在人们的长期记忆中存在，但却不起作用，如有些学生可以顺畅地背出知识点，但在新情境的练习或实际问题中不能有效地提取并运用；幼稚知识则会常把学生带回早期对问题部分错误或全部错误的理解状态中去，在教学过程中表现为学生在同一问题上反复犯错，但老师对这个问题重复三遍甚至十遍都于事无补；模式化知识体现出学生只接受了解题的过程与套路，却忽略了关键思想与技能的掌握，随着考试结束，所学的知识也就被打入冷宫了。珀金斯提出的这三种知识，可以用来解释以上提到的问题，说明了存在以上问题的学生仍然停留在表层学习的状态。所以，教师需要重点关注的不是学生能获得多少知识，而是学生有多少可以运用的知识以及运用知识解决问题的能力。对此，有学者试图以模块化教学为手段，促进学生学习观念的转变，由表层学习转向深层理解，进而提升分析问题与解决问题的能力。

（三）对学生的认知过程进行目标管理

研究发现，以模块化教学为手段对学生的认知过程进行目标管理，以达到培养学生核心素养为目标，可以为学校的学科教学管理提供有益的样本。

工业经济时代的需求，决定着学校教育课程的内容与学校的管理模式。由于工业经济以效率为先，因此简约、规范成了这个时期学校的教学活动与管理追求的目标。其典型的特征就是在教学上注重各学科知识体系的完整性与系统性，学科成为教学组织的中心，教材就是权威；在管理上，分数成为最重要的考核指标。结果就是老师注重的是教学的内容与进度，而忽视了学生的学习本身，关注的重点是量而非质；在管理上，带来的结果是教师只关注学生的成绩而非人的成长，关注学生解题模式的掌握程度而非关键技能的养成，至于情感态度价值观就更难走进课堂，从这个角度看，也就不难理解为什么许多学生掌握的是一些惰性知识、幼稚知识和模式化知识，高分低能也成为一种常有的现象。

随着知识经济时代的全面到来，工业时代的教学与管理模式弊端进一步暴露出来，如何适应新时代的需求，培养符合时代要求的人才，成为一个新的课题。21世纪以来，我国先后开启了两轮的课程改革，其总体趋势是从知识本位过渡到学生本位，从教书转向育人。随着教学的目标发生了变化，相应的学校管理机制也应当适时改进。彼得·德鲁克（Peter Drucker）认为，知识工作者的工作并非机械地执行任务的过程，其工作需要发挥知识工作者的主观能动性，过度的管理会挫伤知识工作者的积极性，且会影响其创造性的发挥，最终影响工作的成效。

管理的目标制定应该是一个自下而上的过程，因为只有一线的管理者才可能

第六章　高职英语的模块化教学模式

清楚工作的环境以及可能达到的目标，目标应该是向上负责，并且每位管理者需要协助高层管理者生产更高级别的目标。高层管理者可以保留对目标的同意权，协调各部门之间的关系，并促使基层管理者的目标与集体的目标保持一致。只有基层管理者参与到目标制定的过程中来，才能更好地激励员工的斗志，并发挥其创造力，因为对于知识工作者来说，充分发挥他们的潜能就是最好的激励。

教师就是学校里的知识工作者，彼得·德鲁克关于企业管理的观点与学校的管理也具有相通的地方。在教学实践中，可以通过模块化教学手段，以提升学生的认知过程维度为目标，以培育学生的核心素养为导向，为学校整合学科教学管理提供一种管理的思路。

二、高职英语模块化教学模式的具体步骤和实施过程

要实施高职英语模块化教学，教师要设计相关的教学活动和教学模式的程序框架。首先是根据高职英语使用的教材，进行主体模块的设置。根据高职英语教学要求和学生的实际情况构建高职英语精读模块、泛读模块、视听说模块、写作模块、翻译模块、作业模块和评价体系模块。根据高职英语所使用的教材《全新版高职进阶英语》的教材设计和学生的实际情况，在精读模块中，精讲 Text 课文部分，使学生熟练掌握词汇、短语长难句等语言知识点，对篇章结构和文章段落大意有所了解。在泛读模块中，进行 Reading1 的学习，并完成课文后面的练习题。

在视听说模块的教学中，首先强调听力教材的重要性，保证对教材内容的掌握，在此基础之上，进行美国之音、BBC 英语听力的练习，培养学生英语语感，提高英语听说能力。写作技能也是高职生在英语学习中必须掌握的技能，也是学生普遍觉得困难的方面。因此，在作文模块，可以进行写作技巧讲解、进行每个单元与课文主题相关的写作训练。

翻译是学生们英语学习的障碍，同时也是四六级考试的重要题型。因此，在翻译模块，要进行翻译技巧和方法的讲解，同时对教材中的句子翻译、段落翻译进行有计划的讲解练习，对全国高职生英语四六级翻译习题进行训练。在作业模块，进行课本习题练习，每一个单元模块进行笔记整理，包括词汇模块和语法模块，对本单元重点词汇和语法，以学生为中心，激发学生英语学习的主动性。

最后，评价总结也是教学很重要的一环。在评价机制模块，分别制定学生学习成果反馈表和教师教学自我评估表，师生双方进行自我评估，反思教学效果和学习效果。

三、构建高职英语模块化教学体系的注意事项

（一）细化教学内容和进度

通过一学期的模块化实验教学，学生会在综合成绩、学习兴趣、学习方法等方面都得到了显著的提高。但以按照模块化教学要求来划分教学内容时，有学者参考的是学生的摸底考试成绩，但这种分模块方式的缺点在于，同一模块中的班级在学习能力方面会有区别。同时，同样的学习内容与进度，不是每一个学生都能赶得上的，因此模块的后部分导致学生的学习难度大大增加，无法在计划时间内完成学习目标。就这一部分而言，有学者认为之所以会出现这种情况，是因为分层模块化教学还不够彻底，具体模块化时也没有考虑学习进度、学生的知识水平以及基本的学习内容，如可兼顾学生的兴趣和个人爱好，根据专业方向设立相应的课程，这是后续改革中需要完善的内容。

（二）革新教师的教学观念

1. 革新教师的教学观念

从教学的角度来看，模块化的教学观念与传统教学的观念有较大区别。传统的教学观念用简单性思维看待教学，为突出教学过程的确定性，往往强调教学的计划性以及过程的程序化。其结果必然使教师在教学过程中长期处于中心地位，并突出教材的权威性，以便保证过程的可控性与结果的确定性，教学也容易变得僵化。于是，学生将长期处于被动地位，学习的积极性得不到激发。

由于教学失去针对性，学习的内容要么超出学生接受的能力范围，要么过于简单，学生的能力也难以得到提升。模块化教学用复杂性思维看待教学，承认教学的不确定性，教学没有固定的模式，教学方法的选择与教学内容的安排，由教师根据具体的教学情景自主决定，在做到突出学生在学习过程中的主体地位的同时，也强调教师在教学过程中的积极作用。实施模块化教学的目的是使教学更具针对性，激发学生的学习热情，并落实课程改革的要求，培养学生的核心素养。

2. 树立教师的管理意识

从管理的角度来看，模块化教学强调每一个教师都是管理者。彼得·德鲁克认为，负责行动和决策，有助于提高机构的工作效能。由于教师的在课前的准备、课堂中的每个决定，都会影响到教学目标、教育目标的达成和学生的成长，

第六章　高职英语的模块化教学模式

从这个意义上来讲，每一位教师都是管理者。管理者首先关注的不是"权力"，而应该强调的是"责任"。因为你不能用工作所具有的权力来界定工作，而只能用你对这项工作所产生的结果来界定。

每一位教师在班级的教学过程中，都将影响学生的成长，影响教学的成果，且每一位教师在班级教学中有着不可替代的作用。所以，每一位教师都应该具备较强的管理意识，并对自己的行为承担责任。模块化教学赋予教师较高的自由度，但同时也应强调教师应当负有的责任，并对结果负责。

其次，作为管理者必须加强自我管理。教师拥有的才能并不等同于教学的成果。甚至，有时在自身学科领域用过于专业的视角看问题，可能会影响整个班级教学团队的教学效果。因为每个学生的学习时间是有限的，如果教学只关注自己的学科教学，不考虑学生的学习所能承受的压力，过分争夺学生的时间资源，结果只能是使学生疲于应付学业，甚至可能产生厌学情绪，最终给学生的成长带来负面的影响。所以，每位教师需要清楚自己的使命，协调好与班级、年级的教学计划与目标，使自己的教学与其他学科的教学相互配合，最终促进学生朝着良性的方向成长。

（三）充分整合教学资源

当下，高职院校的英语有一个显著的特点，就是过分强调语言教学目标，而忽视专业实用性和可行性。要实施模块化教学，首要任务就是要确定教学内容与培养目标，然后根据目标将课程分解成若干模块，以实现不同的教学目标。

促进模块教学深入落实到位，需要进一步强化岗位技能优势，在基础英语教学与专业英语教学整合下，综合考量岗位需求和学生认知能力等要求，研发与时俱进的模块化教材、工具书、课程等。同时，倡导多种教材并存，取长补短，兼顾实用、够用原则，对教材精心整理编撰，及时调整教学任务和教学内容，以此适应时代发展和市场需求，既符合学生个性化的选择趋势，同时拓宽学生发展的道路。

高职英语教学所实施的模块式教学主要就是培养学生的英语应用能力，针对不同阶段的学生制定科学合理的教学方案，培养学生的综合能力。为了更好地发挥教学能力，必须保证所有模块间具有良好的衔接性。同时，将基础知识教育与专业英语衔接起来，避免英语失去其完整性与系统性。模块教学从职业活动的实际出发来组织教学内容，让学生掌握必需的、实用的英语语言基础知识和技能，使学生具有较强的实际语言交际能力。

模块教学属于动态教学过程，包含很多个不同的功能部件，而且各部件之间是相互联系的。模块教学主要是围绕模块展开的，每一个模块都是不同的功能组件，对应到学习中指的就是内容不相同，但彼此之间有联系的知识，如课程设置模块化、教材模块化等，其中前者又细化为两部分，即基础英语和专业英语；后者又包含听、说、读、写等模块，所有课程涵盖的内容均以模块的方式展示，并且每一模块以特定主题为核心。

除此之外，将教学模式进行模块化发展，主要表现为将学生实践学习经验同课程内容进行结合，从整体出发来培养学生的英语综合运用能力。学生获得的知识不再只局限在某个孤立知识点上，而是完整的知识框架。在模块化教学过程中，必须分清每个参与者的责任，主体是学生，而教师扮演的角色一般是指导和促进者，通过互动学习来不断加强双方的联系。通过对高职英语模块教学当前的状况进行研究，可以找出当前存在的问题以及参与双方各自的需求，在此基础上要寻找能够加速教学改革进程有效的方式，以此来强化教学质量，提高学生英语应用的能力。

学校还应当注重基础教学设施设备的建设，如建设专业性实验室、图书馆、电脑房、操作车间等，以此满足学生选课和实践操作的需要，要充分利用多媒体和网络技术，充分利用网上的资源。

（四）强化学校管理对模块化的支持

要引导教师观念的转变，保障模块化教学发挥正面的作用，需要学校管理的理念与制度的跟进。

1. 转变学校的管理观念

传统的管理理念受到泰勒（F. W. Taylor）科学管理理论的影响，强调科学管理和效率至上，在工业时代曾经发挥过积极的作用。但在信息化的时代，这样的管理理念带来的负面效应已经逐渐显现，注重规范化、标准化和制度化的管理方式由于缺乏对人的信任和个人价值的尊重，不利于个人创造才能的发挥，最终可能挫伤人们的工作积极性。

所以，学校的教学管理不应该是凌驾于教师之上的精确的控制系统，而应是与教学活动融为一体并对教学活动不断改进。虽然强调学校教学管理的范围与权责应到受到限制，但学校的教学管理也负有引领教学方向、落实课程理念、保证教学有序开展的责任，所以学校的管理层必须管理，而且要采取主动的措施，学

第六章　高职英语的模块化教学模式

校的教育教学活动必须综合考虑社会与国家对人才的需求、家长对学生的期望、学生个人的成长、教师个人价值的体现等多方面的要素，以及如何突破教学环境与条件的限制因素。所以，学校的管理应当是一种目标管理。

2. 构建新型的学科教学管理制度

教学是在一定教育目的规范下的，教师的教和学生的学共同组成的一种教育活动。所以，学科教学管理也应当是目标管理。模块化教学突出教师在高职英语教学过程中的自主性，提供一种影响学生认知角度的思路，促进学生的成长。要发挥模块化教学的优点，从学校管理层面来看，采用目标管理是保障。

（1）目标制定的原则

首先，目标的制定应该是自下而上生成的结果。目标在组织中可以起到指明方向，凝聚团队成员，并激发其积极性的作用，但如果目标制定不当，则可能导致结果与期望的目标不匹配的情况。模块化教学提倡学校对教师充分授权，以便教师可以根据实际情况创造性地开展教学，使教学更具针对性。但如果没有目标的引领，教学可能会失去方向，从而导致教学的混乱。

需要注意的是，必须所有成员都能理解目标才能有效执行目标，如果目标只是由上级单方制定，在上下级没能充分沟通的情况下，执行的过程很容易出问题。例如，学校的管理层希望学校的教学能有效提升学生的核心素养，学生的素养越高，解决问题的能力越强，成绩可以反映教学的成果，于是在学校给教师制定的考核指标中，成绩成为衡量教学成果的一个重要指标。但如果上下级之间未能进行充分沟通，教师未能理解上级制定目标的初衷，教师的工作目标就可能是完成考核指标，而如何提高学生的分数是关键，于是教学的关键是成绩，是学习学科知识与应试技巧而非关注学生的成长，从而背离了提升学生核心素养的初衷。

所以，目标的制定必须是教师充分参与的过程，由教师提出，学校把关，共同协商。因为只有一线的教师才能充分了解教学的实际情况，教学的计划只有教师主动提出，才能更具有针对性，教师才能充分理解目标制定的初衷。学校的管理层需要做的是，协调各成员之间的关系，把控方向，通过充分的沟通，促成目标的生成。所以，目标的制定必须是自下而上的过程，这样生成的目标，才能实现个人目标与学校目标保持一致，才会对教师有意义。

其次，目标所描述的结果必须可以检验。模块化教学鼓励教师对教材进行二次开发，赋予教师更多的自主教学的权力，但同时也强调教师必须对结果负责。

学校教学管理也应该对结果进行把关，毕竟衡量教学成效的是结果。所以，个人教师工作目标从制定之初，其描述的结果必须是可以被检验的。同样的道理，从学校层面来看，学校提出的教育和教学目标也必须是可以被检验的，有了检验的标准，教师在执行的时候才不至于偏离方向。同时，对目标所描述的结果进行检验必须有一定的时间期限，没有明确的完成时间，目标很可能流于形式，仅是一种口号。

最后，目标的制定要做到聚焦。一方面目标的描述应突出重点。从教师个人的层面来看，突出重点才能保证教学的系统性和一致性。随机性和碎片化是模块化教学可能存在的问题，只有明确方向，突出重点，才可能减少模块化教学带来的负面影响。从学校管理层面来看，由于学校的学科与班级众多，如果不能协调统一目标，学校的管理将陷于混乱。另一方面目标落实的衡量标准应该关注较少的关键结果。由 Intel 公司发明的 OKR（Objectives and Key Results，目标和关键成果）绩效管理方法认为，目标实现的标准应当体现在关键结果之上。关键结果如果太多，则可能使得教师在执行目标任务的时候无所适从。所以，目标设定的时候，应当遵循"少即是多"的原理，目标制定聚焦于重要的事情和关键结果之上。

（2）目标的落实机制

光有目标，没有落实，目标就是一句空话。要使得模块化教学得以落地施行，需要相应的管理机制作为保障。

①教师的个人目标不应该成为绩效考核的指标。教师的个人目标是一种内部的激励机制。由教师自己提出的个人目标必须具有一定的挑战性，在教师个人能力范围内，经过努力可以达到的目标才能激发教师的积极性。难度太高或太低的目标将无法起到激励的作用。

②责任追踪。由于教师对于自己的要求会有不同，有些可能会过于严格，也有些教师可能对自己要求过于宽松，所以学校管理层需要对执行的过程进行必要的干预与调整。教师的个人目标不作为考核的绩效，但可以要求公示出来。因为关键结果是具体且确定的，所以过程是可以被监督的。学校管理层可以对过程进行定期考核，考核的信息应当及时反馈给教师，从而引导教师及时调整教学并做出反思。责任追踪不仅限于个人，同样也适应于团队，定期的考核也可以检验团队目标是否合理，是否需要做出调整。责任追踪的过程，还能保证教师个人的工作与目标不偏离学校的教育目标。

③沟通与调整。学校总目标的制定体现教师的共识，教师的个人目标体现一种追求。但环境会不断改变，目标也应该具有弹性。长远的目标提供一种愿景，

一旦确定，不应轻易改变。如落实课程标准的要求，践行学校的教育理念。但具体的目标则应保留调整的空间，学校管理团队应该保持与教师沟通的渠道通畅，以使在必要的时候，可以做出调整。

（五）不能完全脱离传统教学方式

模块教学虽然能在高职英语教学中产生良好的效应，并且显著提高高职学生的英语应用能力，但是并不意味着模块教学课可以完全脱离传统的大纲教学模式。实际上，模块教学也需要形成自身教学大纲，丰富自己的教学内容，避免内容单一。大纲式教学发展多年，必然有着自身的优势以及被广泛接受的理由。因此，在模块教学出现的一些问题中，还需要借鉴大纲教学的一些方式方法。例如，可以从大纲教学模式中学会拓宽知识面的方法。

此外，模块教学和传统大纲教学也并非完全对立，二者还是存在一定程度的统一。教学模式是否能够满足时代需求，看的是它能不能随着时代的进步而动态调整，能不能解决时代中的问题，能不能培养出满足社会需求的人才。因此，在模块教学当中，也要建立模块教学的大纲，将模块教学的方法规范化，合理地进行模块教学的设计、实施和检验。

（六）完善英语教学的方法和体系

模块教学尚未得到全国范围的推广和普及，其中很重要的一个原因就是在现阶段，模块教学的方法、体系还不够全面和完善，还不能满足普及的条件。这就需要尽快完善模块教学的方法和体系。首先，要优化完善讲授知识的方法以及思考如何更好地把各个模块串联起来，要根据学生的专业、兴趣和特点，建立起不同的方法来进行模块串联。

此外，还尤其要注意个别学生的教学方式。模块教学的一个特点就是要因人而异、因材施教。在高职院校中，很多学生的英语基础知识很薄弱，需要更为基础的训练。因此，高职院校的教学人员应该根据这部分学生的知识储备情况，建立相应的教学方式。例如，可以为这些学生单独组织开展一些基础学习活动，增强其对英语学习的感觉和理论基础。同时，还要加强高职学生在英语学习中的自律性和主动性，引导他们积极参与模块教学的实施。

（七）顺应时代的发展要求

模块教学在国内外的推广，表明了它适应了当前社会经济发展，以及人才发展的需要。但是，也要认识到，社会经济生活是在不断变化的，这也就意味着社会对人才的需求也在不停发生变化。那么模块教学也许要进行相应调整，适应未来发展需求。在实际的应用过程当中，实施模块教学的学校应该组织开展社会调研，确定模块教学的方向、方法。而且，调研也需要定期开展，不能一劳永逸，要根据调研的结果和反馈，对模块教学进行方法改进、内容调整，提升教学效果。

（八）提升教师的技能和素养

首先，教师教学的语言要尽量生动有趣。在讲解时，生动的语言能够让学生的理解更加轻松。相反，一旦学生觉得学习枯燥时，再丰富的内容也难以被接受。其次，教师教学的形式要多样。不同的方法能带来不同的效果，引起学生的兴趣。通过灵活多样的方法能够让教学变得直观、形象、生动，提高学生对英语的学习热情度，加深对英语知识的印象，提升记忆效果。再次，在教学中应该进行文化渗透。学习英语，不是死记硬背单词、词组，光掌握读音、拼写和词义是不够的，如果不能了解背后的文化背景知识，则极易在实际应用中出错。因而，在英语教学当中，教师要有意识地对英语知识背后的文化内涵进行介绍和讲解，同时比较它们与我们本民族文化的异同。

第七章　高职英语课程建设模式

高职英语教学的发展离不开英语课程的建设，一门课程的整体建设思路对于英语教学的指导是必不可少的。2016年国家针对高校提出了"双一流"的建设目标，建设一流大学，建设一流学科，对于课程建设提出了更高的要求，本章主要从"公共英语""商务英语"和"民航服务英语"这三个有代表性的高职英语学科探讨课程建设的模式。

第一节　"公共英语"课程建设模式

一、"公共英语"课程特点

"公共英语"课程是高等职业院校开设的一门公共必修课，为各专业的学生学习专业英语打好语言基础，并为学生的后续可持续发展提供保障，尤其是在专接本、自考本、考研方面提供学科知识体系，并为"1+X证书制度"的实施提供基础知识体系。

"公共英语"是一门公共课，所以教学内容是基础的、大众的，专业性不强；

"公共英语"是一门必修课，这门课程为各个专业的专业英语提供公共语言基础保障，学不好这门课就无法学好专业英语，它培养并提高高职学生的英语的听、说、读、写、译的各方面的语言能力；

"公共英语"关系学生的就业，开设这门公共课非常重要以及非常必要。在就业方面，很多用人单位要求学生必须有大学英语四六级证书，这是就业的一道门槛，如果没有就被拒之门外，而"公共英语"课程的教学是学生取得大学英语四六级证书的重要保障；在找翻译工作时，翻译公司要求学生必须有翻译证书，而翻译证书的考查内容也由"公共英语"提供基础知识的教学；

"公共英语"关系学生的可持续发展,毕业之际,很多高职院校的学生不满意自己止步于专科学历,在临近毕业之际会选择参加专接本考试,而专接本考试中,英语是必考科目。

二、"公共英语"课程建设中的问题涉及方面

"公共英语"课程是一门公共基础课,在课程建设方面应该抓住共性,突出为学生专业和就业服务的基础性,在语言知识、文化沟通、思政建设方面做到和谐统一。通过检视以往教学实践,学习各种科研成果,发现以下建设中的不足之处。

(一)教学理念

"公共英语"的教学理念还停滞在过去,教学理念相对落后,在教学设计中,看不到思政元素的科学设计,有的教师只是偶尔加入一两个思政名词。思政元素和课程中的单元任务融合不紧密,存在着两张皮的问题;还有些教师在设计教学内容时,教学内容没有专接本的考试训练;还有的教师只是讲解自己所选教材的内容,大学英语四六级的考试训练也鲜有涉及,本来是有应试的要求的,却非要生拉硬拽地套到专业上去。"公共英语"教学既应该培养学生的知识素养、文化素养和品德素养,也应该关注学生的应试技能,帮助学生取得英语类证书,为就业增加优势,也要帮助有志于提高学历的学生顺利通过专接本考试。

(二)教学内容

"公共英语"课程的教学内容应该是按照社会需要,满足学生发展需求来设计的,不同学期应该有不同的侧重点,帮学生打好基础,大学英语四六级的考试内容也应该有针对性地分模块进行指导训练,在整个过程中都应该科学地融入思政元素,搞好"公共英语"的课程思政建设。作为一门公共课,搞好思政建设和课程建设是很有难度的,怎样科学地设计不同学期的教学内容,是对任课教师提出的一项艰巨的任务。

(三)应试技能训练

高职"公共英语"的课程特点决定了这门课必须有对学生应试的技能训练,近些年来高职教育倡导以实践为教学手段,以就业为导向,那么"公共英语"因为不涉及专业,只涉及基础和应试,所以这门课程必须把应试训练作为教学的重要补充,指导高职学生参加大学英语四六级考试,顺利拿下大学英语四六级证

书，指导学生参加专接本英语考试，顺利进入本科院校学习，指导学生参加翻译证书的考试，顺利取得翻译资格证书。所有这些都是"公共英语"课程应该取得的教学成就，所以绝对不能放弃应试技能训练。

（四）教学方式

教师的重点应该从只教书本转移到提高学生的英语能力上。教师应尽量了解学生的兴趣，然后进行设计，课堂要更有趣。有时，教师在课堂上滔滔不绝地讲甚至自我陶醉，学生在下面偷看手机，闲聊甚至睡觉。教师的教法和教学手段非常重要，尤其对于某些学习自主性不太强的高职学生，提升学生的学习主动性，激发学生的学习兴趣，是非常重要的。教学越来越数字化，线上的教学资源越来越丰富，越来越生动，教师的教学方法和手段应该层出不穷，不管是线上教学还是线下教学，应该选取生动的教学内容，有效地提高学生的英语语言文化和思想水平。线上的教学平台有丰富的大学英语四六级题库和专接本的英语题库，都可以拿来为学生讲解。

（五）教材

"公共英语"的教材参差不齐，有的教材是采用普通本科的英语教材，和高职学生实际水平有一定出入，有的教材选取内容陈旧，学生学习时缺乏代入感；有的教材内容过于简单，而有些教材内容又过于庞杂。思政教学内容在"公共英语"课程的教材中较少，如何选取有用且有效的教学内容，是任课教师需要解决的重要问题。

高职学生入学途径多样，有的通过普通高考招生，有的通过学校单独招生，还有的是通过对口招生，生源英语水平参差不齐，这就给"公共英语"课程的因材施教提出了难题。基础差的学生英语音标都不认识，英文字母读不准确，语法更是含糊不清，读单词很吃力，就别说读出一个句子了。英语基础好的学生，普通高考英语成绩在100分以上，和基础差的学生差别太大。对于基础差的学生，只能从最基础的英语知识开始讲授，比如音标、字母、词性等，而且这些基础薄弱的学生接受能力也不好，需要反复讲解和练习，所以课程计划进度要慢一些；而对于基础好的学生，如果反复讲一些最基础的英语知识，会让他们感觉课堂上的时间给浪费了，对于他们来说，英语课堂就成了无效课堂。高职院校的招生规模让班容量不断扩大，学生人数多的班会达到60以上，这么多的学生，层次不齐的英语基础让因材施教成为可望而不可及的事情。

三、"公共英语"课程建设中问题解决策略

(一)优化课程标准

要想搞好课程建设,必须制定好课程标准,要让学生学有所得,学有所成。课程首先要培养学生英语听、说、读、写、译的能力,在此过程中,要了解东西方文化差异,能够摒弃糟粕,吸取精华,科学融入思政教育,对于英语基础差异明显的学生要实施分级教学,打破行政班的教学,按英语水平分班上课,同时制定不同的教学内容和教学进度计划,布置不同的课后练习。

(二)优化教学理念

1. 科学融入思政教育

要以生活学习场景为背景,英语语言培养和思政教育要并重,培养英语语言能力强和自身素养高的双一流人才。在教学中让英语教育和四史教育等思政元素有机融合,激发学生学习动力,对学生进行语言能力和品德素养的双培养,使学生成为专业、品德双一流的人才。

2. 实施分级教学

对于英语基础差异明显的学生要实施分级教学,打破行政班的教学,按英语水平分班上课,同时制定不同的教学内容和教学进度计划,布置不同的课后练习。在教学过程中加重平时成绩比例,鼓励学生重视学习过程。如给英语基础薄弱的学生从最基础的英语知识讲起,多提问,多鼓励,按照课堂表现给予评价,英语基础薄弱的学生往往学习自觉性不够,所以教师应该把功夫用在课堂上,关注他们每次微小的进步,让他们树立起学好英语的决心;而对于英语基础好的同学可以布置大学英语四、六级的题型进行练习,利用网络教学平台开展线上答疑,并根据他们完成作业的情况给予平时学习的评价,激励学生学习的积极性,帮助他们顺利拿下大学四六级证书。通过前几学期的学习之后,给所有学生布置专接本的英语题型,通过网络教学平台进行答疑,并给予评价和鼓励,帮助有志于提高学历的学生实现目标和梦想。

3. "互联网+"时代下利用网络教学平台进行课程建设

自从2008年慕课提出,并在比之后风靡我国教育界,网络课堂、翻转课堂等术语一时间随处可见。到后来的"互联网+"时代,优质的网络教学平台便如

雨后春笋涌现，给高职"公共英语"课程教学提供了新思路。"互联网+"是互联网思维的进一步实践成果，推动经济形态不断地发生演变，从而激发社会经济实体的生命力，为改革、创新、发展提供广阔的网络平台。通俗地说，"互联网+"就是"互联网+各个传统行业"，将互联网的创新成果深度融合于经济、社会各域之中，提升全社会的创新力和生产力，形成更广泛的以互联网为基础设施和实现工具的经济发展新形态。"公共英语"利用网络教学平台进行分级任务和分级答疑，补充教学内容，活化教学形式，给学生带来耳目一眼的上课体验。网络教学平台里的丰富的资料都可以顺手拈来，使教师大大开拓了教学思路，激励教师不断改革教学方法，丰富教学手段，在疫情时期，网络教学平台起到了至关重要的作用，同时，在网络教学中，教师会发现问题，不断改进，对课程建设起到了督促作用。

在网络教学平台上建设课程，要求教师必须具备良好的计算机技术和一定的网络信息技术，很多教师由于不擅长计算机技术和网络信息技术，课程制作非常粗糙，PPT的设计也差强人意，更别说动画制作了，只能聘请计算机专业人士进行制作，其中动画制作价格高昂，这些费用可能让很多院校和教师都望而却步。想要在"互联网+"时代建好一门课，有必要对教师进行计算机技术和网络信息的培训，也需要高职院校加大对课程建设的经费支持力度。

（一）优化教学模式

"公共英语"课程教学按模块来分有词汇、听力、口语、语法、阅读、写作，各个模块都有自己的教学模式，如何优化陈旧的教学模式，要从不同的模块入手。

1. 利用减法和加法，优化词汇教学模式

英语词汇对于英语教学来说至关重要，词汇是语言的基础，听、说、读、写、译必须以词汇为基础，如果词汇量匮乏，不但不能开口说英语，也听不懂英语，更看不懂英语。词汇教学是"公共英语"教学中的基础一环，也是重要一环。高职"公共英语"课程在进行词汇教学时，往往是教师读，学生跟读教师讲解单词词性，再举例说明用法，还是以教师为主体进行教学。根据艾宾浩斯记忆曲线，"人在记忆一个东西后半个小时就可以忘掉一半，一天之后就只剩下25%"。改进词汇教学模式，激发学生学习的能动性，必须做到能刺激学生视觉感官，激发学生的联想思维，巩固记忆，那不妨先利用减法，再利用加法。

（1）在构词法中利用减法和加法

派生法是词汇教学中常用到的方法，一个单词往往是由词干加前缀和后缀组成的，教师在讲授一个单词的时候，先做减法，把所有的前缀和后缀去掉，如在讲解 disagreeable 这个单词的时候，把前缀 dis 去掉，把后缀 able 也去掉，剩下了词干 agree，教师先讲解词干 agree，词性是动词，词义是同意，然后再做加法，加上后缀 able，告诉学生这个后缀加在动词后面构成形容词，那么加上这个后缀后就构成了 agreeable，词性从动词变成了形容词，词义还是和词干相关，表示"欣然同意的，可接受的，愉悦的"，最后再加上前缀 dis，讲解这个前缀加在词干前表示和词干相反的意义，但是词性不发生变化，那么 agreeable 就构成了 disagreeable，词性还是形容词，但是词义和 agreeable 相反，表示"不友善的；脾气坏的；难相处的"。在这个单词的教学过程中，减法教给学生抓主干，加法教给学生扩展词汇，在讲前缀和后缀的过程中，也要举一反三，如让学生猜测 disadvantage, disapprove 等单词的意思，学生就会了解单词的词义，也就得知了词汇派生法的含义，在以后遇到前缀后缀时能够抓住主干，猜测单词的词义，从而正确地理解单词的用法。

合成法也是单词的一个常用构词法，两个单词连在一起构成一个整体，这个词就叫合成词。如 sleepwalk 这个单词，在讲解这个单词的时候，教师先做减法，讲解 sleep 的含义"睡眠"，再做加法，加上 walk 这个词义"行走"，那么 sleepwalk 就是"梦游"的意思，同样，让学生猜测类似的合成词汇，如 ordinary-looking 长相普通的，noble-minded 高尚的，beforehand 事先等等，在这个减法、加法的讲解过程中，学生也掌握了合成词的构成，拓展了词汇的思维。

（2）利用图片、动画、声音等做加法和减法，强化感官记忆

在讲单词的时候，如果过于枯燥，学生就会产生厌倦心理，一般情况下，对于枯燥的事物，成人的注意力集中时间超出 20 分钟，就会出现分神的情况，所以讲解词汇时非常有必要刺激学生的视觉、听觉等感官，如加入图片或者加入动画、声音等，强化学生的感官记忆。

如在讲服饰系列词汇的时候，可以选取图片、动画或者截取视频片段做加法，把它们插入幻灯片，设计动画动作，先显示单词，再显示图片、动画或者视频就会让学生的视觉受到冲击，从而比只枯燥地看文字要记忆深刻。然后做减法，利用幻灯片动画设置，去掉单词的显示，只留下图片、动画或者视频片段，让学生说出单词，以检验学生的记忆效果。这样循环几次，让学生在课堂上对词汇留下一定的记忆。

当然，这种教学方法无形中增加了教师的工作量，从找图片，制作简单动画，截取短视频，到制作幻灯片，设置动画动作，都给教师增加了工作量，教师要想保证课堂上的教学效果，需要在课下做出大量的准备工作。

（3）教法做加法，加入词汇游戏，强化学生记忆

单词的教学需要教师的智慧，让枯燥的教学变得鲜活起来，让学生乐于学习，才能学有所成。讲完单词之后要做加法，加入词汇游戏，让学生以宿舍为单位展开游戏竞赛，比如你说我猜，让一组学生说英语，另一组说汉语；还可以用刚学习的词汇编故事；也可以展开词语接龙等。在这个过程中教师给予评价，要在成绩中有体现。这样学生感觉很新鲜，因为有过程性评价，所以学生也会有参与的积极性。

课堂内外做加法，加入在线课堂，巩固单词的记忆。

"公共英语"是一门公共课，课时有限，而且单词的讲解时间也是有限的，所以在课堂上利用职教云、超星学习通等网络教学平台，开展抢答、作业、讨论等活动，就会大大提高课堂效率；只有在课外进行巩固复习，学生才会对所学词汇形成永久性记忆，教师应利用网络教学平台，在课外布置词汇作业，给予学生成绩评价，督促学生完成任务。

2.利用减法和加法，优化听力教学模式

听力教学也是"公共英语"中很重要的一环，对学生听力的培养是英语技能培养中很重要的一项，英语的听力从来都不是一个单纯的过程，学生在听英语的时候，需要先做减法，捕捉听力材料中的关键词，减去材料中只是起到连接作用的虚词等，来获得主要信息，然后需要做加法，分析语言的内涵外延，上下文语境，并且理解听力材料的相关文化背景，才能正确地理解所听的材料内容。

以下面这段听力材料为例：

The International Labor Organization says the number of people without jobs is increasing. In its latest update on global employment trends, the agency says projections of the number of unemployed people this year range from 210 million to nearly 240 million people. The report warns that 200 million poor workers are at risk of joining the ranks of people living on less than 2 dollars per day in the past three years. The director general of the International Labor Organization Juan Somavia notes that some countries have taken measures to address the effects of the global crisis.

译：国际劳工组织说，没有工作的人数正在增加。该机构在最新的全球就业

趋势报告中说，今年的失业人数预计在 2.1 亿到 2.4 亿之间。该报告警告说，在过去三年中，有 2 亿贫困工人面临加入每天生活费不足 2 美元的行列的风险。国际劳工组织总干事胡安键盘·索马维亚指出，一些国家已经采取措施应对全球危机的影响。

Q1. What is the news report mainly about?

译：这篇新闻报道主要是关于什么的？

Q2. What does, Juan Somavia, the director general of the International Labor Organization say?

译：国际劳工组织总干事胡安应·索马维亚怎么说？

在听这段材料之前，学生会看到问题，从问题里面得到两方面的信息，那么在思维中就会做加法，想到这三方面的信息带来的听力准备。首先第一方面的信息是，这是一段新闻，新闻的特点就是采用倒金字塔的叙述方式，把最重要的总括信息放在一开始，那么学生就要特别关注一开始的句子 The International Labor Organization says the number of people without jobs is increasing. 通过听第一句就知道这则新闻在说失业工人的人数在增长，而后面是进一步说明失业工人增加；第二方面的信息是，国际劳工组织总干事胡安·索马维亚对此发表了评论，那么学生应该做文化方面的准备，国际劳工组织是联合国的一个国际组织，是促进就业和维护工人合法权益的，所以学生的准备应该是这位总干事发表的言论。

听之前做好听力准备的加法，那么在听材料的时候就要相应地做减法了。把材料中弱读的虚词忽略，因为虚词弱读，可能听不太清楚，那也不必太过纠结，只需要听清楚新闻六要素（who，what，where，when，why，how）就可以。

3. 利用减法和加法，优化口语教学模式

英语口语历来就是高职学生的弱项，很多学生在交际沟通时，说不出来，"哑巴英语"的现象由来已久，究其原因，有以下几方面。

①从小学到高中的英语教学模式一直看重应试教育，忽略了对学生英语口语的培养，这应该和我国的中考制度和高考制度有关，无论中考还是高考，对英语的考查基本都靠一纸试卷搞定，缺乏对口语的考查。高考虽然有口试，但是所占比重很低，只是作为参考，所以导致了英语教学重书面、轻听说的模式，在这种教学模式下，学生开口说英语的习惯从何养成呢？所以进入高职院校后，上课开口说英语的学生少之又少。

②内地学生因为缺乏讲英语的场合，感觉说英语对他们来说是不切实际

的，英语口语没什么用途，没有学习英语口语的目标，所以没有开口说英语的积极性。

③对开口说英语没有自信，不敢开口说英语。很多学生是在教师的批评下成长的，尤其是高职学生，大多英语基础薄弱，缺乏词汇量，想说却无法表达，还有的学生害怕开口，怕说错，被人笑话，英语课堂应该多鼓励学生开口说英语，即使说错了，也要鼓励他们多多开口。

改变"哑巴英语"的状况，优化口语教学势在必行。

①做减法，减去太多的语法讲解，鼓励学生多开口；

②做减法，减去对学生的批评，鼓励学生多开口；

③做加法，加上生动活泼的口语教学方法，如口语游戏、口语比赛，给英文影视配音等，激发学生开口说英语的兴趣；

④做加法，加重对学生口语考查的比重，促使学生开口说英语。

⑤做加法，加上网络教学平台，丰富学生学英语口语的途径，促进学生开口说英语。

⑥评价手段做加法，在QQ群课堂，或者微信群课堂，学生自己利用微信或者QQ的语音识别功能，检验自己的发音是否标准，更正准确再发送，避免伤及自尊；

⑦做减法，教师减少说中文的频率，有条件的学校最好聘用外教教英语口语的部分。

4.利用减法和加法，优化语法教学模式

我国的英语语法教学比较成熟，但是从教法上还比较死板，课堂氛围不够活跃。

（1）在教学内容上做减法，有些语法内容可以用减法进行分析，如分析句子，减去修饰成分，找到句子主干；在复合句中，减去从句，找到主句，这样就能分析出句意，也就明白了修饰语的用法，在以后写句子时可以先写主干，再用加法加上修饰成分，帮助学生写出正确的句子。

（2）在教学方法上做加法，要改革教法，采用生动有趣的教学方法，比如语法游戏；突出学生的主体地位，把讲台交给学生，让学生讲语法，开展我的课堂我做主语法讲解比赛等。

（3）在教学课堂上做加法，加入网络教学平台，如职教云和超星学习通等，利用在线抢答、问题讨论、资料库等进行教学；课堂外，也可以利用网络教学平台布置作业、解答问题等，帮助学生更好地学习语法知识。

5. 利用减法和加法，优化阅读教学模式

阅读教学在主体上必须是以学生为中心的，但往往最后，还是靠教师讲解文章中的词汇、修辞、意义等完成阅读的教学，这种教学方法对阅读教学产生负面情绪，压制了学生的主动阅读能力。

①在教学中做减法，不要太关注语法，引导学生进行阅读的思维训练；

②在教学中做加法，引导学生在阅读过程中要有发散思维，对文章进行多方位立体思考，培养其文化思维、逻辑思维等，引导学生读出个性，组织学生开展讨论，碰撞出火花，才会激发学生的阅读兴趣；

③在教学方法上做加法，要以学生为主体，教师只发挥引导作用，引导学生在教学课堂上做加法，加入网络教学平台，如职教云和超星学习通等，利用在线抢答、问题讨论、资料库等进行阅读训练；课堂外，也可以利用网络教学平台布置作业，帮助学生更好地提高阅读能力。鼓励学生参加全国大学生阅读大赛，检验所学，获得学习成就感；

④在阅读材料上做减法，减去过时的学生不感兴趣的阅读材料，加上契合时代特色的适合学生阅读的材料，让学生有兴趣阅读，这样学生才会主动阅读，最终才能提高学生的阅读能力。

6. 利用加减法，优化写作教学模式

高职"公共英语"中的英语写作是英语教学中的重要一环，它考验学生的英语综合能力，英语写作对学生来说是个难点，但是作对于学生以后的工作来说，可能是最重要的英语技能之一，怎样攻破难点，是一项艰巨的课题，传统的英语写作教学常常是教师布置写作题目，学生在课堂上或者课后完成，教师再进行修改点评，因为高职院校班容量较大的原因，教师没有时间和精力对每个学生的写作进行修改点评，而点评往往注重语法问题，导致学生对写作越来越失去兴趣。接下来笔者讨论如何用好加减法，优化写作教学模式，让写作教学鲜活起来。

①在布置写作作业时做加法，多提供一些不同类型、不同题材的题目供学生选择，尤其是对于不同专业的学生来说，更要注意布置的写作题目的差异。只有有兴趣写，才会主动写；

②在修改写作时做加法，让英语写作水平好的学生加入进来，尽可能多地去修改和点评其他学生的写作，不用怀疑学生的修改水平，一旦他们成为教师的角色，都会非常认真，拿不准的会向教师请教，这样写作教学效果才会明显；

③在写作教法上做加法，多组织小竞赛，而且设置奖项，激发学生的写作热

情；鼓励学生背诵名言名句，学会运用修辞，提高写作水准；

④让学生成为教学主体，可以通过让学生主持课堂讨论，激发学生的学习主动性，使英语写作成为他们喜欢的教学方式。以上这些英语模块的教学模式，共同组成高职"公共英语"课程的教学模式。

（三）优化教学资源

教学资源关系着的教学实施，好的教学资源保障"公共英语"课程教学的良好运行，教学资源包括教学环境、教学资料、教学设备等。教学环境包括教室、校园、图书馆、体育馆等。目前大多院校能够实现教室安装多媒体，有些学校还配备着听力和语音教室，配备多媒体软件，保障"公共英语"课程的顺利进行。教学资料包括教材、教案等。教材的选取对于课程来说至关重要，但是目前有的"公共英语"教材是普通本科的英语教材，和高职学生实际水平有一定出入，有的教材选取内容陈旧，学生学习时缺乏代入感；有的教材内容过于简单，而有些教材内容又过于庞杂。如何选取有用且有效的教学内容，是任课教师需要解决的重要问题。应鼓励教师根据学生和地域实际情况自主编写教材，这需要教师付出很大的时间和精力；随着手机的普及，教学设备越来越丰富化，手机应被列入教学设备，尤其是在翻转课堂上，或者利用网络教学平台进行教学时，手机是学生学习的必备工具；校园网络全覆盖是在"互联网+"时代搞好课程建设的必备条件。

（四）优化师资

优秀的师资是课程建设的保障，有些职业院校教师的专业背景和所授专业不符，专业知识缺失，不能保障课程教学的质量，当然也就谈不上课程建设的质量，还有些教师缺乏计算机信息技术，无法保障课程建设顺利开展。优化师资做到以下几个方面。

1. 提高教师思想品德修养

要想搞好课程建设，教师本身的思想素养必须不断提高，学习共产党的四史，学习政治材料，紧跟时代步伐，做学生的引领者。

2. 优化教师专业素质

俗话说，"要想给学生一杯水，教师先要有一桶水"，教师在进行教学时必须有深厚的专业知识体系做保障，不断提高自己的专业技能和业务水平，做一个好工匠,才能带好自己的徒弟;要优化教师计算机技术和网络技术,教师要想搞好课程建设,必须提高计算机和网络信息水平,这就需要教师在业余时间多参加培训,新时代的教师必须是具有复合知识体系的教师。

(五)优化课程思政

搞好"公共英语"课程建设,离不开思政建设,科学地把思政建设融入到整个课程体系当中,使课程建设和思政建设融为一体,才能真正搞好课程思政建设。

搞好课程思政建设,教师首先要学习钻研共产党的四史,包括党史、新中国史、改革开放史、社会主义发展史,深入领悟四史的精神,爱岗敬业,无私地奉献,做"政治强、情怀深、思维新、视野广、自律严、人格正"的高校教师。只有教师自身政治素质过硬,才能在教学中搞好思政育人工作。

课程思政不仅要融入教学理念,还要融入教学标准、教学内容、教学评价,要和"公共英语"课程融合成为有机整体。

第二节 "商务英语"课程建设模式

一、"商务英语"课程简介

"商务英语"是商务英语专业的核心课程,是把商务活动和英语语言结合起来的课程,要求学生既掌握英语语言方面的知识,又掌握商务方面的专业知识。国内学者林添湖指出,"应该让商务英语专业的学生置身于大的国际商业环境中来考核其对于英语的实际应用和对问题的应变处理能力。商务英语的教学要求必须注重时效性和投入产出比,将英语的语言工具特性和其在商务业务中的专业应用相结合。"所以商务英语课程建设最基本的建设模式是要将英语语言和商务专业紧密结合,以实践为手段,以工作流程为内容会让人在,形成做中学的建设模式。

二、商务英语课程建设的必要性

(一)强化学生专业知识能力

"商务英语"课程是商务英语专业的专业必修课,建设好专业核心课程,是建设好专业的基础,商务英语专业的学生在学好英语语言的同时,必须掌握在国际情景下进行商务工作的能力。只有建设好商务英语这门核心课,才能有效提升学生的专业知识能力,为他们将来适应工作岗位打好知识基础。

(二)为建设好商务英语专业打下课程基础

商务英语专业是由多门课程架构的专业知识体系,搞好专业建设只有以课程建设为依托,才能给商务英语专业打下良好的课程基础。

三、"商务英语"课程建设中存在的问题

目前大多数开设商务英语专业的院校都实行了校企合作,但合作并没有系统化和深入化,只是在企业用人短缺的情况下进行顶岗实习,一方面不能在每学期进行,另一方面并不是每个学生都有这样的实习机会。对教师的行业实践和培训并没有深入进行,校企合作需要探索合理的、更为实际可行的合作模式,而不是只停留在形式上。

(一)缺乏复合型师资

教师在"商务英语"课程的教学中发挥着非常关键的作用,教师的综合素质直接影响着商务英语教学工作的质量。但是一些商务英语教师的专业背景并不是商务英语,而是英语教育、英美文学等这样纯语言的专业,缺少商务英语的专业知识,对教学工作的开展造成了一些负面的影响。部分商务英语教师对专业知识的掌握程度较低,难以向学生准确地讲解相关知识,对学生的专业学习造成了一些负面的影响。还有部分教师对商务专业教学的认识存在一些偏差,和专业水平有差距,不利于商务英语的课程教学和课程建设。课程建设还需要教师具备良好的信息技术和多媒体技术,在线课程的建设只有精益求精,才能吸引学生的注意力,使学习有效,但是一些教师明显存在着信息技术能力不足的问题。

(二)实践场地不能满足需求

首先在校内,商务实训中心不够容纳大量学生或进行多班次教学,实训场所的需求不足问题突出,学生只能在普通教室和商务实训中心轮换实训,降低了实训的真实场景感和有效性。至于校外,企业能提供的实训机会很少,只有需要员工时才提供顶岗实习的机会。

(三) 实践教学不够专业和系统

在校内商务实训中心上课时，因为聘请的企业教师的时间和人数的有限，所以多数由校内教师进行系统的实践教学，校内教师大多没有企业工作的经验，专业知识欠缺，尤其是实操，不可避免地使实训流于形式，而学校聘请的企业专家只能进行为数很少的讲座，不能带班进行实训指导，而"商务英语"的实训必须是在模拟真实情景下的英语对话和实操，如果仅仅是在普通教室进行实训的话，学生没有工作场景的代入感，实训的有效性就无法保证。

(四) 教学方式未能完全激发学生兴趣

高职院校的课堂是需要教师花大力气吸引学生注意力的课堂，教师应尽量了解学生的兴趣，然后进行教学设计，课堂教学要有趣。教师的教法和教学手段非常重要，尤其对于某些学习自主性不太强的高职学生，提升学生的学习主动性，激发学生的学习兴趣，是非常重要的。

(五) 学生自身问题

1. 学习动机不强

部分高职学生缺乏学习主动性和学习目的性，因此需要严格的监督和有力的指导。

2. 英语基础参差不齐

近年来，高等职业教育的招生规模不断扩大，生源来自普通高考、单独招生、对口招生等渠道，高职院校的生源英语基础参差不齐，学生英语基础薄弱。

3. 学习积极性不足

由于高职学生对商务英语专业的人才培养缺乏了解，没有明确的职业规划，所以在学习"商务英语"课程时缺乏学习热情，再加上他们对英语本身存在畏难情绪，如果教师不能够改进教法、优化课程内容，唤醒学生学习的热情，那学生学习"商务英语"这门课程时就会更加敷衍，不能很好地执行教师发布的任务，使教学效果大打折扣。

4. 思政融合缺乏科学性

自从党的十八大确立以德树人的教学根本任务以来，课程思政建设有了明确要求:"课程思政建设内容要紧紧围绕坚定学生理想信念,以爱党、爱国、爱社会主义、爱人民、爱集体为主线,围绕政治认同、家国情怀、文化素养、宪法法治意识、道德修养等重点优化课程思政内容供给,系统进行中国特色社会主义和中国梦教育、社会主义核心价值观教育、法治教育、劳动教育、心理健康教育、中华优秀传统文化教育。"

如何把"商务英语"课程专业知识和思政教育有机结合在一起,是一项需要深入思考的课题,要按照"商务英语"课程的专业特点设置思政教育的内容和方法,并且形成一个有机的整体,而不是随便加入一些思政的元素,流于表面。正确的做法是通过挖掘专业课程的思想政治的内容和教育方法,让学生提高道德修养和专业技术能力,成为德智体美劳全方位发展的高品质人才。

四、"商务英语"课程建设改进措施

(一)优化课程标准

经济在发展,全球经济越来越密不可分,新形势下高等职业教育应该顺应时代要求,课程标准也应该不断进行调整和优化。"一带一路"倡议的提出,更彰显了全球合作共赢的发展战略,时代经济的发展,对跨境电商提出了新的要求。作为商务英语专业核心课程的"商务英语"应该思考课程标准的设置是否符合新形势和新任务的要求,是否靠近"金课"标准,是否有高阶性和创新性,是否有挑战性,课程对学生的知识、能力和素质的培养应并重,应培养学生解决复杂状况下难题的能力。

2018年,教育部发布了《外国语言文学类教学质量国家标准》和新时代高教40条,给课程建设提出了新要求:"课程体系不仅要具备完整性、复合性,还要有实践性和人文性;课程教学内容不仅要包含语言、商务知识体系,而且应该包含跨文化和人文知识体系;课程的评价标准也应该相应调整,既包含对课程思政性、能力导向性和思辨创新性的评价,也应该包含对知识复合性、实践实务性和人文通识性的评价。课程要始终以学生发展为中心,以学生创业就业为导向,以三全教育为目标,培养新形势下国家和社会发展所需要的复合型、应用型、创新型人才。从教学环节、专业建设、毕业生质量等方面构建高效合理的教学质量保障体系,确保人才培养质量和商务英语专业的可持续发展。"想明确教学目标,开展商务英语专业英语的课程建设,推动其内涵式发展,就必须结合现阶段的社会需求,准确定位学生的发展方向,制定科学合理的教学目标,并结合学生的特性选择符合其发展的道路。此外，还应结合行业发展的实际情况和对专业英语的具体需求，对商务英语专业的英语教学内容进行优化。

1. 建设教学教材

对于高职专业的英语课程教育而言，教材是其具体实施的重要载体，英语教材与教学质量有直接的关系，现阶段高职商务英语专业英语教学采用的教材多以公共教材为基础发展而来，缺乏一定的职业性和互动性。所以，在商务英语专业英语教学中推动专业英语课程模式，需结合学校的专业特色，有针对性地对专业英语教材进行编写，也可结合当地企业对英语专业人才的实际需求研发独具特色的专业英语教材。

因此，教师应慎重选择"商务英语"课程的教材。选择实例和实践符合本区域经济模块的，在实践和顶岗实习中更加具有实效性的，思政和课程专业有机融合为一体的教材，使思政教育不再浮于皮毛，而成为课程里的有机一部分。教材的选择还要注意新颖，不过时，能与新形势结合在一起，如符合一带一路的具有数字建设下的电商情景的就是不错的专业课程的教材选择。

2. 确定学生主体地位

商务英语专业的英语教学中，教师需以学生作为课堂的主体，充分调动学生的学习兴趣，培养学生的自主学习意识。教师在开展英语教学活动时需结合学生的学习能力、学习习惯以及学习兴趣等因素设置科学合理的课堂教学活动，将学生作为教学的中心，激发起学习英语的兴趣，这样才可以提高教学效率和学生的学习能力。教师在设计教学内容的时候可以选择自主学习的方式，让学生结合自身知识掌握的实际情况对学习内容进行适当调整，这样不仅可以提高学生学习的积极性，凸显其课堂主体的学习地位，还可以有效促进学生的学习热情。例如，教师可以根据学生的学习水平，把学生分为不同的学习小组，然后让每个小组根据其成员情况自主安排学习内容、制定学习计划，通过小组内分工合作的方式展开英语学习，教师可以对其进行适当的引导。这样不仅可以锻炼学生英语应用能力，还可以培养学生的合作意识，这种团队合作精神对于学生的职业发展十分有益。

3. 利用虚拟教学情境

情境教学模式是高职商务英语专业英语教学中常用的手段，教师可在教学过程中模拟职场场景，激发学生的兴趣，这样不仅可以提升其英语实践应用方面的能力，还可以提升学生对未来职业发展的重视度。例如，针对商务英语专业的学生可以模拟与企业有关的教学场景，设计企业会计人员、商务谈判专员、企业管理人员等角色，让学生在扮演过程中进行英语模拟训练，不仅可以提升商务英语专业能力，还可以提升商务英语能力。此外，有条件的学校还可以成立实验室或者建立实训室，搭配各种仿真道具，使情境创设更具真实感，进而提升学生的英语水平和专业知识。

（二）开发第二课堂

课外是课堂的有益的补充，学生除了在课堂上学习专业知识，还可以在课外通过网络教学平台学习和补充课程相关的专业知识。另外，社会实践也是第二课堂的非常好的拓展空间。学生可以去企业参观，走访企业专家，获得在课堂上不容易学到的知识，尤其是了解行业就业和发展前景，会使学生有意想不到的收获。如果去外资企业参观学习，拜外籍人员为师，还可以锻炼口语，获得文化交流机会。当然，在面对文化差异时，应指导学生懂得扬弃，思政课程建设在第二课堂也不能放松，要取其精华，去其糟粕。总之，开发第二课堂有助于提高学生商务英语的实际运用能力。

1. 构建专业英语实践中心

众所周知，产教融合是高等教育商务英语专业实施人才培育工作的关键环节，亦是高等教育革新的核心。为进一步深化商务英语专业产教融合发展，学校可把企业力量引进校园环境中，与企业协商在校园内建设业务部门或生产线，使学生可就近接受实训教学，从而提高其实操技能与水平。与此同时，企业亦可增加一定的生产利润和效益，双方利益配置均可实现最大化。学校可与有关企业建立正式合作关系，并增加成本投入力度，共建产教融合的商务英语专业实践中心。学校方面可供给场地与经费，而企业方面则负责供给产品，双方在校园内共同建设实体工作室或者商铺，校企双方均可提供专业指导教师，针对学生专业能力提升进行合理指导，共同指导该专业学生们展开线上销售，锻炼学生们实践能力，从而使其在日后岗位中遇到问题时可迅速解决。通过校园实践中心的构建，学校与企业可展开深度合作，同时学校亦可结合多家企业力量优势，有效消除当前专业教育资源建设不足的弊端，而企业亦可通过专业商务英语人才朝着国际化市场方向不断发展，增加自身外贸业务范畴，将产教融合落到实处，让商务英语专业学生可在具体运营过程中获得充分锻炼，这不但可提高学生英语交流水平，而且还可推动学生们对当前企业商务贸易工作进行了解。为优化产教融合视域下商务英语专业第二课堂构建质量，学校亦可聘请企业内部高管来校兼职教师，以指导学生进行实训实践，与此同时，可选派专业教师参与企业内部挂职锻炼，充分实现校企双方深入交流与合作，真正建设商务英语专业第二课堂。

2.搭乘跨境电商平台

随着全球经济一体化和一带一路的倡议的提出，跨境电商顺势发展起来，发展空间不断扩大，优势日益显露。在"商务英语"课程的教学中，尤其是实践教学中，搭建跨境电商这个平台，将会为课程教学和建设发展提速。有些外贸企业也愿意和学校合作，选派业务骨干进行校企合作教学，给校企良好合作提供了良好的师资保障。为了解决人才不足的问题，企业也会给学生提供顶岗实习的机会，让学生在工作中学习，在实践中检验所学知识，并把欠缺的知识反馈给学校和教师，教师根据反馈修改课程标准，优化教学。学校应趁势抓住机遇，和外贸企业展开校企合作，让企业进校园，让课堂实战化，提高学生商务英语的实际运用能力，强化实操技能，让学生了解企业的运作和对人才的需求方向，为就业打下良好的基础。

（三）加大教师队伍建设力度

高职商务英语专业英语教育具有特殊性，必须符合当今社会的要求，注重英语教学的实用性，这要求教师具备较强的业务水平和教学能力，更好地对学生进行知识传授和发展方向的引导。优秀的师资团队是培养优秀专业人才的重要基础，学校可以定期组织教师进行专业培训或者开展研讨会，提升教师的专业水平和教学能力。此外，学校应积极和其他学校开展交流合作，从校外引入优秀的英语教育专业人才或高职专业英语人才，对本校教师进行培养，尤其是本校的优秀教师。在培训高职专业英语教师的时候，也需采取定向培训的方式，对其开展有针对性的培养，帮助教师了解社会的需求与发展情况，掌握行业中有关英语应用方面的信息，探索出最能促进学生发展的教学模式，并在此基础上进行课程建设。此外，还应加强校园文化建设，定期开展英语相关的实践活动，提升学生的英语实际应用能力。

（四）推进"商务英语"课程教学改革

《中华人民共和国职业教育法》的出台，《国家职业教育改革实施方案》的颁布，无不说明国家对职业教育的重视，和培养高质量的技术技能人才的决心。在这样的时代背景下，积极推进高职英语教学模式改革，成为高职英语教学改革的当务之急。应充分利用网络教学平台，创新教学模式，搞好"商务英语"课程教学改革，以学生为中心，注重专业化，突出素质化，融合思政化，使教学有生命力，使学生在就业中占有优势。

推进"商务英语"教学改革，需分析其他职业院校取得的成效，剖析自身存在的问题，探究背后的原因，总结国内外其他职业院校在教学改革方面的优秀经验和启示，在时代发展中对教学模式进行思考。"一带一路""1+X证书"制度、课程思政、课程建设数字化等教育新理念的提出，促使高职院校不断审视高职英语教学改革的不足，而2020年疫情的出现，让线上授课成为疫情防控期间的必要手段，这让传统的、陈旧的教学模式暴露了更多不足，因此要加快高职英语教学改革，加快课程的数字化建设，建设以就业为导向，以信息技术为支撑，融合思政教育的新课程教学模式，丰富专业实训手段，优化教学内容，创新教学方法，改变传统讲授式的教学模式，打造基于信息化的英语高效课堂，从而在保证教学有效性的同时不断提高高职英语教学质量，助力高职教育高质量发展。

第三节 "民航服务英语"课程建设模式

一、"民航服务英语"课程特点

随着民航行业的快速发展和经济全球化包括"一带一路"倡议的提出，对民航服务专业人员的外语水平，尤其是对英语沟通能力的要求越来越高。在这种新时代背景下，越来越多高职院校的民航服务专业应运而生，如南京旅游职业学院、广州民航职业技术学院、武汉职业技术学院、淮北职业技术学院、河北政法职业学院等，其中"民航服务英语"课程是必不可少的一门专业核心课程。

相关院校设置的"民航服务英语"课程可以归纳出以下几个特点。

①空中乘务专业是近几年各院校为配合民航业的发展而开设的新型的专业。"民航服务英语"课程是该专业的核心课程。空中乘务专业不仅要求学生具备良好的政治、文化、专业和身体素质，熟悉国内外航空服务业务，掌握所学专业技能、沟通协调能力，还要求学生具备较高外语水平、能为中外乘客提供优质服务。

②随着经济全球化程度不断加深，对民航服务人员的英语要求越来越高，学

生的民航专业英语能力决定了学生的职业能力和发展潜力，学生在面试中，民航专业英语是衡量成绩的关键因素之一。

③"民航服务英语"的课程建设亟待加强。从智慧职教云的课程建设情况看，"民航服务英语"的精品课数量较少，从专业师资的教育背景看，几乎全是英语专业的教师，没有空中乘务工作经验。

2022年1月，《"十四五"民用航空发展规划》（以下简称《规划》）正式对外公布。《规划》预计到2025年，中国民用运输机场数量达到270个以上，比"十三五"末期增加30个以上。运输总周转量将达到1750亿吨每公里，旅客运输量达9.3亿人。未来国家仍将加快枢纽机场建设。在这种情况下，空乘专业必须抓住机遇，民航专业英语的创新势在必行。

二、"民航服务英语"课程建设中存在的问题

学院每年都会对毕业生用人单位征求意见，结果显示，不满意率较高的是毕业生的英语口语沟通能力，在民航服务中和外籍乘客沟通还不够熟练，因此"民航服务英语"课程的教学质量还需提高，而"民航服务英语"课程的师资也至关重要，从几家开设民航英语的院校来看，民航服务专业英语的师资学历专业背景多是英语专业，虽然在英语的语言要求上能够胜任教学工作，但是在民航专业方面有所缺失。

目前大多数开设"民航服务英语"课程的空乘专业都实行了校企合作，但和航空公司的合作并没有系统化和深入化，只是在航空公司用人短缺的情况下进行顶岗实习，一方面不能在每学期进行，另一方面并不是每个学生都有这样的实习机会。民航英语师资方面的问题就是对教师的行业实践和培训并没有深入进行，校企合作需要探索合理的和更为实际可行的合作模式，而不是只停留在形式上。

（一）缺乏复合型师资

教师在民航英语教学中发挥着非常重要的作用，教师的综合素质直接影响民航英语教学的质量。但值得注意的是，我国高职院校过去对"民航服务英语"教学工作的重视程度较低，导致高职院校教师专业素质不足，不能满足民间英语教学的要求，对教学工作的开展造成了一些负面影响。部分民航英语教师专业知识掌握程度较低，难以向学生准确讲解民航专业知识，对学生的学习产生了一定的负面影响。还有部分教师对民航专业教学的认识存在一些偏差，和专业水平有差距，不利于民航英语的课程教学和课程建设。

第七章 高职英语课程建设模式

（二）实践场地不能满足需求

首先在校内，目前开设民航服务专业的院校大都建设有民航服务实训中心，配备有模拟仓，具备基本的实践场所，但是却无法满足每个教学班在模拟仓进行实训的需求，尤其是在航空专业班级较多的情况下，实训场所不足问题就更加突出，学生只能在普通教室和模拟仓轮换实训，降低了实训的真实场景感和有效性。至于校外，航空公司或机场能提供的实训机会很少，只有需要员工时才提供顶岗实习的机会，不能保证实践教学需求的满足。

（三）实践教学不够专业和系统

民航服务专业的学生在进行民航英语实训的时候多是在校内民航实训基地，因为聘请的企业教师的时间和人数的有限，多数由校内教师进行系统的实践教学，校内教师大多没有民航工作的经验，专业知识欠缺，所以不可避免地使实训流于形式，而学校聘请的企业专家只能进行为数很少的讲座，不能带班进行实训指导，民航专业英语的实训必须是在模拟真实情景下的英语对话和实操，如果仅仅是口头的对话，那么学生在说英语的过程中没有工作代入感，实训的有效性就无法保证。保证实践教学的专业性和系统性是对民航专业英语教学提出的又一大课题。

（四）教学方式未能完全激发学生兴趣

教师的重点应该从书本转移到学生的英语专业能力上。教师应尽量了解学生的兴趣，然后进行教学设计，课堂要更有趣。教师的教法和教学手段非常重要，尤其对于某些学习自主性不太强的高职学生，提升学生的学习主动性，激发学生的学习兴趣，是非常重要的。

（五）教材和教学内容不完善

"民航服务英语"的教材参差不齐，有的教材是采用国外的民航英语，和国内的实际情景有很大出入，学生学习时缺乏代入感；有的教材内容过于简单，而有些教材内容又过于庞杂。如何选取有用且有效的教学内容，是任课教师需要解决的重要问题。

三、"民航服务英语"课程建设中问题解决策略

（一）优化课程标准

根据当今社会发展新形势，高职院校应融合思政课程建设，优化"民航服务英语"课程标准，从而促进"民航服务英语"课程建设的发展。

1. 课程的定位、教学理念、设计思路

（1）课程定位

"民航服务英语"口语"是国际交流与文化艺术系的空中乘务专业、表演艺术（航空服务方向）专业的一门专业核心课程，共计128学时、8学分，分四个学期学习。其任务是经过四个学期、128学时的教学与大量的口语练习和实践，逐步培养和提高学生用英语进行口头交际的能力，包括民航服务、与乘客简单交流、语音播报、处理应急事故等各种能力，并有机融入四史教育和思政元素，让学生在提高专业素养的同时也提高品德素养，成为专业、品德双一流的人才，为将来服务社会打下良好的基础。

（2）课程教学理念

1）以仿真航空服务工作场景为背景，将专业和思政教育并重，培养航空服务专业和素养双一流人才

以工作流程中的口语交流为教学内容，利用航空实训中心，让学生在航空服务的仿真工作场景中学习，将专业和四史教育等思政元素有机融合，激发学生学习动力，对学生进行专业素养和品德素养的双培养，使学生成为专业、品德双一流的人才。

2）尊重个体差异，注重过程评价，促进学生发展

针对学生英语口语水平参差不齐，鼓励多元思维方式，尊重个体差异。建立能激发学生学习兴趣和促进自主学习能力发展的评价体系。该体系由形成性评价和终结性评价构成。在教学过程中以形成性评价为主，注重调动学生的学习积极性和培养学生自信心。坚持以过程培养促进个体发展，以激发兴趣、展现个性、发展心智和提高素质为基本理念。

（3）课程设计思路

本课程标准的设计思路以工作流程中的口语交流为教学内容，利用航空实训中心，让学生在航空服务的仿真工作场景中学习，使专业和四史教育等思政元素达到有机融合。具体将本课程教学内容分为8大板块，在每个项目中均明确了教

第七章 高职英语课程建设模式

学内容和目标要求，并按照每项教学内容和目标要求分别设计了活动内容和学时数。通过各种训练，使学生的口语交际能力达到熟练程度，从而更好地适应今后就业形式发展的需要，实现专业教学与学生就业的零距离对接。

2. 课程目标

（1）总体目标

培养和提高学生用英语进行民航服务的专业能力，并有机融入四史教育和思政元素，让学生在提高专业素养的同时也提高品德素养，成为专业、品德双一流的人才，为将来服务社会打下良好的基础。

（2）具体目标

1）知识目标

①掌握简单的英文版四史教育材料。
②掌握民航服务口语中常用的功能句型，词或短语。
③掌握英语发音技巧，语音、语调、语法。
④掌握各种语音播报。
⑤了解英语国家的社会文化习俗。

2）能力目标

①能用英语说出四史教育的关键词汇。
②能够运用"民航服务英语"就工作场景中的一般情景进行恰当流利的交流，做到语音、语调、语法基本正确。
③了解英语国家的社会文化习俗，理解交际过程中众多因素的关系，掌握正确得体的表达方式。
④能够就熟悉的话题，进行3~5分钟的连贯性发言、对话和交流。
⑤了解语音播报的发音技巧，能够把语音播报熟练地运用到服务中去。
⑥结合现有的航空实训中心、模拟舱，结合自己的水平，分组、分角色扮演乘务组的各个角色，达到高级乘务员规定的英语水平。

3）素质目标

通过对本课程专业内容的学习，加深学生对民航服务的认识和认同，培养学生民航服务中的英语交流能力；课程中融入思政以及党史、新中国史、改革开放史、社会发展史的学习，提升学生对祖国的热爱，对中国共产党的向往，以及全心全意为人民服务的精神；通过将理论讲解和实践操作并重，培养学生严谨求实、一丝不苟的工作态度；使学生具有高度的责任心和团队合作精神，能更好地步入工作岗位，服务社会，成为航空服务专业和品德的双一流人才。

3. 教学内容

（1）总体内容

在教学内容上把握全局、整体构架，删繁就简，面向实际，讲究实效。本课程的目标是经过128学时的教学与大量的口语练习和实践，逐步培养和提高学生用英语进行口头交际的能力，为学生上好其他专业课及今后的学习和工作打下良好的基础。

（2）教学设计

教学设计如表7-1所示。

表7-1 "民航服务英语"口语教学设计

编号	教学模块名称	拟实现的能力目标	相关支撑知识	训练方式手段及步骤	学时
1	语音基础知识订票（Unit1）	能用英语进行订票的基本对话，培养学生的责任感	四史教育英语关键词，航空公司名称，航班和时间的正确表达方法，打电话用语不负责任案例	①教师讲解必备知识 ②学生学习情景对话，记忆重点英语表达方式 ③用案例告诫学生表达错误所带来的严重后果，培养学生的责任感	8
2	在机场 Unit2 Unit3 Unit4	能用英语进行办理登机手续、护照检查、安全检查的基本对话，能用英语进行关于飞机延误等的表达	四史教育英语关键词，办理登机手续、护照检查、安全检查、问询的基本知识，为人民服务的典典型案例	①教师讲解必备知识 ②学生学习情景对话，记忆重点英语表达方式 ③学生根据要求进行角色扮演对话或者口译 ④学生练习关于在机场的听力，并完成听力训练题目 ⑤用案例让学生树立为人民服务的信念	16
3	飞机起飞前准备 Unit5 Unit6	能用英语进行飞机起飞前准备的基本对话，包括登机、引导乘客入座、检查安全带与手机，能用英语进行关于欢迎登机、起飞前准备的广播通知，培养爱岗敬业的表现	四史教育英语关键词，飞机起飞前准备的基本知识，包括登机、引导乘客入座、检查安全带与手机，电影《中国机长》片段	①教师讲解必备知识 ②学生学习情景对话，记忆重点英语表达方式 ③学生根据要求进行角色扮演对话或者口译 ④学生练习关于飞机起飞前准备的听力，并完成听力训练题目 ⑤用电影《中国机长》的真实原型教育学生爱岗敬业	10

第七章 高职英语课程建设模式

续表

编号	教学模块名称	拟实现的能力目标	相关支撑知识	训练方式手段及步骤	学时
4	飞行途中的乘务服务 Unit8 Unit9 Unit10 Unit14	能用英语进行飞行途中的乘务服务的基本对话，能用英语进行关于飞行途中提供的各类乘务服务的广播通知，树立周到热心的服务理念	四史教育英语关键词，飞行途中乘务服务的常识，包括提供餐饮、娱乐等服务，电影《中国机长》片段	①教师讲解必备知识 ②学生学习情景对话，记忆重点英语表达方式 ③学生根据要求进行角色扮演对话或者口译 ④学生练习关于飞行途中的乘务服务的听力，并完成听力训练题目 ⑤用电影《中国机长》的真实原型教育学生树立热心周到的服务理念	20
5	处理特殊乘务服务 Unit11—13	能用英语进行处理特殊乘务服务的基本对话	四史教育英语关键词，处理特殊乘务服务的常识	①教师讲解必备知识 ②学生学习情景对话，记忆重点英语表达方式 ③学生根据要求进行角色扮演对话或者口译 ④用电影《中国机长》的真实原型教育学生要有机制灵活的应变能力	20
6	机上急救 Unit15	能用英语进行机上急救处理的基本对话，能用英语进行关于机上急救的广播通知，树立以人为本的价值观	四史教育英语关键词，机上急救处理的基本常识，电影《中国机长》片段	①教师讲解必备知识 ②学生学习情景对话，记忆重点英语表达方式 ③学生根据要求进行角色扮演对话或者口译 ④学生练习关于机上急救的听力，并完成听力训练题目 ⑤用电影《中国机长》的真实原型使学生树立以人为本的价值观	6

续表

编号	教学模块名称	拟实现的能力目标	相关支撑知识	训练方式手段及步骤	学时
7	飞机着陆和抵达前的乘务服务 Unit17 Uni18 Unit20	能用英语进行飞机着陆和抵达前的乘务服务的基本对话，能用英语进行关于飞机着陆和抵达前准备的广播通知，具备廉洁奉公、甘于奉献的职业品格	四史教育英语关键词，飞机着陆和抵达前的乘务服务的常识，廉洁奉公、甘于奉献的职业品格案例	①教师讲解必备知识 ②学生学习情景对话，记忆重点英语表达方式 ③学生根据要求进行角色扮演对话或者口译 ④学生练习关于飞机着陆和抵达前的听力，并完成听力训练题目 ⑤用案例教育学生具备廉洁奉公、甘于奉献的职业品格	16
8	入境、通关的乘务服务 Unit19—unit24	能用英语进行入境、通关的基本对话，能用英语进行关于入境、通关的广播，培养法治思维	四史教育英语关键词，入境、通关与检疫的乘务服务的常识，入境的典型案例	①教师讲解必备知识 ②学生学习情景对话，记忆重点英语表达方式 ③学生根据要求进行角色扮演对话 ④学生练习关于入境、通关与检疫的听力，并完成听力训练题目 ⑤用案例培养学生具备法治思维	32

4. 实施建议

（1）教学条件

1）师资队伍要求

①教育背景：英语专业的大学本科及以上学历；企业兼职教师占总人数30%以上。

②职业资格：接受过教师专业培训，具有讲师及以上职称，并取得高校教师资格证书；具有双师资格证书；

③其他：具有良好的职业道德和责任心，热爱教育事业，热爱学生。

2）教学场所要求

①多媒体教室、航空实训中心配备传统教具、多媒体设备等教学必需设施。

②校外实习基地及合作企业单位供学生进行校外实习，能够满足学生实训的要求，能够提供实习岗位，能使学生定期进行实践锻炼，能使教师进行挂职实践。

（2）教学方法

教学方式多样化，以模拟工作场景为主要教学活动方式，充分利用航空实训中心，进行"教、学、做"反复演练，教师在教学中充当"导演"或"教练"的角色。精讲多练，教师讲解要简明扼要，教师过多占用学生练习口语的时间会减少学生的练习量。

（3）课程考核

依据各学习项目的内容总量以及在该门课程中的地位，分配各学习项目的课时数。对学生学业进行评价并提出建议，体现评价的发展功能。以实用性为出发点，将课文内容和情景模拟有机结合，使学生在与今后类似的工作场景中获取处理常见问题的能力。模块考评中同时采用形成性评价和终结性评价，一般采用6∶4的方式记分。学生最后所得分数以形成性评价为主，以终结性评价为辅，便于教师激发学生日常练习口语的兴趣。本课程按百分制考评，60分为合格。期末综合成绩＝平时成绩（30%）+工作任务（30%）+期末口语考核（40%），具体分配形式如表7-2所示。

表7-2　期末综合成绩评分标准

	分值分配	评分标准
期末综合成绩	平时成绩30%	迟到、早退一次扣2分，无故缺席扣4分。
		课堂打闹、玩手机、听音乐等不守纪律，发现一次扣2分。
	单元任务30%	课堂参与度、资料上交情况，思政学习任务和课外作业完成情况，由教师根据记录给出成绩。
	期末成绩40%	口语考核

（4）教学资源

本课程教学资源有专业教材、四史和思政元素的英文材料，教室的多媒体设备资源、航空实训中心、学习通平台、智慧职教云平台、QQ群课堂、图书馆，使学生摆脱单一的课堂模式，激起课堂学习兴趣。

（二）引进企业兼职教师，打造双师型专业教师队伍

改变师资不够专业的尴尬局面，从民航企业引进高素质兼职教师，形成高质量的校企合作的师资团队，打造金牌双师型专业教师队伍。

（三）校企深度合作，使实践性教学专业化系统化

学校应该进一步加强校企合作，通过申请政府政策支持，让企业从师资、教材、课堂、实习到就业，全方位而且深入地参与进来，这样才能使"民航服务英语"的课程建设顺利完成。

（四）改变民航专业英语评价方式

改变评价方式也是提升"民航服务英语"教学质量的途径之一，可以有效地解决教学工作中的问题。针对学生口语发音不准确的问题，院校要在考核中增加对口语能力的考核，以此加强学生对自身口语能力的锻炼。并且在考核的过程中，院校不能只针对学生的应试能力进行考核，还要要求教师根据学生实践教学工作中的表现，对学生的"民航服务英语"的应用能力及职业素养进行有效的考核，保证学生可以在科学的教学评价体制下全面提升自身的"民航服务英语"的应用能力，为我国的民航事业发展贡献自身的力量。

（五）加强民航专业英语课程体系建设

课程体系就是课程标准、课程内容、课程活动方式和评价方式与课程结构一起构成的一个有机整体，各部分之间相互关联，相互影响。只有加强课程体系建设，使课程建设体系化、科学化，才能保证学生系统地学习相关知识，促进学生"民航服务英语"成绩的提升。同时，院校应在保证专业课程教学质量的基础上适当地提高英语课程的比重，为教师开展英语教学工作预留出足够的时间，以帮助学生更好地学习民航专业英语专业知识。

（六）加强多媒体技术培训

优化课程建设需要教师掌握丰富的网络技术和多媒体手段，在现实课程建设当中，专业课教师大都技术匮乏，制作的PPT形式单一，录制的视频缺乏技术支持，制约了课程建设的先进性和鲜活性，所以对专业课教师进行多媒体技术的培训也是课程建设中的重要环节。

（七）加大对课程建设的技术和经费支持力度

课程建设需要教师投入大量的时间和精力，除了教学，教师的时间都是一点一滴地挤出来进行课程建设，如果学院能够给予课程建设强大的技术和经费的支持，教师建设课程的积极性会得到很大的提高，课程建设才会全面开花，一个专业的核心课程建设好了，这个专业才会建设好，专业建设离不开课程建设，课程建设从来都不是一个教师的事情，应该是一个团队、一个学院、多个人、多个部门共同努力的工程，实践证明，有强大的技术支持和经费支持，更容易建设出精品课程、一流课程。

国家越来越重视职业教育，职业教育的发展也在不断地改革和创新，时代在进步，社会在发展，职业英语教育改革也应该顺势启航。学校、学生、教师、社会多向集中奔赴，才能让职业英语教育成功扬起风帆。

参 考 文 献

[1] 向晓. 高职院校专门用途英语教学与研究[M]. 北京：对外经济贸易大学出版社，2013.

[2] 梦红. ESP框架下应用型本科院校大学英语教学模式研究[M]. 长春：吉林大学出版社，2015.

[3] 肖付良. 高职院校英语语篇教学中的词汇衔接生态研究[M]. 成都：西南交通大学出版社，2016.

[4] 王新然. 英语教学与语境的研究[M]. 长春：吉林大学出版社，2016.

[5] 徐晶，何力，童美茹. 英语教学与文化视角[M]. 北京：光明日报出版社，2017.

[6] 罗桂莲. 基于多模态话语的英语教学模式研究[M]. 南昌：江西科学技术出版社，2016.

[7] 肖靓. "三结合"英语教学模式的实践与研究[M]. 北京：北京理工大学出版社，2017.

[8] 童丽玲，戴日新，彭宣红. 任务型教学设计视角下高职英语教师专业发展研究与实践[M]. 西安：西安交通大学出版社，2017.

[9] 王珊，马玉红. 大学英语教学的跨文化教育及教学模式研究[M]. 武汉：武汉大学出版社，2018.

[10] 黄儒. 大学英语教学模式研究[M]. 哈尔滨：黑龙江教育出版社，2018.

[11] 高美云，罗春晖. 基于职业能力培养视角的高职英语教学模式改革研究[M]. 长春：吉林人民出版社，2018.

[12] 韩俊芳，吴英华，贾世娇. 任务型学习法与高校英语教学[M]. 广州：广东旅游出版社，2018.

[13] 张茂君. 当代大学英语教学与文学的融入探究[M]. 长春：吉林大学出版社，2018.

参考文献

［14］王淑花．大学英语教学模式改革与发展研究［M］．北京：知识产权出版社，2018．

［15］谷萍．跨文化视野下英语教学研究［M］．北京：现代出版社，2019．

［16］史中慧．任务型教学法与高职英语课堂实践［M］．北京：中国财富出版社，2019．

［17］杨海霞，田志雄，王慧．现代高职英语教学研究与实践探索［M］．长春：吉林人民出版社，2019．

［18］潘英慧．基于微课的大学英语教学模式分析与研究［M］．长春：吉林科学技术出版社，2020．

［19］陈艳，贠楠，张倩倩．现代英语教学方法研究［M］．广州：世界图书出版广东有限公司，2019．

［20］周保群．大学英语教学模式与课程建设研究［M］．重庆：重庆大学出版社，2020．

［21］赵爽．英语口语课堂的动态教学模式研究［M］．长春：吉林大学出版社，2020．

［22］王九程．信息化时代高职英语教学研究［M］．长春：吉林人民出版社，2020．

［23］赵娇娇．文学视阈下的英语教学研究［M］．北京：中国经济出版社，2020．

［24］邝增乾．大学英语教学的情感因素研究［M］．长春：吉林人民出版社，2020．

［25］王飞，贺文琴，胡倩倩．新教学理念下的英语教学研究［M］．西安：西北工业大学出版社，2020．

［26］刘兰兰．基于分层教学的高职英语教学模式改革实践及探析［J］．阜阳师范学院学报（社会科学版），2013（06）：148-150．

［27］冯丽娟．基于就业为导向的高职英语教学模式改革研究［J］．海外英语，2015（10）：37-38．

［28］张琳琳．基于翻转课堂的高职英语教学模式改革的可行性分析［J］．福建质量管理，2015（10）：301．

［29］周伟．输出驱动假设理论下的高职英语教学模式改革［J］．海外英语，2015（07）：70-71．

［30］薛毅．职业能力发展需求视角下的高职英语教学模式改革［J］．考试周刊，2016（56）：11-12．

[31] 郝连春. 基于"互联网+"条件下的高职英语教学模式改革路径初探[J]. 现代职业教育, 2017（32）: 141.

[32] 卢帆. 建构主义下基于慕课的高职英语教学模式改革新视角研究[J]. 高教学刊, 2017（06）: 175-176.

[33] 龚闻芳. 建构主义背景下基于学生认知风格的高职英语教学模式改革[J]. 当代职业教育, 2017（01）: 43-47.

[34] 王维佳. 供给侧改革视角下高职英语教学模式研究[J]. 船舶职业教育, 2018, 6（05）: 30-33.

[35] 游丽琴. 职业能力培养目标的高职英语教学模式改革路径分析[J]. 江西电力职业技术学院学报, 2018, 31（06）: 44-45.

[36] 王浩, 李珍珠, 吴雁. 刍议现代教育技术视角下高职英语教学模式改革[J]. 职业, 2019（05）: 42-43.

[37] 何杜. 基于信息化的高职英语教学模式改革研究[J]. 林区教学, 2019（11）: 81-83.

[38] 陈亚莉. 市场经济供给侧改革指导下的高职英语教学模式改革探究[J]. 经济师, 2019（11）: 207-208.

[39] 林丽娟. 基于高职生职业能力培养的英语教学模式改革对策[J]. 科教文汇（上旬刊）, 2019（10）: 176-177.

[40] 余姜玮. 基于慕课的O2O高职英语教学模式改革[J]. 福建茶叶, 2019, 41（08）: 186-187.

[41] 张振瑶. 基于高职生职业能力培养的英语教学模式改革对策[J]. 才智, 2020（13）: 60.

[42] 贾荣武. 浅谈网络多媒体环境下高职英语教学模式改革[J]. 中国多媒体与网络教学学报（中旬刊）, 2020（02）: 10-11.

[43] 赵静茹. 探究就业导向下的高职英语教学模式改革[J]. 英语广场, 2020（24）: 55-57.

[44] 刘颖. 基于信息化的高职英语教学模式改革研究与实践[J]. 校园英语, 2020（49）: 66-67.

[45] 陈秀娟. 基于职业能力培养的高职英语教学模式改革[J]. 现代英语, 2020（18）: 4-6.

[46] 王静. 基于职业能力培养视角的高职英语教学模式改革研究[J]. 作家天地, 2020（16）: 48-49.